O que as pessoas estão falando sobre
Neuromarketing

"Partindo de forte base científica, Darren Bridger fornece um guia eminentemente prático de *design* para o cérebro do cliente. *Neuromarketing* apresenta ampla variedade de estratégias e abordagens práticas e factíveis, tornando-se leitura indispensável para todos os profissionais de marketing e *designers*."

Roger Dooley, autor de *Brainfluence*

"Livro instigante sobre um tópico de grande importância para qualquer pessoa em negócios de varejo, propaganda e marketing. Darren Bridger lida com temas complexos, de maneira envolvente e pragmática, abrangendo todos os aspectos da interação de atividade cerebral, de um lado, e *design* de produtos, de outro. Essa compreensão é crucial para garantir que os consumidores não mais se limitem a ver e passar, mas também se interessem, parem e comprem."

Doutor David Lewis, *Chairman* da Mindlab International
e autor de *The Brain Sell*

"Darren Bridger escreveu um livro superlativo, fácil de ler, desmistificando o mundo do *neuromarketing*. O que ele faz muito bem é abordar o equilíbrio entre criatividade e neurociência no *design* moderno. Para quem acha que *neuromarketing* consiste em produzir *designs* insípidos, desconstruindo a beleza, este livro é indispensável. Na verdade, o *neuromarketing* não tem nada de insosso. Darren introduz todos os grandes temas subjacentes à ciência em porções apetitosas e envolventes, explorando seus principais métodos e ferramentas. O texto é salpicado de exemplos interessantes, que realmente ajudam a condimentar o tema. Qualquer livro que tente explicar o fascínio dos memes merece que eu lhe confira cinco estrelas."

Jamie Croggon, *Design Director* da SharkNinja

NEUROMARKETING

Como a **NEUROCIÊNCIA** aliada ao
DESIGN pode aumentar o **ENGAJAMENTO** e
a **INFLUÊNCIA** sobre os consumidores

Copyright © 2017 Darren Bridger
Copyright © 2018 Editora Autêntica Business

Tradução publicada mediante acordo com a Kogan Page.

Título original: *Neuro Design: Neuromarketing Insights to Boost Engagement and Profitability*

Todos os direitos reservados pela Editora Autêntica Business. Nenhuma parte desta publicação poderá ser reproduzida, seja por meios mecânicos, eletrônicos, seja via cópia xerográfica, sem a autorização prévia da Editora.

EDITOR
Marcelo Amaral de Moraes

ASSISTENTE EDITORIAL
Vanessa Cristina da Silva Sá

CAPA
Diogo Droschi (sobre imagem de GarryKillian/Shutterstock)

REVISÃO TÉCNICA
Marcelo Amaral de Moraes

REVISÃO
Lúcia Assumpção

DIAGRAMAÇÃO
Guilherme Fagundes

Dados Internacionais de Catalogação na Publicação (CIP)
(Câmara Brasileira do Livro, SP, Brasil)

Bridger, Darren
  Neuromarketing : como a neurociência aliada ao design pode aumentar o engajamento e a influência sobre os consumidores / Darren Bridger ; tradução Afonso Celso da Cunha Serra. -- 1. ed.; 7. reimp. -- São Paulo : Autêntica Business, 2024.

  Título original: Neuro Design: Neuromarketing Insights to Boost Engagement and Profitability.

  ISBN 978-85-513-0440-2

  1. Marketing 2. Neuromarketing 3. Comportamento do consumidor 4. Neurodesign 5. Marketing Digital I. Título.

18-21779   CDD-658.8001

Índices para catálogo sistemático:
1. Marketing e comunicação : Administração 658.8001

Iolanda Rodrigues Biode - Bibliotecária - CRB-8/10014

A **AUTÊNTICA BUSINESS** É UMA EDITORA DO **GRUPO AUTÊNTICA**

São Paulo
Av. Paulista, 2.073 . Conjunto Nacional
Horsa I . Salas 404-406 . Bela Vista
01311-940 . São Paulo . SP
Tel.: (55 11) 3034 4468

Belo Horizonte
Rua Carlos Turner, 420
Silveira . 31140-520
Belo Horizonte . MG
Tel.: (55 31) 3465 4500

www.grupoautentica.com.br
SAC: atendimentoleitor@grupoautentica.com.br

DARREN BRIDGER

NEUROMARKETING

Como a **NEUROCIÊNCIA** aliada ao
DESIGN pode aumentar o **ENGAJAMENTO** e
a **INFLUÊNCIA** sobre os consumidores

7ª REIMPRESSÃO

TRADUÇÃO Afonso Celso da Cunha Serra

autêntica
BUSINESS

SUMÁRIO

Sobre o autor 11

Agradecimentos 13

01 - O que é *neurodesign*? 17

O que é *neurodesign*? 20
Experimento psicológico global... 21
A importância das imagens digitais.. 23
Os usuários da *web* são intuitivos, impacientes e focados em imagens 25
Negócios do Sistema 1 27
Neurodesign 29
Resumo 34

02 - Neuroestética 35

Estética e neurociência.. 38
Nasce a neuroestética!... 40
Os nove princípios de Ramachandran....................................... 44
Semir Zeki: os artistas são neurocientistas 54
Resumo 59

03 - Fluência de processamento: como fazer os *designs* parecerem mais intuitivos...61

Fluência de processamento.. 64
Familiaridade: o efeito mera exposição 66
Evidência fisiológica para a fluência de processamento 67
As pessoas monitoram internamente a facilidade de processamento........... 69
Como os Sistemas 1 e 2 decodificam uma imagem.................... 70
Fluência perceptiva e conceitual... 72
Além da simplicidade *versus* complexidade 73
Novidade e complexidade podem aumentar a apreciação 75
Como tornar um robô curioso para ver imagens?....................... 77
Maneiras de tornar os *designs* mais fluentes 84
Verificando a complexidade dos seus *designs* 102
Resumo 103

04 - Como atuam as primeiras impressões 105

O efeito halo 108
As primeiras impressões são apenas um sentimento? 109
As primeiras impressões das pessoas on-line 111
Fatiamento fino e o consumidor impaciente 114
O que induz as primeiras impressões? 116
A novidade pode prejudicar a usabilidade 121
Implicações para os *designers* 123
Claro de relance 124
Resumo 127

05 - *Design* multissensorial e emocional 129

Ativando outros sentidos via efeitos visuais 131
As letras disparam associações com cores? 132
Associações de cores com dias 134
As formas têm cores? 135
Cores 136
Cognição incorporada 141
Associações com o som das palavras 141
A heurística do *afeto* 143
Rostos 144
O vale da estranheza 145
Graciosidade 147
Design antropomórfico 148
Formas curvas e pontiagudas 148
Resumo 151

06 - Mapas de destaque visual 153

Como decidir para onde olhar 155
O poder do destaque visual 160
Software de mapeamento de destaques 161
Usando software de mapeamento de destaques 163
Mapeamento de destaques em páginas de internet 164
Como os *designers* podem usar o destaque visual 167
Resumo 169

07 - Persuasão visual e economia comportamental 171

Pré-ativação 173
A persuasão nem sempre é consciente 175

Economia comportamental: atalhos para a tomada de decisões.................... 180
Revisitando o desafio da previdência pública e privada............................. 185
Empurrões visuais... 188
Criação e teste de imagens e empurrões visuais convincentes 189
Resumo 190

08 - *Design* para telas **191**

A leitura é mais difícil em telas.. 194
Maneiras de aumentar a legibilidade dos textos 197
Difícil de ler = difícil de fazer 197
Efeito desinibição 201
Telas móveis 202
Viés de fixação central 205
Viés de visualização horizontal.. 208
Resumo 211

09 - *Designs* virais **213**

Memes 214
Memes de internet 216
Memes e *neurodesign*.. 219
Desejo mimético 221
Emoções e conteúdo viral.. 222
Um computador pode prever se uma imagem se tornará viral 224
Os principais sites de imagens virais 227
Resumo 229

10 - *Design* de *slides* para apresentações **231**

Permitindo que o público siga a sua mensagem....................................... 234
Aprendizado visual 241
Resumo 245

11 - Pesquisando *neurodesign*...**247**

Resultados médios *versus* polarizados.. 250
Controlando outros fatores 250
As novas ferramentas de pesquisa.. 253
Acompanhando as novas descobertas de pesquisas 260
Conclusão 265
Resumo 266

12 - Conclusão **267**

Aplicações do *neurodesign* 271
Novas telas e formatos 275
Mais dados para a descoberta de padrões 279
O que o *neurodesign* ainda precisa aprender 281

Apêndice: sessenta e um princípios do *neurodesign* **285**

Índice **293**

SOBRE O AUTOR

Darren Bridger atua como consultor de *designers* e profissionais de marketing, orientando-os sobre o uso e a análise de dados que exploram ideias e emoções inconscientes dos consumidores. Ele foi um dos pioneiros no campo da neurociência do consumidor, ajudando a lançar duas das primeiras empresas da área, depois juntando-se à maior agência do mundo nesse setor, a NeuroFocus (agora parte da empresa Nielsen), como seu segundo empregado fora dos Estados Unidos. Atualmente, trabalha na NeuroStrata, como *Head of Insights*.

AGRADECIMENTOS

Gostaria de agradecer às seguintes pessoas pela ajuda durante a preparação deste livro: Catarina Abreau, Neil Adler, Chris Cartwright, Chris Christodoulou, James Digby-Jones, Keith Ewart, Adam Field, Ernest Garrett, Oliver Main, Shaun Myles, Thom Noble, Christopher Payne, Juergen Schmidhuber e Kattie Spence. Também quero agradecer a Charlotte Owen e a Jenny Volich, da Kogan Page.

Para Lucy

O QUE É *NEURODESIGN?* 01

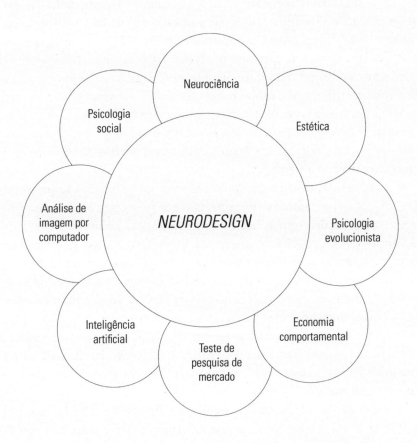

Figura 1.1: Alguns dos campos que contribuem para o *neurodesign*

EM ALGUM MOMENTO, no futuro próximo:

Dennis Drite senta-se à mesa para um novo dia de trabalho. Dennis – Den, para os colegas – trabalha como *neurodesigner*, desenhando sites, anúncios e embalagens. Ao ligar o computador, entra em seu atual projeto de *design* – o site de uma empresa de varejo. Ao concluir o *design*, submete-o ao software PNT para verificação. O PNT, ou *predictive neuro test* (neuroteste preditivo), verifica o *design*, apresentando previsões das reações prováveis dos usuários. Todos os testes de atenção geram resultados positivos. As imagens e os textos mais importantes foram bem concebidos para atrair a atenção. Em seguida, o software testa a fluência do *design*: será que os usuários o compreenderão com facilidade? O software entra em alguns detalhes e apresenta sugestões de como simplificar o *design* para facilitar a compreensão dos usuários.

Em seguida, o software analisa as imagens faciais incluídas no *design*. Identifica os tipos e níveis de emoções retratadas nas expressões fisionômicas. Esse *feedback* é importante porque Dennis quer que os rostos sejam emocionalmente envolventes, para que os usuários sintam algumas das mesmas emoções. Há, porém, um problema com um dos rostos: embora o semblante seja atraente, o software sugere que os usuários talvez o considerem inexpressivo. O software altera ligeiramente a forma e a posição do rosto, e a imagem resultante parece um pouco mais instigante. Dennis esboça um sorriso de aprovação e clica para aceitar a mudança.

Finalmente, o software roda um teste de primeiras impressões. Dennis sabe muito bem que, com base em pesquisas, da mesma maneira como ocorre em relação às pessoas, nossa primeira impressão de um *design* de página de internet é fundamental para gostarmos e ficarmos ou não gostarmos e sairmos em segundos. Quantidade surpreendentemente pequena de atributos do *design* é fundamental para provocar uma primeira impressão favorável. O software verifica essas poucas características e sugere algumas pequenas alterações no *layout* e no esquema de cores. As mudanças são feitas em alguns segundos, mas provavelmente aumentarão em algumas centenas de milhares a quantidade de usuários que ficarão mais tempo no site e, em consequência, comprarão mais.

Dennis observa o site redesenhado. Ele poderia rodar muitos outros testes, mas esses são os mais importantes. As intervenções resultaram em um *design* gerado pela criatividade humana, mas o produto final foi aprimorado e revigorado pelo neurosoftware.

Durante anos, muito se discutiu a respeito de os computadores assumirem ou não o trabalho dos *designers* e artistas humanos. Dennis, contudo, se considera mais como um piloto de corrida de Fórmula Um: a conjugação da habilidade humana − suas competências e intuições criativas − com os recursos avançados da alta tecnologia: o neurosoftware. De fato, ele até pendurou na parede uma citação de Steve Jobs, fundador da Apple: "O computador é como uma bicicleta para a mente".

Da mesma maneira como a bicicleta alavanca a força das pernas, o neurosoftware amplia o poder da criatividade humana. A imaginação e a sensibilidade de Dennis combinada com o *feedback* de uma varredura por computador cria uma combinação formidável, uma espécie de *intuição aumentada*.

No entanto, a intuição, a teoria e os modelos de computador levam Dennis até certo ponto; e ele ainda quer testar as previsões com usuários humanos. Ele, então, clica num botão do software e dispara um convite para uma seleção aleatória de usuários do site, que diz: "Olá, nós estamos testando nosso novo *design* do site e gostaríamos muito de ver a sua reação. Você se importaria se acessarmos a sua *webcam*, para vermos o que você está olhando e como está reagindo? Manteremos todos os nossos resultados seguros e privativos, e lhe pagaremos US$ 1 pela ajuda."

No caso de quem clica "sim", as expressões faciais da imagem gravada pela *webcam* é analisada pelo software para interpretar diversas reações. Os olhares são rastreados, de modo a captar informações sobre os pontos da tela que mais atraíram a atenção, a cada momento; a atividade dos músculos faciais é monitorada, para revelar mudanças quase imperceptíveis nos traços fisionômicos, capazes de revelar reações emocionais à página; o software até pode medir os batimentos cardíacos e detectar flutuações minúsculas na cor da pele do rosto, imperceptíveis para olhos humanos.

Mesmo nos primeiros dias do *web design*, *designers* e pesquisadores já usavam testes A/B, que mostram diferentes versões de um *design* a diferentes usuários, e registram que grupos de usuários ficam mais tempo no site ou são mais propensos a gastar dinheiro. Daí se inferem os efeitos de diferentes *designs*. Contudo, embora úteis, as contribuições dos testes A/B são limitadas. O *neurodesign* cria condições para que os *designers* prevejam que tipos de *designs* serão mais eficazes, mesmo antes de se darem ao trabalho de executá-los.

O que é *neurodesign*?

Essa incursão especulativa no futuro possível do *design* é a minha visão das possibilidades do *neurodesign*. Embora talvez pareça ficção científica, todos os conceitos desse cenário se baseiam em pesquisas reais de neurociência sobre como as pessoas veem os *designs* e que atributos os tornam eficazes. Esses conceitos são novos, e ainda não se infiltraram em cursos de graduação e pós-graduação em *design*, mas é provável que se tornem componentes triviais da caixa de ferramentas do *designer* no futuro próximo. Muitas agências de *design* já os estão adotando, ou pelo menos já se deram conta de sua importância.

O software que descrevi já existe, embora talvez ainda não seja tão sofisticado e de uso tão generalizado como por certo o será em muito pouco tempo. O software em si, porém, não é essencial para o processo de *neurodesign*, e sim meramente uma maneira de automatizá-lo.

Neurodesign é a aplicação de *insights* de neurociência e de psicologia para a criação de *designs* mais eficazes. O que podem a psicologia e a neurociência nos dizer sobre o que realmente nos induz a entrar e olhar numa loja física ou on-line, a escolher onde clicar ou o que pegar, a compartilhar uma imagem numa mídia social, ou a tomar uma decisão de compra? O *neurodesign* também se baseia em outros campos correlatos para nos ajudar a compreender por que as pessoas reagem de certas maneiras aos *designs* – áreas como análise de imagem por computador (a capacidade dos computadores de analisar a composição das imagens ou até de reconhecer o que é mostrado nas imagens), economia comportamental (o estudo de como fazemos escolhas – quase sempre de maneira aparentemente irracional – sobre como gastar dinheiro) e psicologia evolucionista (ramo da psicologia que procura explicar os comportamentos em termos de como teriam evoluído para ajudar nossos ancestrais a sobreviver).

Os *designers* já usam a intuição para criar *designs* e, em seguida, para analisar a criação e para julgar com os próprios olhos quanto são eficazes e para fazer os ajustes necessários. No processo, usarão um conjunto de princípios compartilhados ao longo dos anos pelos *designers* sobre como produzir um bom *design*. O *neurodesign* complementa e aprimora esses princípios. Como as pesquisas em neurociência e psicologia acumularam muitas informações nas últimas décadas, ambas as disciplinas têm muito a dizer sobre os fatores comuns que influenciam na possibilidade de as pessoas gostarem de um *design*. Essas pesquisas se aceleraram nos últimos anos, inclusive com o surgimento de uma área especializada – neuroestética – que estuda, especificamente, os fatores que afetam a maneira como o cérebro reage às imagens, mais ou menos favorável ou desfavorável.

Nos últimos dez anos, tenho trabalhado com um grupo diversificado de profissionais, envolvendo neurocientistas, psicólogos, profissionais de marketing e *designers*, para desenvolver novas ideias sobre que fatores contribuem para a eficácia dos *designs*. Com base nesses *insights*, tenho trabalhado para ajudar todos os tipos de empresas – agências de *web design*, marcas de alimentos e bebidas, empresas automobilísticas e estúdios cinematográficos – para melhorar seus *designs*. Esse trabalho não é apenas teórico. Trabalho com uma nova geração de ferramentas de pesquisa em neurociência, que captam as reações das pessoas a imagens e vídeos, sem recorrer a técnicas tradicionais limitadas, como pedir aos participantes para avaliar um conteúdo ou objeto numa escala de 1 a 10 (olharemos com mais profundidade algumas dessas novas ferramentas de pesquisa no Capítulo 11).

Você talvez já tenha visto alguns dos conceitos de *neurodesign*. Diferentes ideias estão despontando em blogs, periódicos e livros. O tema, porém, pode parecer confuso à primeira vista: uma série de recomendações desconexas, que não constituem uma abordagem integrada ao trabalho de *design*. O objetivo deste livro é mostrar como essas ideias – muitas das quais ainda lhe parecerão estranhas – se encaixam numa estrutura comum. Em síntese, uma nova maneira de encarar o *design*.

Antes, porém, de examinarmos com mais profundidade essa estrutura integrada, vale considerar a razão pela qual a neurociência e a psicologia são tão importantes para a arte e a criatividade do *design*.

Experimento psicológico global

Sob alguns aspectos, a *world wide web*, ou rede mundial de computadores, é como que o maior experimento psicológico de todos os tempos. Um mercado psicológico em que, todos os dias, milhões de *designs*, fotos e imagens são lançados e testados com base em milhões de reações comportamentais: cliques. O experimento típico em psicologia ou neurociência em ambientes acadêmicos envolve cerca de 20 participantes, e pode levar alguns meses ou mais para serem publicados. Em contraste, a *web* atua em ritmo muito mais acelerado, fazendo testes em tempo real, em âmbito global e em horário integral. Métricas como listas de *trending*, ou tendências populares, em mídias sociais, medem o pulso psicológico global, mostrando o que as pessoas estão pensando, sentindo e desejando em todo o mundo.

A *web* horizontalizou os relacionamentos entre os criadores de imagens e os observadores de imagens. No passado, as imagens criadas pelos *designers* e artistas eram consumidas em silêncio, seja pelos frequentadores de galerias de arte ou espectadores de televisão, seja pelos leitores de periódicos e livros. Agora, os observadores comunicam reações. No entanto, como veremos mais adiante neste livro, a manifestação, em grande parte, não é da mente consciente do observador, mas sim uma expressão da mente inconsciente.

A *web* também está nos ensinando novas características da mente humana. Por exemplo, considere o conteúdo gerado pelos usuários. Há tão pouco tempo quanto uns 20 anos atrás, alguns sábios previram o volume de conteúdo que milhões de pessoas postariam de graça, cheias de entusiasmo. Até especialistas, como Bill Gates, nos idos da década de 1990, imaginou que a *web* evoluiria para alguma coisa mais semelhante à televisão multicanal, cuja interatividade se limitaria a aspectos como a possibilidade de os espectadores serem capazes de clicar no vestido usado por uma atriz de novela para o comprarem on-line.[1] O modelo era *top-down*, de cima para baixo: grandes organizações bombeariam conteúdo a ser consumido pelas massas. A maioria dos especialistas não previu a ideia de que toda uma enciclopédia seria produzida de graça, por *crowdsourcing*, ou colaboração coletiva, mediante o esforço voluntário de amadores entusiastas. Atualmente, nós não nos surpreendemos com a Wikipedia, e não a valorizamos.

Em grande parte, todos somos agora criadores de conteúdo gráfico. Mesmo quem não tem blog ou conta em mídias sociais ainda pode criar conteúdo visual em apresentações de trabalhos. A seleção de formas, imagens, *clip-art* e assim por diante para ilustrar relatórios e propostas. Mesmo fora da *web*, as ferramentas digitais democratizaram o *design*. Quando esta página estava sendo escrita, as estimativas sugeriam que mais da metade de todas as fotos já tiradas é dos últimos dois anos. Aplicativos baratos para smartphones permitem que os usuários

---

[1] GATES, B.; MYHRVOLD, N.; RINEARSON, P. *The Road Ahead*. Nova York: Viking Penguin, 1995.

apliquem nas fotos filtros e efeitos de manipulação de imagem que até recentemente eram do domínio exclusivo de fotógrafos e *designers* profissionais, com acesso a softwares caros.

Entretanto, essa eflorescência de atividade criativa não desvalorizou o papel do *designer* talentoso e treinado. Suas competências são hoje provavelmente mais importantes do que nunca. O *design* ótimo é cada vez mais relevante para o sucesso dos negócios.

Um benefício colateral do imediatismo da *web* é a possibilidade de experimentar e testar diferentes *designs* com rapidez e facilidade. Os testes A/B – postar diferentes versões de um *design*, uma para alguns usuários, outra para outros usuários – permitem a verificação rápida da eficácia do *design*. No entanto, embora as contagens de cliques sejam um bom teste comportamental, elas respondem a apenas parte da pergunta. Elas se limitam à resposta "o que" – "o que funciona?" – mas nem sempre explicam o "por que". Sem compreender os princípios mentais subjacentes que determinam a eficácia do *design*, os testes A/B podem ser processos de tentativa e erro. A peça que falta no quebra-cabeça é compreender os processos mentais ocultos que induzem os cliques no mouse. Isso é o que o *neurodesign* pretende fornecer.

A importância das imagens digitais

Talvez o mais importante que a *web* tenha nos ensinado seja como as pessoas gostam de imagens. A *web* é muito visual, tendência que se torna cada vez mais intensa. As pesquisas nos mostram reiteradamente os efeitos benéficos das imagens digitais. Os artigos com boas imagens são mais visualizados. As postagens com imagens em mídias sociais são mais compartilhadas. Na verdade, as redes de mídias sociais que giram em torno de imagens – como Instagram e Pinterest – têm apresentado taxas de crescimento explosivas. Da mesma maneira, imagens e fotos são parte vital do Facebook e do Twitter.

Somos criaturas visuais. Não evoluímos para a leitura, mas sim para a observação de imagens. É o nosso sentido mais agudo, e o que ocupa mais espaço no cérebro. Somos, portanto, consumidores hábeis de imagens. Nós as decodificamos com rapidez e facilidade. Elas nos possibilitam absorver com rapidez o significado. Elas nos levam a apreender de imediato o cerne de uma página ou postagem e a orientar nossas decisões para nos aprofundarmos ou nos afastarmos do que vemos.

As imagens nos seduzem a ler a mensagem, facilitam a compreensão de instruções, e são mais capazes de viralizar o conteúdo. Algumas das descobertas de pesquisas sobre a importância das imagens on-line incluem as seguintes:

- As pessoas são 80% mais propensas a ler o conteúdo que inclui imagens em cores.[2]
- Os infográficos atraem três vezes mais curtidas e compartilhamentos em mídias sociais do que outros tipos de conteúdo.[3]
- Os artigos com pelo menos uma imagem para cada cem palavras são duas vezes mais propensos a ser compartilhados nas mídias sociais.[4]
- O compartilhamento de conteúdo pelos usuários no site de imagens Pinterest é altamente provável: oito em dez pins no site são "re-pins".[5]
- A probabilidade de que instruções com imagens visuais sejam seguidas corretamente é três vezes superior a instruções sem imagens visuais.[6]

Como veremos mais à frente, no Capítulo 8, as pessoas acham mais difícil ler textos na tela do que no papel, mesmo que a tela seja de alta definição. Em contraste, observar imagens na tela exige menos esforço.

O *design* também exerce impacto real sobre como valorizamos as coisas. Sites com *design* otimizado em relação às preferências do cérebro inspiram mais confiança e curtição. Produtos e embalagens com melhor *design* aumentam o volume e o valor das compras. Em economias avançadas, onde se tornou mais difícil diferenciar os produtos com clareza apenas com base na qualidade ou em atributos funcionais, o *design* é cada vez mais importante como indutor de valor.

---

[2] Disponível em: <http://www.office.xerox.com/latest/COLFS-02UA.PDF>. Acesso em: 25 ago. 2016.

[3] Disponível em: <http://www.massplanner.com/10-types-of-visual-content-to-use-in-your-content-marketing/>. Acesso em: 25 ago. 2016.

[4] Disponível em: <http://buzzsumo.com/blog/how-to-massively-boost-your-blog-traffic-with-these-5-awesome-image-stats/>. Acesso em: 25 ago. 2016.

[5] Disponível em:<http://www.jeffbullas.com/2015/02/26/10-amazing-facts-about-pinterest-marketing-that-will-surprise-you/#UwHEGPES4LVJH9mf.99>. Acesso em: 25 ago. 2016.

[6] LEVIE, W. H.; LENTZ, R. Effects of Text Illustrations: A Review of Research. *Educational Communication and Technology Journal*, v. 30, n. 4, p. 195–232, 1982.

Os usuários da *web* são intuitivos, impacientes e focados em imagens

A proliferação de imagens acarretou uma espécie de bombardeio visual. Embora o cérebro humano tenha evoluído para decodificar informações transmitidas pelos olhos, o volume e a variedade de imagens e *designs* especiais a que estamos expostos diariamente são inéditos.

Dispomos hoje de mais imagens e escolhas do que em qualquer outra época. Se não estivermos muito interessados em uma página de internet, basta um único clique para fechá-la. Em consequência, todos nos tornamos observadores efêmeros, saltitantes e rasantes. As pesquisas mostram que as pessoas não leem em profundidade textos on-line; sobrevoam, relanceiam e prosseguem, sem mergulhar e se aprofundar.

Com tantos estímulos visuais disponíveis, não admira que terapeutas e psicólogos relatem aumento na ocorrência de sintomas de transtornos do tipo déficit de atenção com hiperatividade (TDAH). Quem cresceu no ambiente da *web*, o nativo digital, já consome conteúdo de maneira diferente da dos pais – alternando a atenção, confortavelmente, entre várias telas ao mesmo tempo. A atenção dispersa, porém, é mais fraca que a atenção focada.

Pesquisa da Microsoft entre 2.000 pessoas no Canadá revelou que a capacidade de sustentar a atenção focada em face de fatores de distração ou dispersão caiu para apenas 8 segundos em 2015, comparados com 12 segundos no ano 2.000, antes da explosão de imagens, vídeos e telas móveis.[7] Esse diminuto limiar de atenção foi considerado pela revista *Time* inferior à suposta capacidade de concentração de peixes dourados de aquário! Do mesmo modo, pesquisa do King's College, de Londres, revelou que a distração por avisos sonoros de e-mails afetava mais os testes de QI do que os efeitos da maconha.[8]

Na China, há um campo de treinamento do tipo militar para a recuperação de jovens, geralmente garotos, viciados em internet. Os internos passam por um programa rigoroso desenvolvido pelo psiquiatra Tao Ran, para quem a dependência à internet "leva a problemas no cérebro semelhantes aos provocados pelo consumo de

---

[7] Disponível em: <http://time.com/3858309/attention-spans-goldfish/>. Acesso em: 25 ago. 2016.

[8] Disponível em: <http://nymag.com/news/features/24757/index6.html#print>. Acesso em: 25 ago. 2016.

heroína".[9] No Ocidente, clínicas dispendiosas que, tradicionalmente, tratam pessoas viciadas em álcool, drogas e jogo, já estão recebendo para terapia indivíduos viciados em internet.[10]

Um estudo pediu a voluntários para se sentarem em salas vazias durante 15 minutos e apenas ficarem sozinhos com seus pensamentos.[11] O único estímulo possível na sala era um botão que aplicava um choque elétrico. Tão insuportável era a falta de estímulo que 18 dos 42 participantes optaram por se submeterem aos choques elétricos a ficarem sozinhos, em silêncio, consigo mesmos. Os homens (12 em 28) se mostraram mais propensos do que as mulheres (6 em 24) a se autoflagelarem com o choque. Não foi nem mesmo a curiosidade que induziu os participantes a se aplicarem choques: na preparação para o estudo, eles já haviam experimentado a sensação do choque e todos os participantes a consideraram bastante desagradável a ponto de afirmarem que estariam dispostos a pagar para não a enfrentarem de novo.

Os autores do estudo acham que os resultados refletem a dificuldade inerente aos seres humanos de controlar os próprios pensamentos. Sem treinamento em técnicas como meditação, as pessoas preferem deslocar o foco para atividades externas. A navegação na *web* talvez esteja apenas suprindo essa necessidade inata, em vez de ser a sua causa.

Outro estudo mostra o estímulo prazeroso que novas imagens provocam no cérebro.[12] Os participantes foram acomodados num aparelho de imagem por ressonância magnética funcional (fMRI) que escaneava suas atividades cerebrais, enquanto eles jogavam um carteado na tela. Primeiro, viram uma série de cartas, cada uma oferecendo uma recompensa diferente. Em seguida, no jogo, eles tinham de escolher cartas, uma de cada vez. O interessante é que, ao depararem com uma nova carta que não tinham visto antes, eles eram mais propensos a escolhê-la, em vez de outra que já tinham visto, cuja recompensa era conhecida. Uma área primitiva do cérebro, que processa

---

[9] Disponível em: <http://www.telegraph.co.uk/news/health/11345412/Inside-the-Chinese-boot-camp-treating-Internet-addiction.html>. Acesso em: 25 ago. 2016.

[10] Ver, por exemplo: <http://www.priorygroup.com/addictions/internet>. Acesso em: 25 ago. 2016.

[11] Disponível em: <http://www.wired.co.uk/news/archive/2014-07/04/electric-shock-therapy-better-than-thinking>. Acesso em: 25 ago. 2016.

[12] Disponível em: <http://www.world-science.net/othernews/080625_adventure.htm>. Acesso em: 25 ago. 2016.

neurotransmissores associados com bons sentimentos (como dopamina) – o estriado ventral – era ativada. A nova escolha oferecia uma sensação agradável, embora fosse menos conhecida e mais arriscada.

Retrocedendo em nossa história evolutiva, embora as experiências com que estamos familiarizados pareçam menos arriscadas, também precisamos explorar situações novas. Durante a maior parte da história, nossos ancestrais viveram como caçadores-coletores, precisando constantemente explorar novos territórios em busca de novas fontes de alimentos. Essa pressão provavelmente evoluiu em nossa compleição como um impulso para explorar e experimentar novas situações, que agora se manifesta em contexto completamente diferente – nesse exemplo, como navegação on-line –, embora explore uma forma ancestral, quase primitiva, de busca de prazer.

Lidar com todas as escolhas e informações disponíveis se tornou como tentar beber água numa mangueira de incêndio a toda pressão. Estamos sedentos, mas só podemos beber se conseguirmos filtrar o jato incessante. Os filtros estão no cérebro, e os examinaremos com mais profundidade nos próximos capítulos. A atenção é um recurso psicológico, e a neurociência ensina o seu funcionamento (ver Capítulo 6 para mais informações).

A explosão de informações e escolhas exerce mais pressão sobre os elementos psicológicos de um negócio, como os *designs* de seus sites, produtos e comunicações. As pessoas, em geral, não têm tempo suficiente para pesquisar em profundidade e para considerar todos os detalhes do que estão lendo, fator que reforça a influência das imagens nas escolhas e decisões.

Negócios do Sistema 1

Quando o cérebro dispõe de escolhas complexas demais para serem pesquisadas com profundidade e serem avaliadas com racionalidade, recorremos a reações inconscientes. Essas reações inconscientes em geral são induzidas por atalhos mentais que o cérebro desenvolveu para nos capacitar a reagir com rapidez em situações de incerteza. Alguns desses atalhos se relacionam diretamente com a maneira como decodificamos imagens; outros têm a ver com a maneira como fazemos escolhas, diante de determinado conjunto de opções.

"Sistema 1" e "Sistema 2" são termos criados pelos psicólogos Keith Stanovich e Richard West, mas popularizados pelo psicólogo

Daniel Kahneman, ganhador do Prêmio Nobel, no livro *Thinking, Fast and Slow*, 2012, de Kahneman *et al.* (ed. bras. *Rápido e Devagar: duas formas de pensar*, tradução de Cassio de Arantes Leite, 2012).[13] Os dois sistemas de pensamento se referem menos a áreas do cérebro do que a processos da mente. São mais descrições convenientes do que categorias rígidas, na medida em que na vida cotidiana os dois sistemas atuam em interação contínua.

O Sistema 1 designa os tipos de processos mentais que não requerem esforço deliberado e operam de maneira inconsciente. O Sistema 1 é deficiente em raciocínio lógico e estatístico. Por exemplo, ele não busca todas as informações necessárias sobre uma situação para tomar decisões conscientes, como seria o caso, se o processo fosse totalmente racional. Em vez disso, recorre ao reconhecimento de padrões e a regras práticas imperfeitas, mas rápidas, provocando reações intuitivas e impulsivas, em vez de respostas racionais e ponderadas

A atuação do Sistema 1 se aplica principalmente a imagens e *designs*. Muitas vezes, as imagens e *designs* são intrinsecamente irracionais. Não pretendem gerar respostas absolutamente concisas e lógicas. Ao contrário, podem despertar sentimentos intuitivos entranhados, ou até emoções. Frequentemente, não há razões lógicas para gostar mais de um *design* do que de outro, mas, geralmente, temos preferências, que enviesam nossas escolhas de em que focar e o que comprar. Mesmo os *designs* que supomos se limitar a transmitir informações funcionais se associam a sentimentos.

Os psicólogos de há muito reconhecem a importância das imagens para a mente inconsciente. As imagens têm acesso instintivo à mente humana; antes de aprendermos a falar ou ler, somos capazes de decodificar e interpretar imagens.

O Sistema 2, ao contrário, é mais lento e mais esforçado. Ao tentamos avaliar o valor monetário de dois produtos alimentícios comparando volumes e atributos, ativamos o Sistema 2. Como ele é lento e demanda esforço e energia mental, a maioria das pessoas tende a evitá-lo tanto quanto possível. Em geral, o Sistema 2 só entra em ação quando não estamos dispostos a usar o Sistema 1 ou reconhecemos sua ineficácia na situação específica.

Como hoje deparamos no dia a dia com mais imagens e *designs* do que em qualquer outra época, os processos do Sistema 1 se tornam

---

[13] KAHNEMAN, D. *Thinking, Fast and Slow*. Nova York: Macmillan, 2011.

cada vez mais importantes. No entanto, como são em grande parte inconscientes, não tomamos conhecimento de sua atuação, por sua própria natureza, e temos dificuldade em descrevê-los ou simplesmente o consideramos impossível. No entanto, preferimos acreditar que somos racionais, capazes de controlar conscientemente as próprias ações. Se somos influenciados ou induzidos a fazer alguma coisa pela mente inconsciente do Sistema 1 mas não temos consciência do processo que nos impulsionou, tendemos a construir uma razão, ou a racionalizar o processo.

Ironicamente, quanto maior a complexidade visual e a profusão de informações da vida cotidiana, menos recorremos à mente consciente, racional e lógica, e mais nos socorremos da mente inconsciente, intuitiva e emocional. "Com o aparato mental sofisticado que exploramos para conquistar preeminência mundial como espécie", escreve o psicólogo e professor Robert Cialdini, "construímos um ambiente tão complexo, tão acelerado, e tão sobrecarregado de informações, que precisamos manejá-lo, cada vez mais, à maneira dos animais que há milênios transcendemos".[14]

Neurodesign

O fato de nossa mente inconsciente estar processando o que vemos e moldando muitas de nossas reações sem nosso conhecimento consciente significa que simplesmente perguntar a alguém o que acha de alguma coisa já não é suficiente. Quase sempre, as pessoas não têm conhecimento consciente dos processos mentais que as levaram a preferir um *design* a outro. Entretanto, em vez de dizerem que não sabem, as pessoas tendem a confabular, ou seja, a imaginar explicações aparentemente plausíveis para suas escolhas. Como não percebemos nossa própria falta de *insights*, achamos fácil "preencher as lacunas" com racionalizações conscientes de nossos comportamentos e escolhas. Um exemplo disso é um efeito que os psicólogos conhecem há muito tempo, denominado *cegueira de escolha (choice blindness)*.

Na medida em que a Revolução Digital tornou as imagens mais importantes e predominantes em nossa vida, ela também melhorou

---

[14] CIALDINI, R. B. *Influence: Science and Practice*. Nova York: HarperCollins, 1993. p. 275.

a nossa capacidade de medir reações não conscientes. Nas últimas décadas, neurocientistas e psicólogos acadêmicos desenvolveram várias técnicas para medir como funciona a mente do Sistema 1. Daí surgiram novos *insights* sobre como as pessoas respondem a imagens e *designs*, mas também resultaram em novas ferramentas de pesquisa suficientemente baratas e acessíveis para serem usadas ou prescritas por não especialistas.

Por exemplo, o rastreamento de olhos (*eye-trackers*) pode monitorar para onde as pessoas estão olhando numa tela, que aspectos de um *design* atraíram mais atenção, e em que sequência. O rastreamento de olhos é usado há anos em pesquisas comerciais, mas o preço da tecnologia caiu o suficiente a ponto de torná-la mais acessível para uma variedade mais ampla de pessoas e empresas. Além disso, o rastreamento de olhos pode ser feito pela *web*, através das próprias *webcams* dos usuários.

As *webcams* também podem ser usadas num processo denominado *codificação de ação facial* (*Facial Action Coding* – FAC). A câmera é usada para captar a atividade muscular facial do usuário, que serve de base para a inferência de sete emoções básicas (expressões faciais universais que parecem presentes em todas as culturas). Nova medição que também se obtém com *webcams* é a ampliação de vídeo euleriana (*eulerian video magnification*). Consiste em ampliar mudanças minúsculas ou insignificantes na tonalidade da pele do rosto, em função de variações nos batimentos do coração, de modo a detectar e medir o ritmo cardíaco.

Outras medições on-line incluem testes de resposta implícita. Trata-se de medições baseadas na velocidade de reação, desenvolvidas em universidades, para avaliar vieses sociais de que as pessoas talvez não tenham consciência ou que não estejam dispostas a relatar de maneira consciente. Consistem em incumbir os participantes de uma tarefa de classificação, separando imagens ou palavras em uma de duas categorias. Todavia, antes da apresentação de cada imagem ou palavra a ser classificada, projeta-se uma imagem interferente (como um elemento de *design* ou anúncio) que desponta rapidamente. Essa breve exposição afeta a velocidade da resposta na tarefa de classificação e, com base na magnitude da influência, é possível avaliar a reação inconsciente da pessoa à imagem interferente. Os testes são versáteis e muito úteis para a avaliação de questionários de tipo mais consciente.

Alternativas de avaliações mais adequadas para ambientes de laboratório exigem a instalação de sensores na pessoa: por exemplo, eletroencefalogramas, que medem os padrões de atividade elétrica no cérebro, com a colocação de sensores em torno da cabeça (geralmente ajustados numa espécie de touca, semelhante à de natação), oferecendo medições contínuas de fatores como nível de atenção e grau de atração emocional por uma imagem. Outra medição, denominada resposta galvânica da pele (*Galvanic Skin Response* – GSR) ou resposta eletrodérmica (*Electrodermal Response* – EDR), consiste na captação e quantificação de mudanças na condutividade elétrica da pele, colocando sensores nos dedos da pessoa.

As descobertas discutidas neste livro decorrem desses tipos de medições e de outros testes usados pelos neurocientistas. Hoje, essas medidas são usadas no dia a dia em todo o mundo, para a avaliação de *designs* de todos os tipos, como páginas de internet, anúncios impressos e *design* de embalagens. Questões típicas abordadas pelas pesquisas sobre *neurodesign* incluem aspectos como:

- Como mudar esse *design* de página de internet para melhorar a primeira impressão dos usuários?
- Entre vários *designs* de anúncios impressos, qual é o que tem maior probabilidade de provocar a reação emocional desejada?
- Como otimizar o *design* de um anúncio impresso para garantir que ele seja visto e que seus elementos mais importantes atraiam a atenção?
- Que *design* de embalagem tem maior probabilidade de ser percebido nas prateleiras de uma loja?

O uso dessas medições permite testar os *designs* com base em reações humanas reais. Não é, porém, necessário usar esses recursos para se beneficiar do *neurodesign*. Os princípios, as ideias e as melhores práticas deste livro podem ser usadas tanto na criação quanto no desenvolvimento e crítica de *designs*.

Alguns dos princípios do *neurodesign* são:

- **Fluência de processamento**
  O cérebro humano tem um viés para imagens que facilita sua decodificação. As imagens mais simples e mais compreensíveis levam vantagem sobre as mais complexas, e o observador não

tem conhecimento consciente desses efeitos (ver Capítulo 3 para mais informações).

• Primeiras impressões

O cérebro humano não pode deixar de fazer julgamentos intuitivos rápidos quando vemos alguma coisa pela primeira vez. O sentimento geral daí resultante influenciará, em seguida, como reagimos ao *design*. O fato surpreendente sobre esse efeito é que ele pode ocorrer antes mesmo de termos tido tempo para compreender conscientemente o que estamos vendo.

• Destaque visual

À medida que o cérebro compreende o que estamos vendo ao redor, construímos o que os neurocientistas denominam *mapa de destaques*. Trata-se de um mapa visual de tudo o que o cérebro acha que merece atrair nossa atenção. O interessante sobre imagens ou elementos de imagens com alto destaque visual é a capacidade de – como as primeiras impressões – enviesar ou predispor nossas reações subsequentes. Por exemplo, as pesquisas demonstram que *designs* de embalagens com alto destaque visual não raro são escolhidos nas lojas, mesmo quando o cliente, de fato, tende a preferir um produto concorrente.

• Indutores emocionais não conscientes

Pequenos detalhes num *design* podem exercer impacto comparativamente grande sobre a capacidade de envolver emocionalmente os observadores. A criação de efeitos emocionais é importante para produzir *designs* influentes. Vieses configurados no cérebro podem ser rastreados para elaborar *designs* emocionais mais significativos.

• Economia comportamental

Em paralelo com as pesquisas sobre o modo como o cérebro humano reage às imagens, desenvolveu-se uma área correlata nas últimas duas décadas: a economia comportamental. Essa disciplina investiga como as idiossincrasias de nosso inconsciente podem influenciar nossas escolhas, geralmente de maneiras que à primeira vista parecem irracionais.

Muitas das ideias e sugestões de *neurodesign* podem ser incluídas sob um dos cinco princípios acima. A compreensão dos princípios ajuda a interpretar essas propostas e evita que se convertam numa lista de recomendações aleatórias, difíceis de lembrar.

Os princípios de *neurodesign* podem ser aplicados a quase tudo que tenha algum componente de *design*, como página de internet, logotipos, anúncios impressos, apresentações e embalagens. Uma boa analogia é o *design* ergonômico, em que os *designers* de produtos, prédios e móveis estudam as proporções e os movimentos do corpo, para criar *designs* mais confortáveis e saudáveis. Se o *design* ergonômico tem a ver com a compreensão da forma, do tamanho e do movimento do corpo, de modo a criar *designs* mais compatíveis, o *neurodesign* envolve a compreensão das idiossincrasias e processos da mente inconsciente para criar *designs* que lhe pareçam mais atraentes.

Abordagem interacionista

Uma pergunta comum sobre *neurodesign* é: Não é o *neurodesign* subjetivo e circunstancial, dependendo das preferências e características individuais? Da mesma maneira como ocorre em culinária e vestuário, todos temos diferentes preferências quanto ao que consideramos atraente. A cultura em que crescemos e nossas experiências de vida podem ter relação com o desenvolvimento desses gostos. A pergunta oposta é: existe algo do tipo *design* inerentemente bom ou mau? Em outras palavras: o *bom design* é bom em si mesmo ou somente aos olhos do observador?

A abordagem adotada neste livro é conhecida como *visão interacionista*. Apesar das diferenças pessoais nos gostos e preferências, alguns padrões de *design* são mais eficazes em toda a população. O bom *design* é o resultado do uso desses princípios comuns, que correspondem às características do cérebro da maioria das pessoas – uma interação do *design* e do observador.

Essa abordagem deixa espaço suficiente para a mágica da criatividade do *designer*. O *design* não é uma ciência em que todos os elementos podem ser calculados e todos os efeitos são inteiramente previsíveis.

Resumo

- Em consequência da *web* e das telas digitais, é mais rápido e mais fácil do que nunca testar e medir a eficácia de diferentes *designs*.

- Imagem e *design* são sobremodo importantes na *web*, na medida em que as pessoas usam esses recursos para navegar e decidir com rapidez.

- A explosão de imagens que todos vemos no cotidiano e a grande variedade de escolhas disponíveis exercem pressões psicológicas para adotarmos filtros e triagens. Esse processo seletivo é em grande parte inconsciente e torna cada vez mais importante compreender como as pessoas decodificam os *designs* de maneira inconsciente.

- O pensamento do Sistema 1 – que é inconsciente, rápido e espontâneo, exigindo pouco esforço – é crucial para compreender nossas reações aos *designs*.

- O *neurodesign* envolve *insights* de psicologia e de neurociência sobre como o cérebro dispara diferentes reações aos *designs*. Ele fornece uma série de princípios que os *designers* e os pesquisadores de *design* podem usar para otimizar o seu trabalho.

- A abordagem interacionista para a compreensão do *design* envolve a busca de elementos de *design* replicáveis que exerçam determinados efeitos nas pessoas. Ela presume que o bom *design* não é totalmente intrínseco, nem totalmente idiossincrásico, mas uma interação de padrões e de idiopatias.

NEUROESTÉTICA   02

Figura 2.1: Pinturas rupestres paleolíticas mostrando exageros sistemáticos nos atributos anatômicos de cavalos, para torná-los mais reconhecíveis com a pelagem de verão ou de inverno

EM MEADOS DA década de 1940, um jovem artista americano começou a pintar num celeiro e acabou deflagrando uma revolução no mundo da arte. Em vez de posicionar a tela na vertical, ele preferia deixá-la deitada no chão. Em vez de pintar com pincel, ele preferia salpicar ou borrifar a tinta sobre a tela, usando varetas e espátulas, e, às vezes, derramando-a diretamente do recipiente. Em vez de concentrar os movimentos nas mãos, ele trabalhava com todo o corpo, como numa dança, com o processo de pintura traçando uma linha contínua ao redor da tela, em órbitas rítmicas e moduladas. A pintura resultante parecia abstrata, linhas de gotas aleatórias, que para muita gente era cativante e maravilhosa.

O pintor era Jackson Pollock, e suas *drip paintings*, ou pinturas por gotejamento, hoje vendidas por mais de US$ 100 milhões. Sua técnica mais tarde foi aclamada como um dos maiores avanços criativos do século XX. Em 1949, a revista *Life* perguntou: "Ele é o maior pintor vivo nos Estados Unidos?".[1]

Mas por que um estilo de pintura caótico, aparentemente aleatório, provoca tamanho efeito nos observadores?

Exatamente 52 anos depois de Pollock ter feito sua primeira *drip painting,* o físico Richard Taylor descobriu o que acredita ser a resposta. Em 1999, Taylor publicou um trabalho na *Nature*, descrevendo análises que ele havia executado nas pinturas de Pollock, mostrando que elas continham padrões fractais ocultos.[2] Fractais são padrões muito comuns no mundo natural – podem ser encontrados em todos os lugares, como no corpo humano, em cadeias de montanhas e em florestas. Na verdade, a maioria das imagens de cenários naturais contém padrões fractais. Ainda que pareçam aleatórios, envolvem elementos recorrentes. Por exemplo, elas têm uma propriedade denominada autossimilaridade. Diferentes regiões contêm os mesmos padrões, e se você aumenta o zoom, você ainda vê padrões semelhantes aos que viu em grande escala. Só em fins da década de 1970 e com a Revolução do Computador é que os matemáticos constataram pela primeira vez essa ordem oculta na natureza. Agora, quando os artistas de efeitos especiais de Hollywood

---

[1] JACKSON Pollock: Is He the Greatest Living Painter in the United States? *Life,* 8 ago. 1949, p. 42–43.

[2] TAYLOR, R. P.; MICOLICH, A. P.; JONAS, D. Fractal Analysis of Pollock's Drip Paintings. *Nature*, v. 399, n. 6735, p. 422, 1999.

precisam criar panoramas realistas gerados por computador – florestas, montanhas, nuvens, etc. –, eles podem usar software de fractais. A análise de fractais assistida por computador tem sido usada desde então para distinguir trabalhos autênticos e falsos atribuídos a Pollock, com 93% de exatidão.[3]

Criando um mundo com design *fractal*

Em 1981, a divisão de computação gráfica da Industrial Light and Magic, empresa de efeitos especiais de Hollywood, que depois veio a ser a Pixar, usou fractais para criar a primeira cena de cinema completamente gerada por computador. A sequência, para *Star Trek II: The Wrath of Khan* (*Jornada nas Estrelas II: A ira de Khan*), mostra um planeta alienígena inóspito ser transformado numa biosfera viva no intervalo de um minuto, enquanto o observador orbita o planeta no espaço, e depois mergulha na paisagem. A tomada exigiu panoramas realistas, inclusive terrenos naturais, litorais e praias, e cadeias de montanhas. A simulação do planeta só foi possível com software que usava matemática fractal.

O trabalho de Taylor mostrou que a técnica de Pollock não era aleatória. Era uma reprodução exata de fractais, três décadas antes de alguém saber o que eram fractais. Pollock não criou as pinturas conscientemente; ele dizia que sua fonte de inspiração era a mente inconsciente. Taylor acredita que, como estamos cercados de imagens fractais em ambientes naturais, podemos aprender, de maneira inconsciente, a reconhecer e a apreciar fractais. Ele pediu a 120 pessoas que olhassem para uma série de padrões tipo *drip painting*, alguns dos quais eram fractais e outros não: 113 pessoas preferiram os padrões fractais, sem saber por quê.[4] Outras pesquisas revelaram que a visualização de imagens fractais da natureza ajudava espectadores a relaxar – talvez um exemplo de que as pessoas se sentem em casa, à vontade, quando estão em ambientes naturais, semelhantes àqueles

---

[3] TAYLOR, R. P.; JONAS, D. Using Science To Investigate Jackson Pollock's Drip Paintings. *Journal of Consciousness Studies*, v. 7, n. 8–9, p. 137–150, 2000.

[4] TAYLOR, R. P. Splashdown. *New Scientist*, v. 159, p. 30–31, 1998.

em que nossos ancestrais evoluíram. Talvez haja até certo grau de "fractalidade" numa imagem natural que parece ser ótima.[5] Em outras palavras, não se trata apenas de a imagem retratar a natureza, mas também de envolver padrões fractais.

Portanto, as evidências parecem demonstrar que artistas e observadores podem criar e apreciar padrões, mesmo quando não os compreendem conscientemente. Os artistas estão expressando sua própria mente inconsciente, e seu trabalho conversa com a mente inconsciente dos observadores. Nesses casos, é preciso contar com a inteligência inconsciente de um computador para descobrir o que está acontecendo.

Estética e neurociência

A análise de Taylor das pinturas de Pollock e as evidências de que os fractais parecem ser percebidos de maneira inconsciente sugerem duas coisas. Primeiro, embora os computadores sejam extremamente lógicos e não consigam perceber o impacto emocional da arte, eles são capazes, porém, de nos oferecer *insights* sobre como e por que podemos apreciá-la. Talvez haja quem encare a ideia de análise computadorizada da arte como reducionismo, retalhando a imagem em bits, a fim de dissecá-la, ao passo que os humanos veem e apreciam a imagem como um todo. No entanto, o interessante sobre a pesquisa de Taylor é que, primeiro, a análise de fractais leva em conta o todo da pintura de Pollock. Sob certo aspecto, é uma forma menos reducionista de análise; segundo, a compreensão pela mente inconsciente pode gerar *insights* sobre por que as pessoas gostam de observar certas imagens. Às vezes não basta simplesmente perguntar às pessoas por que elas gostam de determinada imagem: elas talvez não saibam no nível consciente!

Jackson Pollock foi só um exemplo dos novos pintores abstratos. A invenção da fotografia no século XIX havia criado um novo concorrente para os pintores. Embora muitos pintores, em séculos passados, tenham procurado, literalmente, retratar paisagens

---

[5] TAYLOR, R. P. Reduction of Physiological Stress Using Fractal Art and Architecture. *Leonardo*, v. 39, n. 3, p. 245–251, 2006. (O nível de fractal-idade que parece ótimo – mais apreciado e que melhor reduz o estresse – é um valor de D 1.3 – 1.6; D é uma medida de como é o padrão fractal.)

ou pessoas (geralmente com mais beleza e expressão), as câmeras, teoricamente, eram mais fiéis na reprodução. Os pintores, então, esforçaram-se para provocar, com suas obras, reações e emoções inalcançáveis por outras mídias, como fotos e textos. Como diz o pintor Edward Hopper, "Se for possível expressá-lo em palavras, não há razão para pintá-lo".[6] Como veremos em breve, explicar por que as pessoas gostam de admirar certas pinturas tradicionais, como as de paisagens, pode ser um exercício mais simples do que explicar a admiração por imagens mais abstratas.

A estética – a filosofia da arte e da beleza – está aí há milênios. Crenças religiosas e filosóficas alimentaram reflexões sobre estética na Antiguidade Clássica e no Renascimento. Na Antiguidade Clássica, pensadores como Platão consideravam que o universo era regido por uma ordem geométrica inerentemente bela. Eles descobriram que a matemática ajudava a compreender o mundo visual e a harmonia musical. Até que, no Renascimento, artistas como Leonardo da Vinci estudaram as proporções matemáticas do corpo humano. Eles acreditavam que se a beleza da música e do corpo humano podia ser compreendida em termos de padrões matemáticos, talvez esses padrões também pudessem ser usados na arquitetura e nas artes plásticas em geral. A beleza era imanente às leis da natureza.

Todavia, só no século XIX aplicaram-se testes mais sistemáticos às reações das pessoas às imagens. Por exemplo, Gustav Fechner, psicólogo experimental alemão, desenvolveu a área da estética experimental: recorrer à pesquisa psicológica científica para compreender e quantificar o que as pessoas consideram belo e atraente. Fechner estudou fatores como ilusões visuais para correlacionar o tamanho e a forma das pinturas com o fascínio para os observadores. Embora arte e ciência pareçam situar-se em campos opostos, ambos os campos se sobrepõem e imbricam no cérebro.

Por que agora compreendemos tão bem nosso sistema visual

Os neurocientistas ainda não compreendem muito bem muitos aspectos do cérebro. Ainda há numerosos mistérios, como o que é a consciência e como ela opera. Hoje, porém, conhecemos

---

[6] Edward Hopper, citado em *New York Magazine*, 18 ago. 2013.

muito bem o nosso sistema visual. O córtex visual ou occipital, posicionado na parte de trás da cabeça, processa as informações transmitidas pelos olhos. Duas são as razões de os cientistas terem avançado tanto na compreensão do sistema visual humano. Primeiro, diferentemente de muitas áreas do cérebro que executam diversas tarefas, o córtex visual é mais simples pelo fato de se dedicar exclusivamente à visão. Essa exclusividade o torna mais compreensível. Segundo, o mapeamento das percepções visuais e de seu processamento no córtex visual é muito nítido e direto. Como explica o neurocientista Thomas Ramsoy, "ao ver determinado pixel numa tela, esse pixel é representado espacialmente no cérebro. Ao ver outro pixel na tela, ligeiramente à direita do primeiro pixel, a representação espacial desse outro pixel no cérebro estará numa distância relativa e numa posição angular que refletem exatamente a situação no mundo real. Dizemos que o sistema visual é *retinotópico*, no sentido de que ocorre um mapeamento topográfico entre o mundo 'real' e a maneira como o cérebro processa essa informação".[7]

Nasce a neuroestética!

A neuroestética é a aplicação de *insights* da neurociência à estética – com base em nossa compreensão do cérebro e da psicologia para explicar por que as pessoas admiram certas imagens. É uma disciplina que estuda a beleza em muitas áreas, inclusive música, poesia e matemática, mas, neste capítulo, eu me limito à beleza visual. A arte e o *design* podem criar muitos outros efeitos, como curiosidade, interesse, admiração, persuasão, etc. Consideraremos esses outros efeitos nos próximos capítulos.

A neuroestética é um campo muito novo, reconhecido de fato desde o começo deste século. Ela se ergue, entretanto, sobre trabalhos científicos anteriores. Por exemplo, neurocientistas e psicólogos cognitivos estudam a percepção visual há pelo menos cem anos. Do mesmo modo, psicólogos evolucionistas desenvolveram teorias com o objetivo de explicar as formas mais populares de arte como

---

[7] RAMSOY, T. Z. *Introduction to Neuromarketing and Consumer Neuroscience*. Holbæk (DEN): Neurons Inc. Denmark: 2015. (Kindle book location: 1984.)

adaptações que ajudaram nossos ancestrais a sobreviver. Reconhecer rapidamente predadores camuflados, descobrir ambientes úteis que ofereçam segurança e alimentos, e localizar bagas e frutos comestíveis, com a cor certa, eram atributos muito importantes para a sobrevivência. Nossos ancestrais que se mostraram mais capazes nessas áreas tinham mais chances de sobreviver e de transmitir seus genes para os descendentes. Ao longo de milênios, essa sobrevivência e proliferação dos mais aptos teria ajustado o cérebro humano para apreciar a visão de certos atributos.

No entanto, precisamos ser cuidadosos ao atribuir preferências estéticas à seleção natural. Por exemplo, as pesquisas demonstram que indivíduos com pernas mais longas, principalmente mulheres, são considerados mais atraentes. Há quem especule que essa característica física seria indício de higidez, de não ter sofrido de desnutrição, nem de doenças graves na infância que pudessem ter comprometido o desenvolvimento das pernas. Outras pesquisas, contudo, mostram que essa preferência por pernas mais longas – novamente, sobretudo em imagens de mulher – mudou ao longo da história.[8] Em outras palavras, é possível desenvolver explicações evolucionistas plausíveis para efeitos que efetivamente são culturais.

Os humanos começaram a desenhar pelo menos 20.000 anos antes de aprenderem a escrever. Sabemos que os humanos criam arte há no mínimo 40.000 anos (e, obviamente, essa estimativa se baseia na evidência que temos hoje; talvez estejamos criando arte há mais tempo).[9] A arte também parece ser universal, com indivíduos de todas as culturas fazendo arte de maneiras diferentes. Embora, a princípio, a arte não pareça nos fornecer diretamente as coisas de que precisamos para sobreviver (parece mais ser um componente de luxo da vida), suas origens primevas sugerem que ela está associada às atividades do cérebro que eram importantes para a sobrevivência dos nossos antepassados.

Por exemplo, os psicólogos evolucionistas explicam a popularidade das pinturas de paisagem hoje como produto da evolução do prazer de

---

[8] SOROKOWSKI, P. Did Venus Have Long Legs? Beauty Standards from Various Historical Periods Reflected in Works of Art. *Perception*, v. 39, n. 10, p. 1427–1430, 2010.

[9] AUBERT, M. *et al*. Arte rupestre do pleistoceno, de Sulawesi, Indonésia. *Nature*, v. 514, n. 7521, p. 223–227, 2014.

nossos ancestrais ao deparar com cenários de habitats adequados à sua sobrevivência como nômades. Nas mais diversas regiões, as pessoas preferem paisagens de savanas, cujas árvores têm galhos baixos, fáceis de escalar. Animais selvagens e elementos instigadores da curiosidade exploratória, como rios sinuosos que a toda hora fogem do campo visual, incluem-se entre as características preferidas. As savanas da África Oriental são as regiões onde a maioria dos nossos ancestrais evoluiu, razão por que, para os psicólogos evolucionistas, a atração exercida por essas paisagens é uma espécie de preferência remanescente por esses cenários.

Do mesmo modo, nossa preferência por observar semblantes atraentes é explicada pelos psicólogos evolucionistas como consequência da busca por parceiros para acasalamento com bons genes. Certos atributos físicos, como face simétrica, são indícios de perfis genéticos saudáveis e robustos.

Nossa predileção por imagens de objetos, condições ou contextos que teriam recompensado nossos ancestrais é, sob certos aspectos, comparável às nossas escolhas de alimentos açucarados e gordurosos: um anseio pelas mesmas coisas que teriam sido úteis para a sobrevivência de nossos ancestrais. Por essa razão, esses tipos de imagens prazerosas têm sido denominados, de maneira um tanto depreciativa, como petiscos visuais. No entanto, como sabem muito bem os melhores chefs, até os petiscos mais humildes podem ser elaborados com alto grau de habilidade e criatividade culinária. Alguns dos efeitos que descrevo nos próximos capítulos talvez pareçam, à primeira vista, simplórios e rudimentares, mas seu apelo pode ser tão intenso quanto o da mais deliciosa iguaria!

A neuroestética também aborda seus temas de pontos de vista diferentes. Por exemplo, uma direção é estudar os tipos de arte de que as pessoas gostam. Outra é compreender os processos mais elementares da percepção visual. A primeira abordagem tende a enfatizar o todo da imagem; a segunda, as partes. Outro ramo da neuroestética procura localizar as áreas do cérebro que se ativam quando temos diferentes experiências visuais. Aparelhos de imagem por ressonância magnética funcional (fMRI) mostram em tempo real as áreas do cérebro que se tornam mais ativas durante a visualização de imagens em experimentos. O processo consiste no rastreamento do fluxo sanguíneo. À medida que se ativam, as áreas do cérebro precisam de mais energia e, em consequência, de mais sangue, como fonte de energia.

Algumas dessas descobertas podem parecer um pouco óbvias, como a de que a visualização de imagens de paisagens ativa uma região do cérebro em que ocorre o processamento de lugares (giro para-hipocampal), ou a de que a visualização de imagens de rostos ativa a região da face fusiforme.[10] Por mais evidentes que pareçam, o fato, porém, é que elas começam a demonstrar como a atividade do cérebro pode ser ligada ao processamento de imagens.

Todavia, outras descobertas são mais interessantes. Por exemplo, as pesquisas têm mostrado que quando as pessoas veem imagens as quais, pessoalmente, avaliam como belas, uma área do cérebro denominada *córtex órbito-frontal medial* torna-se mais ativa. Quanto mais bela a pessoa considera a imagem, mais intensa é a atividade da área. A associação dessa área com a experiência de beleza é reforçada ainda mais pela descoberta de que a mesma área também se ativa quando a pessoa ouve música que lhe soa melodiosa. Em contraste, a amígdala e o córtex motor são ativados quando a pessoa experimenta uma imagem ou música que lhe parece feia. (Curiosamente, uma especulação sobre por que o córtex motor – que controla o movimento – fica ativo quando alguém vê uma imagem feia é que o cérebro está se preparando para afastá-lo da feiura!)

Sob certo aspecto, essa descoberta é profunda. Depois de séculos de tentativas de medir a beleza, agora, ao que parece, temos uma maneira física e objetiva de quantificá-la. No entanto, sob outro aspecto, ela pode ser considerada superficial. Já podemos simplesmente perguntar às pessoas se elas acham uma imagem bonita. O escaneamento do cérebro apenas constata a correlação neural com a afirmação verbal. Do mesmo modo, essa descoberta em si não nos dá nenhuma ideia de por que a pessoa achou bela a imagem. Ela não revela que processos mentais ativaram o córtex órbito-frontal medial. Mas é um começo. Outras pesquisas, nos próximos anos, talvez forneçam esses tipos de ideias. O velho aforismo de que "a beleza está nos olhos do observador" talvez precise ser atualizada para "a beleza está no córtex órbito-frontal medial do observador"!

Apesar de ainda não compreendermos plenamente os processos cerebrais que nos levam a considerar certas imagens prazerosas, os neurocientistas já estão teorizando algumas respostas – com base em seus conhecimentos sobre o cérebro. Dois dos principais neurocientistas que atuam nesta área são Vilayanur Ramachandran e Semir Zeki.

---

[10] CHATTERJEE, A.; VARTANIAN, O. Neuroaesthetics. *Trends in Cognitive Sciences*, v. 18, v. 7, p. 370–375, 2014.

Os nove princípios de Ramachandran

Vilayanur Ramachandran é um neurocientista indiano que trabalha na Universidade da Califórnia, San Diego. Foi um dos primeiros e mais influentes colaboradores no campo da neuroestética. Uma tarde, meditando no interior de um templo na Índia, Ramachandran concebeu as nove leis universais da arte.[11] São ideias ainda incipientes, que brotaram de seus conhecimentos de neurociência e de suas observações da arte em todo o mundo. Ele não está sugerindo que esses *insights* sejam os únicos princípios de como o cérebro percebe a arte, mas sim que são versões preliminares de sugestões.

Várias dessas leis têm um fundamento mais amplo em comum: o fato de que quando atinamos com o que é alguma coisa, sentimos como que um breve surto de prazer, um momento "arrá!" que coroa os melhores *insights*. Essa capacidade do nosso cérebro visual quase sempre passa despercebida no mundo contemporâneo. E assim é porque vivemos num mundo artificial, em meio a cores e objetos artificialmente ostensivos e conspícuos. Remontando aos nossos ancestrais, a vida nas savanas exigia o reconhecimento contínuo de animais e objetos camuflados, que se mimetizavam no contexto, confundindo-se com a vegetação e o solo. Reconhecer um aglomerado de borrões coloridos como as manchas de um leopardo era extremamente útil. As nove leis universais de Ramachandran são as seguintes.

1. *Mudança de pique e os estímulos supernormais*

Uma maneira de a arte e o *design* intensificarem o momento "arrá!" de reconhecimento de alguma coisa é acentuar seus aspectos visuais mais característicos ou marcantes. Por exemplo, as caricaturas geralmente realçam os traços faciais mais singulares da pessoa: prolongando o queixo, ampliando o nariz ou aumentando as orelhas. Ao salientar os aspectos mais típicos do rosto, o desenho caricatural até pode ser reconhecido com mais facilidade do que uma fotografia do indivíduo. Ramachandran evoca um antigo termo em sânscrito, "*rasa*", que significa essência ou substrato, para se referir à busca constante

---

[11] RAMACHANDRAN, V. S. *The Tell-Tale Brain: Unlocking the Mystery of Human Nature*. Londres: Random House, 2012. Ver também: <http://scienceblogs.com/mixingmemory/2006/07/17/the-cognitive-science-of-art-r/>. Acesso em: 25 ago. 2016.

do cérebro pelos aspectos visuais mais distinguíveis e identificáveis de um objeto, pessoa ou animal. Esse tipo de *design* parece refletir a maneira como o cérebro processa naturalmente diferenças de tamanho. Quando pedimos às pessoas para desenhar duas formas idênticas, uma ligeiramente maior do que a outra, que acabamos de lhes mostrar, elas tendem a destacar a diferença. Isso sugere que nos lembramos de diferentes atributos como simplesmente "maiores/menores", sem termos memorizado exatamente o tamanho da diferença.[12]

"Mudança de pique" é um termo oriundo do aprendizado de animais. Por exemplo, quando recompensamos animais por distinguirem entre duas formas semelhantes – como um retângulo e um quadrado –, eles começam a responder com mais intensidade a versões exageradas do retângulo do que às que foram adestrados a reconhecer. Quando se adestra um animal para responder a um estímulo, ele geralmente responde com mais intensidade (o "pique" de seu comportamento) ao tipo exato de estímulo com que foram ensinados, mas quando são adestrados a diferenciar entre duas formas, o pique do comportamento muda para um tipo mais acentuado de diferença. O que está acontecendo é que o cérebro do animal está captando a diferença entre as duas formas (um retângulo é um quadrado alongado) e está respondendo mais intensamente a versões mais acentuadas dessa diferença.

Um exemplo ainda mais estranho de mudança de pique decorre de um estudo sobre gaivotas. Os filhotes de gaivotas aprendem a bicar o bico da mãe para pedir alimentos. O bico da mãe se caracteriza por um traço vermelho, o que leva os filhotes a também bicar varetas com traço vermelho do mesmo tipo. O cérebro deles simplesmente respondia ao traço vermelho. Os pesquisadores, porém, constataram que os filhotes, ao verem uma vareta com três traços vermelhos, reagiam com mais intensidade – na verdade, de maneira frenética! De alguma maneira, os três traços vermelhos eram como um superestímulo para eles, ativando com mais intensidade a ligação entre a imagem visual e o prazer de ser alimentado.

Os filhotes de gaivotas que reagem aos três traços vermelhos podem ser boa analogia para o efeito que a arte e o *design* exercem sobre as pessoas. Enquanto evoluíamos para reconhecer visualmente o que nos ajudava a sobreviver e nos era prazeroso, as regras do cérebro

---

[12] ROSIELLE, L. J.; HITE, L. A. The Caricature Effect in Drawing: Evidence for the Use of Categorical Relations When Drawing Abstract Pictures. *Perception*, v. 38, n. 3, p. 357–375, 2009.

para reconhecer essas coisas não raro seguem códigos simplificados. Ao ativar esses códigos – geralmente mais simples ou diferentes de seus equivalentes no mundo real –, os artistas e os *designers* estão efetivamente "hackeando" nosso sistema visual e o estimulando diretamente.

Mesmo obras de arte que supomos estarem tentando, literalmente, representar alguma coisa – como uma pintura de paisagem ou a estátua de alguém – geralmente recorrem a realces para produzir efeitos prazerosos. Essa é uma forma de aplicação do princípio de mudança de pique: aproveitar os elementos que consideramos mais interessantes ou proveitosos para reconhecer alguma coisa e acentuá-los para que se tornem mais instigadores.

Evidentemente, muita arte e *design* já encheu o mundo com imagens ampliadas e acentuadas que nossos ancestrais não teriam encontrado em seus contextos. Imagens de mudança de pique podem ser vistas como exemplo de imagens "supernormais".

Por exemplo, hoje temos a tecnologia para exibir milhões de cores em nossas telas, e dispomos de ampla variedade de tintas e corantes para produzir roupas, pinturas e produtos das mais diversas cores. Nossos ancestrais, porém, não tinham tantas versões puras de diferentes cores. Por exemplo, o termo para a cor "laranja" não existia em inglês (*orange*) até os anos 1540, quando essas frutas começaram a ser importadas (antes disso, até as cenouras eram marrons, vermelhas ou amarelas) – por se tratar de cores que até então não eram muito comuns. A designação para pessoas ruivas era "redhead" (cabeça vermelha), termo que remonta pelo menos a meados dos anos 1200, antes de a cor-de-laranja ser vista com frequência.[13] O mundo visual de nossos antepassados deve ter sido comparativamente acromático, meio monótono, com menos variedade de cores e *designs* que o mundo contemporâneo. No entanto, o apego à imagem supernormal já se manifestava, mesmo milênios atrás. A análise visual das pinturas rupestres, ou em rochas ou cavernas, demonstrou que os artistas paleolíticos sistematicamente exageravam os traços anatômicos dos cavalos ou bisões, para torná-los mais reconhecíveis.[14] Em outras palavras, já faziam arte supernormal.

---

[13] Disponível em: <http://allthingslinguistic.com/post/33117530568/why-dont-we-say-orangehead-instead-of>. Acesso em: 25 ago. 2016.

[14] CHEYNE, J. A.; MESCHINO, L.; SMILEK, D. Caricature and Contrast in the Upper Palaeolithic: Morphometric Evidence from Cave Art. *Perception*, v. 38, n. 1, p. 100–108, 2009.

O princípio da mudança de pique pode ser usado em *design* das seguintes maneiras:

- Se os observadores usam a forma para descobrir alguma coisa, essa forma pode ser exagerada.
- Os elementos diferenciadores das fotografias, que as tornam mais atraentes – como a beleza de uma paisagem ou o aspecto delicioso de uma comida –, podem ser ressaltados para evocar respostas emocionais mais intensas.
- O realce das características dos elementos de um *design* independente pode torná-los mais distintivos.

Realçando os traços de um rosto para torná-lo mais memorável

Pesquisadores do Massachusetts Institute of Technology desenvolveram um software que modifica fotos de rostos para torná-los mais memoráveis.[15] Embora estejamos familiarizados com *designers* de revistas que aerografam fotografias de modelos para torná-las mais atraentes ou jovens, esse algoritmo ajusta os traços fisionômicos de uma pessoa para torná-los mais característicos. Eles estudaram os elementos faciais que pareciam contribuir para aumentar a capacidade de lembrança da fisionomia e exploraram esses fatores no software. Embora sutis, o impacto dessas pequenas mudanças nas fotos é eficaz para torná-las mais inesquecíveis. No futuro próximo, softwares como esse podem ser usados para ajudar os *designers* a reforçar o impacto e a retenção de todos os tipos de *designs*.

---

2. *Isolamento*

Reconhecer objetos ou pessoas quando estão parcialmente obscurecidos ou sob condições de visualização imperfeitas (por exemplo, com pouca iluminação) exige esforço mental. Portanto, a visualização é mais espontânea e menos consciente sob condições

---

[15] Disponível em:<http://www.wired.co.uk/news/archive/2013-12/18/modifying-face-memorability>. Acesso em: 25 ago. 2016.

mais adequadas. O isolamento pode ser um pouco como o princípio da mudança de pique: retirar todos os aspectos visuais que são desnecessários para o reconhecimento do que o artista está tentando ilustrar. Exploraremos mais esse tema no Capítulo 3, sobre *design* minimalista. Também examinaremos mais de perto a ideia de isolar determinado atributo visual – como movimento, cor ou forma – mais adiante, neste capítulo.

Como os *designers* podem usar o isolamento:

- Se alguma coisa é difícil de reconhecer, evite que outros elementos do *design* o ofusquem ou o obscureçam.

- Seletivamente, use espaço em branco em torno desses elementos de *design* mais obscuros, para chamar a atenção.

3. *Agrupamento*

Seja na montagem de um conjunto, escolhendo cores compatíveis para os diversos itens, seja na decoração da casa, formando um esquema de cores adequado, é natural agrupar as coisas visualmente. Os olhos simplesmente captam as várias tonalidades e luminosidades do contexto; é o cérebro visual que reúne esses padrões em objetos e cenas. Quando aparentemente aspectos visuais avulsos se agregam na mente, ocorre um prazeroso momento "arrá!". Podemos agrupar as coisas por várias razões: porque se movimentam em "sincronia" (por exemplo, os pontos à primeira vista isolados que vemos são parte da pelagem de um animal em movimento); porque são da mesma cor, formando padrões semelhantes; ou porque suas linhas e contornos se combinam. Há, inclusive, uma correlação neural para isso: quando reconhecemos diferentes aspectos visuais que se encaixam entre si, os grupos de neurônios que representam cada elemento começam a se ativar em sincronia.

Como os *designers* recorrem ao agrupamento:

- Mesmo que diferentes elementos da imagem não estejam próximos uns dos outros no *design*, é possível associá-los por meio de recursos como cor e forma.

- Saiba que reunir elementos num *design* pode sugerir que eles se relacionam.

O efeito Johansson

Um exemplo de como o cérebro é habilidoso em agrupamento é o efeito Johansson. Prepare uma pessoa com roupas e máscara colantes, totalmente pretas, com pontos brancos distribuídos pelo tronco, membros e cabeça, e depois filme-a em movimento, de modo que nas imagens só sejam vistos os pontos brancos, não a pessoa. Nessas condições, é muito fácil perceber o conjunto de pontos brancos afigurando uma pessoa. (Vestir alguém com trajes colantes pretos, cheios de pontos brancos pode parecer estranho, mas é uma técnica usada na indústria cinematográfica para captar as posturas e os movimentos dos atores e criar uma versão gráfica computadorizada deles.)

4. Contraste

As coisas que têm bom nível de contraste são reconhecíveis com mais facilidade. Em oposição ao princípio de agrupamento, o contraste de combinações de cores pode ser esteticamente agradável, porque saltam em nossa direção com mais intensidade (um fenômeno denominado *destaque visual*, a que retornaremos no Capítulo 6). No entanto, como nos agrupamentos, o contraste ajuda o cérebro visual a identificar as fronteiras e os contornos dos objetos, facilitando o reconhecimento. Um estudo descobriu que a preferência por paisagens naturais a imagens urbanas se reverte se o contraste das paisagens for reduzido.[16] O contraste também pode ser conceitual: confrontar imagens e padrões que geralmente não aparecem juntos.

Como os *designers* podem usar o contraste:

- Quando quiser atrair a atenção para um elemento de *design*, sobreponha-o a um fundo ou a outro traço de *design* de cor contrastante.

- Experimente acentuar ligeiramente o contraste de um *design* ou fotografia para aumentar sua atratividade total.

---

[16] TINIO, P. P.; LEDER, H.; STRASSER, M. Image Quality and the Aesthetic Judgment of Photographs: Contrast, Sharpness, and Grain Teased Apart and Put Together. *Psychology of Aesthetics, Creativity, and the Arts*, v. 5, n. 2, p. 165, 2011.

5. *O princípio do esconde-esconde*

O cérebro adora resolver enigmas visuais simples. São uma forma artificial de reconhecer o leopardo camuflado na vegetação. O obscurecimento parcial de alguma coisa a torna mais atraente. Identificar algo que esteja parcialmente obscurecido é como resolver um enigma visual simples. Todos os dias, milhões de pessoas em todo o mundo se exercitam em enigmas como forma de diversão. A busca e a descoberta são divertidas, assim como a procura de soluções. Os bebês vibram quando os adultos brincam de esconde-esconde com eles: alternadamente fechando os olhos com as mãos e depois os desvendando.

A percepção visual, como vimos, exige a formação constante de padrões, em meio a sinais visuais confusos oriundos dos olhos. Cada vez que conseguimos reconhecer corretamente alguma coisa, é como que uma epifania, uma luz que se acende no cérebro. Evidentemente, o enigma não deve ser difícil demais; é preciso alcançar um equilíbrio ideal entre forçar o cérebro a fazer um pequeno esforço, mas não estressá-lo com um desafio muito difícil. Ramachandran acredita que a solução de enigmas simples ativa os circuitos cerebrais responsáveis pelas sensações de prazer e recompensa.

Como os *designers* podem usar o princípio do esconde-esconde:

- Enigmas visuais simples, fáceis de resolver podem ser uma boa maneira de atrair a atenção e engajar os observadores.
- Se um objeto ou imagem já for muito familiar para os observadores, há como torná-lo mais instigante, obscurecendo-o parcialmente?

6. Ordem

Este princípio se relaciona com a regularidade de uma imagem. Os traços e os contornos do *design* estão alinhados? Por exemplo, queremos que os quadros pendurados na parede estejam retos, não tortos. Do mesmo modo, se há uma série de linhas paralelas em um desenho, mas uma linha está num ângulo que a afasta das demais, alguma coisa pode parecer errada. Este princípio é semelhante ao do agrupamento: o cérebro visual tem forte impulso para associações. Embora o mundo real geralmente esteja apinhado de caos visual, parte do prazer de apreciar a arte e o *design* decorre da possibilidade de envolverem mais constância e ordem. Por exemplo, a repetição de padrões em *designs*, como telhas imbricantes ou parcialmente sobrepostas pode ser agradável, na medida em que a repetição de um padrão facilita a compreensão. O cérebro só precisa compreender o pequeno elemento recorrente, para decodificar toda a imagem.

Como os *designers* podem explorar a ordem:

- Se um *design* contém várias linhas no mesmo ângulo, ao adicionar nova linha em ângulo diferente, certifique-se de que o acréscimo não parece estranho.
- Alinhar os elementos no mesmo ângulo pode melhorar a percepção de equilíbrio e harmonia no *design*.

7. Metáforas visuais

As metáforas visuais são maneiras de expressar uma ideia de forma visual. Ramachandran dá o exemplo da maneira como os cartunistas geralmente usam tipos de fontes que refletem o significado das palavras, como "assustado" ou "arrepiado", escrito em fontes que parecem estar tremendo. Esses tipos de truques de *design* ajudam a reforçar uma emoção ou o significado do que está sendo comunicado.

As metáforas visuais também podem ser um tipo de rima ou reflexo visual. Por exemplo, diferentes elementos de uma imagem podem refletir-se mutuamente. Ramachandran acredita que esses tipos de metáforas atuam em nível inconsciente: nem sempre as percebemos conscientemente. Se as descobrimos, elas se transformam em princípio esconde-esconde: identificamos um padrão oculto, como resolver um enigma.

Como os *designers* podem usar metáforas visuais:

- Você pode usar a técnica dos cartunistas de fazer o texto refletir o significado das palavras?
- Procure maneiras de produzir imagens que atuem como metáforas para transmitir conceitos e emoções.

8. Horror a coincidências

Se alguma coisa parece improvável de ter ocorrido ao acaso, faz sentido que tenha sido o resultado de uma ação consciente. As coincidências sem razão parecem óbvias demais e, de alguma maneira, erradas. Nosso sistema visual usa um recurso denominado *probabilidade bayesiana*, que basicamente elabora a probabilidade de diferentes interpretações do que está sendo visto, a fim de propiciar uma interpretação.

Geralmente, quando vemos algo, nosso cérebro visual assume que o estamos observando de um ponto de vista aleatório ou genérico, não de uma perspectiva especial que o faça parecer diferente.

As coincidências visuais parecem erradas porque são improváveis. Só funcionam quando têm uma razão de ser.

Como os *designers* podem usar o horror a coincidências:

- Se você está figurando um objeto ou forma, verifique se o ângulo de que você o está mostrando não gera efeitos visuais "convenientes demais".

- Cuidado para não explorar regularidades ou simetrias excessivamente óbvias.

9. Simetria

A simetria, como veremos no Capítulo 3, é agradável porque facilita o processamento do *design*. Outra razão de gostarmos de observar coisas simétricas é que, em nossos ambientes naturais primitivos, essa era uma indicação de estarmos observando algo biológico. Portanto, a percepção de uma simetria teria sido um alarme visual avançado oportuno aos caçadores-coletores da proximidade de predadores a serem evitados ou de presas a serem capturadas.

Uma advertência quanto ao uso da simetria resulta do princípio anterior do horror a coincidências. Se um *design* retrata alguma coisa de um ponto de vista que alinha tudo de maneira simétrica, certifique-se de que o resultado não é certinho e perfeito demais. Evidentemente, estamos acostumados com produtos simétricos, como carros e garrafas de bebida. Essa é a nossa expectativa, que faz sentido, uma vez que esses objetos devem ser convenientes para o uso, e não faria sentido que fossem diferentes demais, vistos do lado direito ou do lado esquerdo. Por exemplo, ao pegar uma garrafa de bebida, você não quer saber se a está segurando pelo lado direito ou pelo lado esquerdo. No entanto, as imagens que não precisam ser simétricas, se o forem, podem parecer "convenientes demais".

Como os *designers* podem usar a simetria:

- Crie formas, caixas e arranjos simétricos de imagens em seus *designs*.

• Se você estiver representando alguma coisa simétrica, seria possível mostrar apenas a metade do objeto? (Às vezes, essa pode ser uma boa maneira minimalista de transmitir uma imagem, uma vez que a outra metade pode ser redundante.)

Resumindo

Como seria de esperar, na arte, esses princípios não são absolutos. A aplicação deles não é garantia de sucesso. Além disso, às vezes, a inobservância desses princípios pode resultar em imagens prazerosas. Por exemplo, o princípio do esconde-esconde e o princípio do isolamento podem ser considerados ideias opostas. O primeiro sugere ocultar uma imagem para fazer o cérebro trabalhar um pouco mais no esforço para identificá-la; o segundo sugere facilitar a visualização da imagem. Da mesma maneira, os princípios da ordem e da simetria recomendam a adoção de padrões regulares, enquanto o princípio do horror à coincidência aconselha aleatoriedade mais generalizada. Descobrir o equilíbrio certo entre esses princípios ou saber quando considerar um em vez do outro é parte da própria competência do *designer*, "vasculhar" um *design* com olhos críticos, para avaliar sua aparência.

É melhor considerar os princípios como uma variedade de técnicas – cabe ao *designer* decidir quando é adequado usar um ou outro.

Leis da gestalt *sobre percepção*

A *gestalt*, ou psicologia da forma, foi um movimento do século XX que analisou a visão das coisas como um todo. Muitas das pesquisas psicológicas sobre percepção consistem em desdobrar os objetos em diferentes elementos e estudar como os percebemos em isolamento. Em contraste, quando apreciamos um bom *design* ou obra de arte, nós a vemos na totalidade. A psicologia *gestalt* aborda a maneira de as pessoas enxergarem o todo como mais do que simplesmente o agregado das partes.

Embora, rigorosamente, não seja componente da neuroestética, a psicologia *gestalt* é uma disciplina correlata. Por exemplo, o princípio do agrupamento, de Ramachandran, é uma grande área de interesse para o movimento *gestalt*. Ele descreve as muitas maneiras de nosso sistema visual agrupar diferentes elementos do *design*, com base em atributos como proximidade e similaridade.

O princípio abrangente da psicologia *gestalt* é a lei de *pragnanz*. É a ideia de que, ao interpretar imagens, adotamos a explicação mais simples e provável. Por exemplo, na Figura 2.2, assumimos que as formas que estamos vendo *parecem incompletas* porque estão sobrepostas (B), não porque *estão incompletas* e encaixadas exatamente no setor que falta ao círculo (A).

Figura 2.2: Formas sobrepostas

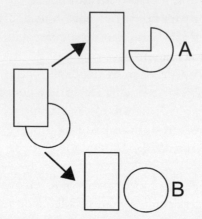

Mais uma vez, essa ideia se reflete no princípio do horror à coincidência de Ramachandran. Quando agrupamos objetos, supõe-se que a intenção é que sejam vistos como um todo, não que, de alguma maneira, o arranjo seja aleatório e improvável.

Semir Zeki: os artistas são neurocientistas

Semir Zeki é neurocientista da University College London, com *expertise* em sistema visual. É um dos principais pioneiros da neuroestética. Em 1994, foi coautor de um dos primeiros trabalhos nessa área, a que se seguiu um de seus primeiros livros, em 1999.[17]

---

[17] ZEKI, S.; NASH, J. *Inner Vision: An Exploration of Art and the Brain*. Oxford: Oxford University Press, 1999. v. 415.

Um de seus melhores *insights* é que os artistas modernos têm feito alguma coisa semelhante aos experimentos em neurociência visual, sem se dar conta, para o que dispõem de pelo menos duas maneiras. Primeiro, os artistas, inconscientemente, refinam sua obra, até que ela agrade ao próprio cérebro. Se a arte deles também agradar ao cérebro alheio, não há dúvida de que eles criaram alguma coisa prazerosa para o sistema visual.

A segunda maneira é um pouco mais complexa. Ela se relaciona com o fato de o nosso córtex visual se organizar em áreas especializadas, das quais as principais camadas são designadas por Vs numerados. Cada área é composta de células que reagem exclusivamente a determinada faceta da visão. Por exemplo, há grupos de células que responderão a certa cor de um objeto, mas são completamente indiferentes ao movimento, à orientação ou à forma do objeto. Outras células responderão à orientação do objeto, mas se mantêm totalmente indiferentes à cor, e assim por diante. Para descobrir que áreas do cérebro visual estão respondendo a determinados atributos, os neurocientistas mostraram, aos participantes de um estudo, tipos muito específicos de imagens, enquanto escaneavam o respectivo cérebro. Por exemplo, imagens sem formas reconhecíveis, mas com cores reconhecíveis, ou imagens em preto e branco, mas com formas ou orientações de linhas muito específicas. Zeki observou que diferentes estilos de arte moderna pareciam provocar efeitos semelhantes aos desses experimentos. Enquanto a arte representativa mais tradicional retrata pessoas, objetos e cenas reconhecíveis, muitos tipos de arte abstrata segregam os aspectos visuais – como aparência, cor, forma e movimento – e trata cada um deles diferentemente dos demais. Curiosamente, essa tendência reflete a maneira como o cérebro efetivamente percebe o mundo visual.

Por exemplo, quando estamos julgando a largura de um objeto, somos incapazes de ignorar seu comprimento. Os dois processos são conectados no cérebro. No entanto, de fato processamos as propriedades da superfície do objeto – como textura e cor – independentemente da forma do objeto.[18]

Do mesmo modo, a denominada *arte cinética* foca na captação do movimento. Zeki percebeu que grande quantidade de artistas

---

[18] CANT, J. S. *et al.* Independent Processing of Form, Colour, and Texture in Object Perception. *Perception*, v. 37, n. 1, p. 57–78, 2008.

cinéticos minimizava ou eliminava as cores de sua obra – quase como se não quisessem ativar as células sensíveis a cor – e concentrava seus efeitos apenas nos relacionados com movimento. Ele repete a mesma observação quanto à arte cubista, e observa que outros artistas, como Cézanne, parecem concentrar seus efeitos na orientação das linhas.

Poderiam os artistas, nesses campos, de alguma maneira ter conhecimento do processamento à parte desses diferentes aspectos visuais, como cor, movimento e aspecto? Sim, por mais improvável que pareça, é bem possível.

Além de ocorrerem em áreas separadas do cérebro visual, o processamento desses vários aspectos visuais também se realiza em momentos ligeiramente diferentes. Por exemplo, primeiro, percebemos a cor; depois, a forma; em seguida, o movimento. As diferenças são minúsculas, em milissegundos, mas, em teoria, podem ser conscientes. Se os artistas se tornam muito sensíveis a certos atributos, como cor ou movimento, talvez estejam minimizando outros atributos, para isolar e ativar apenas a parte específica do cérebro visual relevante no momento. As escolas de arte mais abstratas talvez estejam apenas refletindo o fato de que nosso cérebro visual separa o processamento de diferentes elementos da visão. Disso até podem resultar imagens intrigantes para nosso sistema visual, inclusive entre pessoas que não são fãs conscientes de arte abstrata. Por exemplo, quem não aprecia conscientemente arte dirá com frequência coisas do tipo: "Meu filho poderia ter desenhado aquilo!". Porém, o curioso é que quando seus movimentos dos olhos são rastreados, enquanto estão vendo pinturas abstratas produzidas por adultos e outras à primeira vista parecidas mas feitas por crianças, os registros mostram que as reações espontâneas e não conscientes são diferentes. As pinturas de artistas abstratos suscitam exploração visual mais intensa do que as de crianças. As dos artistas induzem mais fixação dos olhos, durante mais tempo, em mais áreas da pintura.[19]

As implicações daí decorrentes para os *designers* é que, ao tentarem comunicar determinado elemento visual – cor, aspecto, movimento, orientação das linhas –, talvez seja melhor atenuar as variações em

---

[19] ALVAREZ, S. A. *et al.* What Gaze Fixation and Pupil Dilation Can Tell Us About Perceived Differences Between Abstract Art by Artists Versus by Children and Animals. *Perception*, v. 44, n. 11, p. 1310–1331, 2015.

outros elementos. Talvez também convenha estudar artistas que se especializaram em figurar aquele elemento específico. Por exemplo, o Quadro 2.1 mostra alguns exemplos de diferentes artistas e movimentos artísticos que se empenharam em isolar e ampliar cor, forma e movimento. Analisar as técnicas desses artistas pode ser útil para descobrir maneiras de potencializar essas características em designs.

Quadro 2.1: Movimentos artísticos, aspectos visuais focados e áreas do cérebro visual estimuladas

Movimento artístico	Atributo visual	Área do cérebro
Fauvistas (p. ex., Matisse, André Derain)	Cor	V4
Cubistas (p. ex., Pablo Picasso, Georges Braque)	Forma	V1 e V2
Arte cinética (p. ex., Alexander Calder)	Movimento	V5

Assim como suas ideias sobre diferentes artistas que refletem a separação de como cor, forma e movimento são processados no cérebro, Zeki também propôs duas leis de neuroestética: constância e abstração.

1. *Constância*

Uma das atribuições mais importantes de nosso cérebro visual é reconhecer objetos sob diferentes condições de visualização. Por exemplo, reconhecer o rosto de alguém de um ângulo incomum ou à distância, ou identificar a cor de um objeto mesmo sob condições de iluminação extremas (insuficiente ou excessiva). No mundo real, precisamos fazer coisas desse tipo com rapidez, facilidade e quase constantemente.

Portanto, nosso cérebro visual precisa modelar um objeto ou rosto de maneira generalizada – não só como o objeto ou rosto parece sob condições de visualização ideais ou de certo ângulo ou distância. Trata-se de processo semelhante ao que Ramachandran chama de *rasa* – a essência de alguma coisa. Do mesmo modo, Zeki vê situação semelhante em arte quando os artistas geralmente tentam captar a essência do que estão representando.

2. *Abstração*

Será que vemos *designs* abstratos de maneira diferente de como vemos *designs* que representam com mais clareza alguma coisa reconhecível? Assim como "estimula" diferentes áreas e processos do cérebro, a arte abstrata também pode replicar uma atividade que o cérebro executa como parte de suas funções. Em geral, procuramos exemplos puros e perfeitos das coisas. Por exemplo, podemos desejar ardentemente ver formas perfeitas ou cores perfeitas – na vida real as coisas são confusas e têm características singulares que nem sempre correspondem ao ideal. Como parte da busca pelos aspectos visuais essenciais das coisas – que Zeki menciona em sua lei da constância e que Ramachandran designa com a palavra *rasa* –, o cérebro precisa construir modelos ideais. Por exemplo, sintetizamos todos os rostos que vemos na forma de um modelo ideal do rosto humano. Não podemos simplesmente nos lembrar de cada rosto que já vimos – temos de mapeá-los com base em um modelo (mais informações a esse respeito no Capítulo 3). Portanto, compomos na mente modelos ideais que raramente de fato vemos no mundo real, mas a arte nos oferece exemplos visuais desses ideais.

Conceitos-essenciais

Retinotópico: capacidade do córtex visual de mapear diretamente informações fornecidas pelo campo visual. Esse atributo facilita a compreensão do córtex visual pelos neurocientistas.
Neuroestética: aplicação de *insights* da neurociência à estética.
Psicologia *gestalt*: movimento da psicologia que analisa a maneira como percebemos as coisas como um todo. É relevante para o *neurodesign,* porque aborda como interligamos os objetos visuais.

A neuroestética está começando a nos oferecer *insights* sobre como percebemos a arte, mas seu impacto real só ocorrerá nos próximos anos. À medida que compreendemos cada vez mais o cérebro e correlacionamos cada vez melhor a atividade cerebral com o processo de visualização e de apreciação das imagens, os *insights* serão cada vez mais frequentes e eficazes.

Dispomos, porém, de conjuntos fecundos de *insights* oriundos de outras áreas da neurociência e da psicologia sobre como percebemos as imagens, os quais nem sempre são compilados sob o rótulo de neuroestética. É para essas áreas que nos voltaremos no próximo capítulo.

Resumo

- A neuroestética é campo de estudo relativamente novo que recorre à neurociência para estudar nossas preferências visuais e nossos critérios de beleza, ou seja, as razões de considerarmos certas coisas belas.
- Embora a apreciação da arte seja, em geral, uma questão de gosto pessoal, a neuroestética está mais interessada em descobrir princípios universais de apreciação da arte.
- Alguns dos princípios da neuroestética se relacionam com a ideia de que os *designs* que nos ajudam a reconhecer o que uma coisa é – exagerando atributos distinguidores, acentuando contrastes e isolando ou agrupando elementos – nos dão prazer porque atenuam o esforço para compreender, facilitando a compreensão.
- Muitas formas de arte moderna se correlacionam com a maneira como o cérebro visual vê o mundo. Em vez de verdadeiramente aleatória e irreal, a arte abstrata pode efetivamente atrair as pessoas, ao estimular diferentes módulos do cérebro visual. Ela reflete como o cérebro decodifica visualmente o mundo.

FLUÊNCIA DE PROCESSAMENTO: COMO FAZER OS *DESIGNS* PARECEREM MAIS INTUITIVOS

03

Figura 3.1: Os padrões simples na natureza contêm padrões geométricos ocultos que os tornam fáceis de apreciar, embora interessantes

A DÉCADA DE 1920 foi a era da velocidade. A industrialização e novas tecnologias, como o rádio, o telefone e o carro aceleraram o ritmo da vida e impressionaram as pessoas com o aumento da riqueza, da eficiência e da liberdade, resultantes do pensamento científico. Industriais como Henry Ford faziam grandes fortunas adotando a "administração científica": cronometrando quanto tempo as pessoas levavam para executar as tarefas de trabalho e organizando as linhas de produção fabris em torno de suas ideias, auferindo, em consequência, aumentos de produtividade e de lucratividade. O sucesso da administração científica implicava que era possível estudar a vida com racionalidade; afinal, todos podíamos nos tornar mais aerodinâmicos e mais eficientes.

O *design* começou a refletir esse etos moderno e racional. Iniciou-se uma era de faxina, em que os *designs* mais convolutos e barrocos do século anterior foram varridos e substituídos por alternativas mais limpas e simples. Produtos, arquitetura e mobiliário tornaram-se mais velozes e minimalistas. Os primeiros anos de *design* de consumo minimalista, nas décadas 1920 e 1930, vieram dos movimentos modernistas europeus, como a escola de *design* Bauhaus. Os *designs* – incorporados em tudo, da arquitetura ao mobiliário – eram quase surpreendentemente modernos para a época. Mesmo hoje, alguns dos produtos e construções daqueles tempos ainda parecem admiravelmente *futuristisch*, projetando uma imagem simples, racional e funcional, mas, acima de tudo, minimalistas.

Entretanto, embora muita gente considerasse esses *designs* interessantes e atraentes, sua popularidade foi efêmera: as pessoas em geral os consideravam austeros, frios e inamistosos demais para a convivência cotidiana. A aparência futurista e a simplicidade funcional não eram suficientes para o público; os consumidores queriam *designs* mais intuitivamente confortáveis.

Raymond Loewy, cognominado "pai do *design* industrial", salvou a ideia da estética moderna.[1] Nas fotos, Loewy – com o bigode fino, como que traçado a lápis, os cabelos puxados para trás, terno e gravata, cigarro nas mãos – parecia o próprio símbolo do industrial de meados do século XX. Nascido na França, Loewy tornou-se mais influente depois de se mudar para os Estados Unidos, onde projetou

---

[1] JODARD, P. *Raymond Loewy*. Londres: Trefoil, 1992.

automóveis, trens, o interior do avião Air Force One do presidente John F. Kennedy e até o Skylab, a primeira estação espacial dos Estados Unidos. Todavia, foi provavelmente no *design* de produtos de consumo que Loewy foi realmente desbravador, ao se inspirar na aparência aerodinâmica dos modernos aviões, carros e trens e domesticá-la em itens de consumo, como batons, geladeiras e rádios. Loewy, sob certo aspecto, partiu da estética europeia e a tornou mais amistosa e aceitável para os consumidores, popularizando a aparência minimalista.

Evidentemente, a atualização da aparência de um produto ou marca é também uma via para vender mais, na medida em que encoraja os consumidores a atualizar seus produtos para seguir a tendência e continuar na moda. Também alimenta o anseio por novidades. Como vimos no Capítulo 1, geralmente somos atraídos pelo inédito, e recebemos como que um choque no cérebro ao depararmos com novos *designs*. No entanto, se você forçar demais os consumidores além do que estão preparados para processar, o tiro pode sair pela culatra. Trata-se, mais uma vez, de encontrar o equilíbrio certo.

Loewy propôs um princípio de *design* que denominou MAYA, ou *Most Advanced and Yet Acceptable* (o mais avançado, mas ainda aceitável). A ideia é que o consumidor mediano tem expectativas de como as coisas devem parecer. Esse paradigma decorre de suas experiências anteriores com *designs*: figuramos a aparência dos itens do dia a dia, como carros, telefones ou casas. Veja o caso dos telefones, por exemplo: 30 anos atrás, o telefone era um objeto que ficava sobre a mesa ou era preso à parede, com um receptor e transmissor, que se encaixava no corpo principal, do qual era retirado e levado à orelha e à boca, na hora de receber ou fazer ligações. Hoje, nossa ideia de *design* de telefone é a de um dispositivo portátil, de bolso, multitarefa, usado, inclusive, para chamadas de voz convencionais. No entanto, os smartphones que hoje nos parecem tão intuitivos dependem de ampla variedade de inovações, às quais nos adaptamos ao longo dos anos – por exemplo, a tela sensível ao toque, a movimentação dos dedos sobre a tela, a rolagem das imagens, o significado dos ícones, a digitação com dois polegares numa superfície plana, sem o *feedback* táctil das teclas. Tudo isso era incomum para o público três décadas atrás, e o smartphone, na época, provavelmente teria sido considerado um dispositivo estranho e complexo.

Sob certo aspecto, usar *designs* avançados, como produtos tecnológicos e sites de internet, é como aprender um idioma ou desenvolver um novo conjunto de comportamentos. Se os consumidores forem empurrados com muito ímpeto ou com muita rapidez, a mudança parecerá onerosa e exótica. Essas mesmas conclusões se aplicam à arte e à arquitetura *avant-garde*. As pinturas de Picasso e a arquitetura de Lloyd Wright, de início, foram consideradas feias por muita gente, embora, hoje, elas geralmente sejam tidas como atraentes.

Apesar da primeira alvorada falsa do modernismo, o *design* minimalista foi uma tendência forte no *design* comercial durante o século XX. Não só na fluidez e elegância dos *designs* de Loewy, típicos da era espacial, mas também na simplicidade e limpeza dos *designs* de marca, como os da Apple, Ikea e Braun. Dieter Rams, o *designer* por trás de alguns dos produtos mais icônicos da Braun, afirmou, em passagem proverbial: "Acredito que os *designers* devem eliminar o desnecessário".[2] Nos últimos anos, a filosofia da Apple, de simplicidade Zen, tem exercido forte influência no *design* de dispositivos móveis, ajudando a transformar esses computadores portáteis em ingredientes acessíveis e indispensáveis da vida cotidiana.

Todavia, embora o minimalismo seja uma tendência forte no *design*, constata-se, geralmente, intensa contrapressão para incluir neles tantas informações quantas possíveis. Por exemplo, os gerentes de marca geralmente querem o máximo de atributos e recursos cabíveis, valorizando suas embalagens e anúncios; também os *web designers* geralmente precisam incluir grande quantidade de informações em suas páginas.

Do mesmo modo, um dos dilemas com que se deparam os *designers* é fazer seus *designs* simples e fáceis de compreender, para torná-los agradáveis aos olhos; ou mais complexos e minuciosos, para que sejam mais interessantes e envolventes. Outro dilema correlato é se os *designs* devem ser intuitivamente familiares e previsíveis, ou surpreendentes e *disruptivos*.

Este capítulo é sobre maneiras de resolver esses dilemas.

Fluência de processamento

Obviamente, muitos são os estilos de estética diferentes, que apelam a diferentes gostos individuais, em diferentes momentos e lugares.

---

[2] Dieter Rams, citado em: <http://www.theguardian.com/artanddesign/artblog/2008/jan/16/applebrauniverams>. Acesso em: 25 ago. 2016.

Há, porém, algo atemporal e universal no apelo do *design* minimalista. E assim é porque o *design* minimalista explora as maneiras como o cérebro decodifica e reage a imagens.

O cérebro humano representa apenas pequena parte da massa corporal, mas consume muita energia. Para compensar esse desequilíbrio, ele evoluiu de maneira a minimizar o consumo de energia, a exemplo do modo de economia de energia dos computadores, dos dispositivos móveis e dos eletrodomésticos.

O Sistema 1, ou mente inconsciente, exerce menos esforço do que o Sistema 2, ou mente consciente. Como vimos no Capítulo 1, a capacidade da mente do Sistema 2 é limitada. Enquanto a mente do Sistema 1 processa constantemente milhões de informações sensoriais e dispara reações autônomas rápidas, a mente do Sistema 2 processa continuamente só alguns pensamentos conscientes e formula decisões deliberadas lentas. Os psicólogos geralmente se referem a esse processo como *carga cognitiva*. Se estivermos tomando uma decisão de compra e houver muitos fatores a levar em conta, como ponderação de preços, atributos, frequência de uso, *trade-offs*, etc., a ponto de sobrecarregar o Sistema 2, consciente, é possível que sejamos induzidos a deixar que a mente do Sistema 1, inconsciente, tome decisões intuitivas.

Em geral, ao navegarem em sites de internet, vendo anúncios ou *designs*, as pessoas não estão muito dispostas a exercitar a mente consciente. Talvez estejam querendo tomar uma decisão rápida ou apenas buscando informações ou diversões. Como vimos, as pessoas tendem a ser ainda mais impacientes on-line e se inclinam para *designs* que as direcionem de maneira rápida, fácil e espontânea para o que estão procurando. Portanto, faz todo o sentido que os *designs* mais simples e intuitivos sejam favorecidos nesse contexto. Os psicólogos se referem a essa tendência como "fluência de processamento". As informações – sob a forma de imagens ou textos – com boa fluência de processamento são mais fáceis de compreender e executar e, portanto, consomem menos energia.

Também temos preferência pelo familiar. Em termos evolutivos, geralmente não vemos como ameaça objetos e situações com que estamos familiarizados. Evoluímos para viver em grupos, e construímos laços de confiança em relação às pessoas que nos parecem familiares. Em geral, nós nos sentimos à vontade com coisas e pessoas que conhecemos – afinal, elas ainda não nos mataram!

Familiaridade: o efeito mera exposição

O professor Charles Goetzinger era um nova-iorquino que lecionava num curso de Comunicação na Universidade Estadual de Oregon, em 1967. Os relatos sobre ele descrevem seus métodos como um tanto excêntricos, como avaliar os alunos com base na capacidade de convencer os colegas a assinar um pedido para que recebessem nota A. Também dizem que, num exame, simplesmente instruiu os alunos: "Vocês têm cinco minutos. Comuniquem-se!".[3] O aspecto mais bizarro de seus cursos, porém, era um aluno misterioso que aparecia coberto da cabeça aos pés com um saco preto. Diariamente, alguém o levava à sala de aula e o apanhava no fim da sessão, mantendo o anonimato. De início, os outros alunos reagiram com hostilidade ao personagem misterioso, naquele sinistro saco preto, mas, com o passar das semanas, os colegas se tornaram calorosos com aquele personagem estranho, até o protegendo dos repórteres mais insistentes que o assediavam em busca de informações sobre aquela presença estranha na universidade.

O psicólogo polonês Robert Zajonc, ao tomar conhecimento do caso, ficou curioso, e começou a investigar o efeito de ver reiteradamente alguma coisa sobre as emoções das pessoas. Ele publicou suas descobertas num trabalho clássico de 1968, descrevendo o que chamou de *efeito mera exposição* (*mere exposure effect*).[4] Zajonc tinha realizado uma série de experimentos, em que mostrava aos participantes, em rápida sucessão, diferentes imagens, como formas simples, pinturas, rostos e símbolos chineses. Algumas imagens foram repetidas várias vezes, em rápida sucessão, mas, como apareciam e desapareciam com tanta rapidez, era impossível descobrir conscientemente a repetição. Depois, perguntava-se aos participantes que imagens preferiam, e eles, consistentemente, escolhiam as que eles tinham visto mais de uma vez. O efeito é importante porque demonstra haver um mecanismo não consciente e não racional no cérebro que pode nos levar a gostar de uma imagem de maneira completamente independente de qualquer tipo de avaliação lógica.

Fato interessante sobre a mente não consciente é ficar confusa entre coisas fáceis de processar e com aparência conhecida. A

---

[3] Disponível em: <http://theoregonsampsons.blogspot.co.uk/2012/08/an-incident-from-academia-black-bag.html>. Acesso em: 25 ago. 2016.

[4] ZAJONC, R. B. Attitudinal Effects of Mere Exposure. *Journal of Personality and Social Psychology*, v. 9, n. 2, Pt 2), p. 1, 1968.

facilidade de olhar para uma imagem simples se assemelha à facilidade de olhar para uma imagem familiar. As imagens familiares – rostos de pessoas que já conhecemos, por exemplo – nos parecem fáceis de processar porque já as compreendemos. Se vemos alguma coisa nova mas fácil de processar, ela parece familiar e gostamos dela. Esse sentimento geralmente não é bastante intenso para deixar impressões conscientes duradouras e, portanto, tendemos a não tomar conhecimento dele.

Um trabalho que analisou mais de 200 experimentos sobre o efeito mera exposição constatou que ele é confiável e vigoroso, embora tenda a ser mais eficaz em exposições breves.[5] No entanto, acredita-se, agora, que não é a exposição ou a familiaridade em si que induz a preferência, mas sim o fato de que quanto mais vemos alguma coisa, mais fácil se torna o seu processamento (Figura 3.2). O efeito mera exposição pode ser apenas uma maneira de ampliar a fluência de processamento de uma imagem. Portanto, podemos associar imagens simples com imagens familiares, e imagens complexas com imagens não familiares.

Figura 3.2: Familiar/fácil de ver *versus* não familiar/difícil de ver

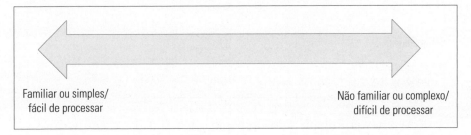

Da mesma maneira como certos estudos mostram que as pessoas expressam preferência ou opção pelo familiar, também há evidências de que a percepção de imagens fluentes é mais agradável.

Evidência fisiológica para a fluência de processamento

Numerosos estudos têm usado uma técnica denominada *eletromiografia facial* para testar o efeito emocional da fluência de processamento.

---

[5] BORNSTEIN, R. F. Exposure and Affect: Overview and Meta-Analysis of Research, 1968–1987. *Psychological Bulletin*, v. 106, n. 2, p 265, 1989.

A eletromiografia facial (fEMG) é um método que mede as emoções, instalando sensores no rosto das pessoas, para captar até mudanças minúsculas na atividade elétrica dos músculos que nos fazem sorrir ou contrair a fisionomia. Se tivermos uma reação emocional negativa a alguma coisa, o músculo corrugador, que controla a contração facial, é ativado. Se tivermos uma reação emocional positiva, o músculo zigomático maior, que produz o sorriso, é ativado. Se a teoria estiver certa, as imagens mais fáceis de processar ativam o músculo do sorriso, enquanto as imagens mais difíceis de processar ativam o músculo da contração.

Por exemplo, em um estudo, os participantes foram aparelhados com sensores fEMG e leram uma série de palavras aparentemente aleatórias.[6] Entretanto, algumas listas de palavras tinham um tema comum, enquanto outras eram totalmente díspares. O Quadro 3.1 dá um exemplo de cada uma dessas listas.

Quadro 3.1: Listas de palavras com um tema comum são mais fáceis de processar

Lista com um tema comum (mar)	Lista sem tema comum
Sal	Sonho
Profundidade	Bola
Espuma	Livro

As listas já tinham sido preparadas e estudadas e constatou-se que aquelas com um tema comum pareciam *coerentes* para os participantes, antes mesmo de terem identificado, conscientemente, qual era o tema comum.[7] Ao verem as palavras com um tema comum, o músculo do sorriso se ativou e o músculo da contração se desativou. Outros estudos apresentaram resultados semelhantes, com

---

[6] TOPOLINSKI, S. *et al.* The Face of Fluency: Semantic Coherence Automatically Elicits a Specific Pattern of Facial Muscle Reactions. *Cognition and Emotion*, v. 23, n. 2, p. 260–271, 2009.

[7] BOLTE, A.; GOSCHKE, T.; KUHL, J. Emotion and Intuition Effects of Positive and Negative Mood on Implicit Judgments of Semantic Coherence. *Psychological Science*, v. 14, n. 5, p. 416–421, 2003.

rostos femininos familiares e não familiares,[8] e padrões de pontos.[9] Portanto, há evidências de que a fluência de processamento desperta percepções agradáveis. Curiosamente, os mesmos estudos não constataram o efeito oposto (contração) em imagens disfluentes, mas retornaremos a essa questão em breve.

As pessoas monitoram internamente a facilidade de processamento

Embora não tenhamos muita consciência dessa tendência de nos sentirmos bem ao ver imagens fáceis de processar, podemos ter consciência de como é fácil ou difícil compreender alguma coisa. O cérebro monitora o grau de dificuldade de certas tarefas. Às vezes, temos consciência de tarefas disfluentes, como ao franzir os olhos para ler um texto pouco legível, ou quando uma imagem complicada parece incompreensível, ou quando relanceamos duas vezes alguma coisa que parece fora de contexto. A fluência é um pensamento "pré-consciente": nem sempre a percebemos de maneira consciente, mas podemos nos conscientizar dessa condição se lhe dermos atenção.[10]

Monitoramos o progresso com base em padrões esperados e nos afastamos de *designs* que exigem muito processamento. Sobrecarregar desnecessariamente a carga cognitiva das pessoas é pecado grave para o *designer*. A compreensão de uma página ou de uma tarefa deve ser tão simples quanto possível, e o usuário deve ser aliviado tanto quanto possível da responsabilidade de decifrar o conteúdo. De acordo com o *lead-designer* da Apple, Jony Ive, "a verdadeira simplicidade é muito mais do que a ausência de aglomeração e ostentação. É conferir ordem à complexidade".[11] Em outras palavras, o *designer* elimina tanto quanto possível para o observador o trabalho árduo de pensar, fazendo-o ele próprio.

---

[8] HARMON-JONES, E.; ALLEN, J. J. The Role of Affect in the Mere Exposure Effect: Evidence from Psychophysiological and Individual Differences Approaches. *Personality and Social Psychology Bulletin*, v. 27, n. 7, p. 889–898, 2001.

[9] WINKIELMAN, P. *et al*. Prototypes Are Attractive Because They Are Easy on the Mind. *Psychological Science*, v. 17, n. 9, p. 799–806, 2006.

[10] UNKELBACH, C.; GREIFENEDER, R. *The Experience of Thinking*. Londres: Psychology Press, 2013.

[11] Disponível em: <https://techcrunch.com/2013/06/11/jony-ives-debutes-ios-7-bringing-order-to-complexity/>. Acesso em: 9 out. 2016.

A arte de facilitar o processamento de informações complexas por meio de *design* inteligente será cada vez mais importante, especialmente on-line. Como sugere Jony Ive, não se trata de simples esvaziamento do *design*, para que inclua menos elementos.

Todavia, imagens simples ou familiares nem sempre desfrutam de preferência universal. Tampouco estamos sempre inconscientes de nossas reações às imagens. Os psicólogos começaram a modelar a maneira como as mentes do Sistema 1 e do Sistema 2 podem atuar em paralelo, a fim de explicar melhor as nossas reações a imagens.

Como os Sistemas 1 e 2 decodificam uma imagem

Laura Graf e Jan Landwehr propuseram um novo modelo para ajudar a explicar como julgamos imagens de maneira consciente e inconsciente.[12]

O "modelo prazer/interesse do gosto estético" (PIA) começa com a ideia de que dois fatores influenciam nossa apreciação de uma imagem. Primeiro, se ela parece fácil de processar, e, segundo, como, então, se estivermos interessados, pensamos na imagem. O primeiro é um processo do Sistema 1; o segundo, um processo do Sistema 2. Se as pessoas se interessam por uma imagem e começam a prestar mais atenção nela, é possível que passem a apreciá-la mais. Por exemplo, quando se pede às pessoas para olhar modelos de carros e para se lembrar de *designs* de carros inovadores induzidas por uma série de perguntas, é mais provável que gostem do que viram.[13] Outras pesquisas revelaram que *designs* de carros atípicos se tornam mais atraentes depois de reiteradas visualizações.[14] Portanto, uma imagem menos familiar e mais complexa pode se tornar mais fluente, na medida em que se torna mais familiar.

O modelo começa com uma pessoa olhando para uma imagem e a considerando fluente ou disfluente. Daí resulta um sentimento

---

[12] GRAF, L. K.; LANDWEHR, J. R. A Dual-Process Perspective on Fluency-Based Aesthetics: the Pleasure–Interest Model of Aesthetic Liking. *Personality and Social Psychology Review*, v. 19, n. 4, p. 395–410, 2015.

[13] CARBON, C. C. *et al.* Innovation Is Appreciated When We Feel Safe: On the Situational Dependence of the Appreciation of Innovation. *International Journal of Design*, v. 7, n. 2, p. 43–51, 2013.

[14] LANDWEHR, J. R.; WENTZEL, D.; HERRMANN, A. Product Design For The Long Run: Consumer Responses To Typical and Atypical Designs at Different Stages of Exposure. *Journal of Marketing*, v. 77, n. 5, p. 92–107, 2013.

inicial positivo (fluente) ou negativo (disfluente). Se a pessoa não estiver motivada para se empenhar mais em compreender o que está vendo, as coisas terminam aqui, e ela sente certo nível de desprazer com a imagem. Esse estágio do processo é todo Sistema 1 e inconsciente.

Se, porém, a pessoa prestar mais atenção à imagem – seja porque ficou curiosa, seja porque é persistente –, várias situações podem ocorrer, que a tornarão ainda mais interessada ou a deixarão simplesmente confusa e chateada.

O aspecto importante é que o padrão de como as pessoas "julgam" as imagens é com o sentimento de fluência do Sistema 1. Só se ficarem motivadas a aprender mais – por exemplo, se a reação do Sistema 1 for de disfluência – é que a atenção do Sistema 2 pode ser disparada; sinal de que não compreendem o que estão vendo e que precisam se esforçar mais para decifrar o enigma. Por essa razão, o processamento do Sistema 1 geralmente é mais superficial, enquanto o processamento do Sistema 2 é mais profundo (Quadro 3.2).

Quadro 3.2: Resumo dos Sistemas 1 e 2

Sistema 1	Sistema 2
Automático e sem esforço	Necessidade de mais atenção e esforço
Induzido pela imagem em si	Mais induzido pelos pensamentos do observador
Não consciente	Mais consciente
O modo padrão é julgar imagens	Disparado se a imagem não fizer sentido ou induzido pela motivação de compreender
Principalmente fluência perceptiva	Principalmente fluência conceitual
Mais superficial	Mais profundo

Portanto, imagens menos simples ou menos familiares ainda podem ser eficazes, mas só se a pessoa estiver motivada a compreendê-las. No entanto, como veremos a seguir, há outra maneira de as imagens se tornarem fluentes.

Fluência perceptiva e conceitual

Dois são os tipos de fluência: perceptiva e conceitual. A primeira envolve suas características visuais; a segunda, seu significado. Por exemplo, a imagem pode ser não familiar e complexa, mas comunicar um significado reconhecível, como um desenho incomum ou minucioso de um objeto com que estamos familiarizados. As duas podem interagir e suscitar um sentimento geral de beleza/fluência. No entanto, a fluência perceptiva tende a ser mais Sistema 1 e inconsciente, enquanto a fluência conceitual é mais Sistema 2 e consciente. Um exemplo de fluência conceitual são as listas de palavras (como as apresentadas na Tabela 3.1) e um exemplo de fluência perceptiva é um *design* de fácil decodificação visual.

Densidade proposicional

Os *designs* simples também podem transmitir significado fecundo. É a chamada *densidade proposicional*: comunicar o máximo de significado, com o mínimo de elementos gráficos. A densidade proposicional envolve dois níveis: superficial (os elementos gráficos) e profundo (os significados transmitidos pelos elementos gráficos). Por exemplo, o nível superficial seria uso da cor verde, enquanto o nível profundo seriam as associações do verde com a natureza. A densidade proposicional pode ser indicada por um quociente: o número de significados profundos dividido pelo número de elementos gráficos superficiais. Se o resultado for maior do que um, a imagem conota mais significado do que somente os denotados por seus elementos gráficos básicos e, como consequência, visualizá-la é instigante, embora fácil.

Os logotipos são bons exemplos de imagens que, geralmente, têm alta densidade proposicional. Por exemplo, o logotipo da Apple é uma maçã mordida, em que falta um bocado, com uma silhueta simples e com apenas dois elementos gráficos (a maçã e a folha no topo); no entanto, é capaz de evocar vários significados profundos. Por exemplo:

- Maçãs são naturais e saudáveis.
- São universais (ao alcance de todos).
- Sir Isaac Newton, ao ser atingido na cabeça por uma maçã, teve o momento de "arrá" que o levou a desenvolver a teoria da gravidade, daí a associação de maçã com *insights*.
- Dependendo da cultura, da formação e da educação, a imagem da maçã também se associa a outras ideias, como o fruto proibido

da árvore do conhecimento; a disrupção do convencional por forasteiros e rebeldes; à dissensão, como na Ilíada, de Homero, em que a deusa grega Éris, ou Discórdia, deixou sobre a mesa, numa festa de casamento, para a qual não fora convidada, uma maçã, o pomo da discórdia, origem do rapto de Helena e da Guerra de Troia; e até a crianças oferecendo maçãs às professoras.

As formas mais simples podem transmitir muitas mensagens.

Evidentemente, os logotipos de marcas também podem lembrar, espontaneamente, muitos significados com o *design* mais elementar, apenas porque a ele associamos interpretações, por força da propaganda e de outros meios. Por exemplo, o *swoosh* da Nike é um logotipo muito simples, mas desperta associações com atletismo, *fitness*, esportes, e assim por diante. Outros tipos de associações decorrem da cultura e da formação (por exemplo, a imagem convencional de uma coruja traz lembranças de sabedoria, livros, estudo, etc.); ou de ideias ligadas às formas geométricas (círculos sugerem unidade, totalidade e inclusividade; gumes afiados ou serrilhados suscitam imagens agressivas ou ofensivas).

Imagens com altos níveis de significado podem sufocar imagens meramente simples.[15] Para serem eficazes, os *designs* minimalistas não podem ser vazios; ao contrário, devem ser ricos em informações. Como escreveu Leonardo da Vinci, "a simplicidade é o máximo da sofisticação".

Além da simplicidade *versus* complexidade

As imagens simples nem sempre são interessantes e os padrões complexos nem sempre são fluentes. A conjugação desses dois atributos, porém, pode ser interessante e fluente. Talvez a melhor maneira de abordar esse enigma seja do ponto de vista de complexidade superficial e conteúdo informacional.

Essa abordagem mais ampla parte da complexidade superficial da imagem – ou quantidade de informações gráficas – *versus* conteúdo informacional da imagem. Ao combinar esses dois atributos

---

[15] MARTINDALE, C.; MOORE, K.; BORKUM, J. Aesthetic Preference: Anomalous Findings for Berlyne's Psychobiological Theory. *The American Journal of Psychology*, v. 103, n. 1, p. 53–80.16, 1990.

da imagem, podemos mapear os quatro tipos extremos de imagem (ver Figura 3.3):

Figura 3.3: Podemos classificar as imagens, de maneira ampla, em quatro tipos, com base na complexidade superficial e conteúdo informacional (significado)

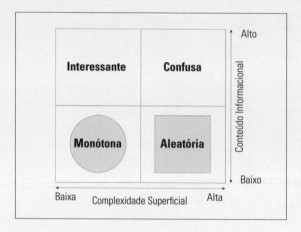

1. **Baixa complexidade superficial e baixo conteúdo informacional**
   Alguma coisa fácil de perceber, mas que transmite poucos significados ou padrões. Uma forma básica como um círculo é um bom exemplo disso. O problema é que esse tipo de imagem pode ser insatisfatório. Caso não se inclua aqui um elemento bastante ousado, como cores vivas, a forma talvez pareça **monótona** e despropositada.
2. **Alta complexidade superficial e baixo conteúdo informacional**
   Alguma coisa com muitos detalhes gráficos, mas desprovida de significado ou padrão, como o equivalente visual de ruído de fundo, contínuo e monótono. O perigo desta forma de *design* é apenas parecer **aleatória**, criando a ilusão de exigir pouco esforço de interpretação.
3. **Alta complexidade superficial e alto conteúdo informacional**
   Design complexo que transmite muita informação. O sucesso desse tipo de *design* depende do grau de motivação do observador para se esforçar e decodificar a complexidade da imagem. Se a motivação for insuficiente, a imagem pode parecer **confusa**, afastando o observador.
4. **Baixa complexidade superficial e alto conteúdo informacional**
   Esse é o tipo ideal de imagem. A decodificação visual é fácil na medida em que parece simples. Também tem muito significado, ou informação visual oculta a ser absorvida conforme as prefe-

rências pessoais, o que a torna **interessante.** Exemplo desse tipo de imagem é o logotipo com densidade proposicional.

Portanto, para ser interessante e conquistar nossa atenção, os *designs* devem ser tão simples quanto possível na superfície, mas ricos de informação. Como Edward R. Tufte, especialista em visualização de dados, escreveu, "a elegância gráfica geralmente consiste na simplicidade do *design* e na complexidade dos dados".[16]

Novidade e complexidade podem aumentar a apreciação

Simplificar as imagens nem sempre é o fator que influencia o quanto são apreciadas. Evidências experimentais mostram que, às vezes, imagens complexas ou novas também podem ser apreciadas. A novidade envolve muitos sentimentos prazerosos: reação ao desprazer da monotonia, promessa de novas soluções para velhos problemas, novas anedotas que ainda não conhecemos, ou novos prazeres de que ainda não nos cansamos. A novidade, porém, como o oposto de familiaridade, deve ser mais *disfluente*. Portanto, que outros fatores podem levar as imagens novas a serem apreciadas? Em outras palavras, como compreender a relação entre novidade e familiaridade?

Já vimos que a fluência conceitual às vezes é mais importante que a fluência perceptiva. Portanto, uma nova imagem pode ser apreciada se envolver muitos significados fáceis de decodificar. Do mesmo modo, se estiver motivado, o observador talvez goste de uma imagem mais complexa se, ao examiná-la com atenção, descobrir seu significado e a compreender com mais facilidade.

Outra maneira de as imagens serem apreciadas é a reversão de expectativas negativas. Se alguma coisa que esperávamos ser difícil de compreender é apresentada de maneira a facilitar a compreensão, passamos a apreciá-la pela surpresa positiva. Coisas inesperadamente fáceis de processar são como coisas inesperadamente familiares. Por exemplo, se você estiver em férias num país estrangeiro e, inesperadamente, deparar com um amigo, você por certo terá mais prazer no encontro do que se cruzasse com ele em sua cidade, perto de casa ou do trabalho – o sorriso de surpresa e alegria será muito mais espontâneo e amplo. Facilitar a localização e o processamento de informações difíceis gera reação semelhante.

---

[16] TUFTE, E. R.; GRAVES-MORRIS, P. R. *The Visual Display of Quantitative Information.* Cheshire (RU): Graphics Press, 1983. v. 2, n. 9.

As evidências agora parecem mostrar que não é a facilidade de processamento em si que desperta sentimentos positivos, mas sim a facilidade real de fazer alguma coisa, em comparação com a dificuldade imaginada e receada que se atribuía à tarefa antes de iniciar sua execução. Nos estudos de fEMG descritos anteriormente, não foram constatadas evidências de contração facial pelos padrões, rostos e listas de palavras mais disfluentes. Todavia, como geralmente se espera que imagens de rostos, padrões de pontos e listas de palavras curtas sejam fáceis de processar, elas não foram mais disfluentes do que o esperado.

Tudo isso depende muito do próprio conhecimento do indivíduo e do contexto do que estão olhando. Por exemplo, em um experimento, os participantes viram, inconscientemente, uma série de caracteres kanji japoneses com que não estavam familiarizados, que despontaram na tela de um computador durante não mais que 13 milissegundos cada um.[17] Todos foram apresentados dez vezes, reiteradamente, em ordem aleatória. Em seguida, os participantes foram distribuídos em três grupos ao acaso e, conscientemente, viram uma série de caracteres kanji, a serem avaliados pelo grau de preferência, numa escala de 1 a 9.

No grupo 1, os participantes viram uma seleção mista – metade dos caracteres já tinha sido vista, a outra metade, não. No grupo 2, os participantes só viram caracteres que já tinham visto antes. No grupo 3, só viram novos caracteres, que não tinham visto antes.

O efeito mera exposição sugeria que as avaliações dos caracteres que já tinham sido vistos antes seriam mais favoráveis. No entanto, o que se constatou foi que somente os participantes que viram caracteres mistos, já vistos e não vistos, atribuíram avaliação mais favorável aos caracteres que tinham visto antes. Esse resultado sugere que o efeito mera exposição só se manifesta quando o familiar contrasta com o não familiar.

Essa constatação ajuda a explicar a falta de evidências dos estudos fisiológicos: as pessoas já esperavam, provavelmente, que as imagens fossem fáceis de processar. Portanto, embora fossem simples, não geraram o suposto efeito prazeroso, por não terem surpreendido pela facilidade.

---

[17] DECHÊNE, A. *et al*. Mix Me A List: Context Moderates the Truth Effect and the Mere Exposure Effect. *Journal of Experimental Social Psychology*, v. 45, n. 5, p. 1117–22, 2009.

Bom exemplo disso são os infográficos, que se tornaram populares on-line nos últimos anos. São um dos tipos de gráficos que mais se viralizam nas mídias sociais. Os infográficos, quando bem feitos, são ricos de informações e geralmente facilitam a compreensão de informações complexas. Portanto, eles se beneficiam com o atributo da simplicidade inesperada.

Nesses termos, as pessoas preferem *designs* mais simples do que o esperado, ou *designs* que transmitem grande quantidade de informações, de maneira surpreendentemente minimalista. Nem todos os *designs*, porém, têm a capacidade de transmitir, em si, muito significado. Será que há alguma maneira de ainda torná-los interessantes? Uma solução talvez resulte das pesquisas sobre inteligência artificial.

Como tornar um robô curioso para ver imagens?

Jürgen Schmidhuber, cientista da computação, trabalha com inteligência artificial. Muitos são os trabalhos em andamento nessa área sobre reconhecimento facial, que consiste em desenvolver um software capaz de extrair *inputs* dos olhos artificiais das câmeras para compreender o que está à sua frente, da mesma maneira como os seres humanos. No entanto, no final das contas, o que há de bom em robô inteligente capaz de visualizar e compreender o mundo, mas sem motivação para explorar e aprender? Sem motivação, o robô não passa de um tipo de escravo, que faz qualquer coisa que lhe mandam fazer. Ou que depende de recompensas externas: alguém o recompensa, sempre que demonstra curiosidade ou explora o contexto.

Ao refletir sobre esse problema, Jürgen propôs uma teoria elegante, que não só fornece um modelo de como tornar um robô curioso, mas que também explica como somos motivados para explorar e compreender o mundo circundante, e por que consideramos certas imagens interessantes e gratificantes.[18]

Desde a mais tenra idade, os bebês são como pequenos cientistas: curiosos sobre o mundo e, ao que tudo indica, motivados pela própria natureza a aprender o funcionamento das coisas. Mesmo na idade adulta, vida afora, continuamos curiosos. A navegação na *web* é bom exemplo dessa tendência. Boa parte da premência de navegar pela

---

[18] SCHMIDHUBER, J. Simple Algorithmic Theory of Subjective Beauty, Novelty, Surprise, Interestingness, Attention, Curiosity, Creativity, Art, Science, Music, Jokes. *Journal of SICE*, v. 48, n. 1, p. 21–32, 2009.

internet é motivada pela curiosidade. A ânsia de vasculhar o mundo em busca de informação parece quase inerente à natureza humana.

O ponto de partida para Jürgen foi um fato que analisamos no Capítulo 2: a preguiça natural do cérebro humano. Ele calculou que, em teoria, o cérebro humano é capaz de armazenar tudo o que vimos durante a vida, no mesmo nível de qualidade de um DVD. No entanto, a capacidade de registrar e de recuperar tudo na memória exige energia. Em consequência, o cérebro precisa de atalhos. Daí a importância do aprendizado de regras gerais. Quando olhamos para um rosto, a imagem visual efetivamente captada pelos olhos depende do ponto de vista, das condições de iluminação, e de outros fatores. Todavia, mesmo quando observamos um rosto em diferentes circunstâncias, nós o reconhecemos como o mesmo rosto, apesar das diferenças. O que o cérebro faz nesses casos é registrar um padrão geral, para reconhecê-lo em diversas condições de visualização.

Combinar o que vemos com padrões gerais de memória visual ajuda o cérebro preguiçoso a economizar energia. Eis um exemplo simplificado. Veja a imagem de grade apresentada na Figura 3.4.

Figura 3.4: Primeiro padrão de grade

Como não segue um padrão claro, essa imagem é difícil de memorizar. É preciso lembrar-se da posição certa de cada quadrículo, um a um.

Agora, veja a Figura 3.5.

Figura 3.5: Segundo padrão de grade

Como segue um padrão nítido e óbvio, essa grade é fácil de memorizar. Basta lembrar-se do padrão. Alternar os quadrículos brancos e pretos, jamais juntando-os. Não é preciso memorizar a posição exata de cada quadrículo.

Em termos de computação, a segunda imagem é "compressível": podemos comprimir a imagem em algo menor, de que é mais fácil lembrar. Em ciência da computação e em teoria da informação, a compressibilidade de um padrão visual é às vezes medida como *complexidade de Kolmogorov*. Nomeada em homenagem ao matemático russo Andrey Kolmogorov, essa medida se baseia no mais curto programa de computador que poderia ser escrito para reproduzir a imagem. Quanto mais curto for o programa, mais baixa será a complexidade de Kolmogorov e mais compressível será a imagem. Em teoria, uma imagem pode ter muitos detalhes visuais, mas se ela for ordenada em alguma forma de padrão repetitivo, teremos baixa complexidade de Kolmogorov. Desde que seja reconhecido pelo cérebro, o padrão facilitará nosso trabalho de processamento, desde que o tenhamos aprendido.

Novos padrões compressíveis estimulam a curiosidade

O cérebro memoriza e processa padrões com mais facilidade. Como os padrões tornam as imagens compressíveis, o cérebro os adora e tem um viés entranhado para os encontrar. Aí talvez se situe o cerne de nossa curiosidade e motivação para buscar novas informações: estamos caçando padrões compressíveis.

Esse modelo explica por que as pessoas têm preferência por encontrar indivíduos com fisionomia parecida com a sua. O cérebro armazena um padrão do paradigma do rosto "médio". Isso nos ajuda a memorizar e a processar novas rostos, pois só precisamos nos lembrar da diferença entre o rosto novo e o nosso modelo de rosto médio.

Isso é um exemplo de algo denominado efeito "beleza na média". As pessoas tendem a preferir imagens médias ou "prototípicas". Elas são mais fáceis de memorizar e processar, uma vez que já compreendemos o "paradigma". Por exemplo, em um estudo, os pesquisadores manipularam imagens de carros, pássaros e peixes. Eles descobriram que as versões mais representativas da média de cada imagem eram as preferidas.[19]

Como o cérebro cria o paradigma do rosto médio? Simplesmente compondo a média de todos os rostos já observados. E, em geral, nenhum rosto é mais visto do que o próprio: nós o vemos todos os dias, no espelho. Portanto, nosso próprio rosto enviesa intensamente nosso padrão interior de rosto médio.

O processo pelo qual o cérebro condensa nossos modelos de mundo, reduzindo-os a regras simples, e considera o produto esteticamente prazeroso tem paralelo no trabalho de cientistas e matemáticos. Ao descobrirem uma equação que descreve o máximo do mundo natural com o mínimo de fatores, eles a qualificam de elegante ou bela.

Novos padrões compressíveis são como pequenos petiscos para o cérebro!

O modelo também explica por que devemos encontrar imagens gratificantes, mesmo que não nos lembrem, diretamente, de nada prazeroso. Elas são interessantes em si mesmas. Talvez não tenhamos conhecimento consciente do porquê gostamos de olhar para elas, mas é porque elas alimentam o cérebro com quitutes deliciosos: novos padrões que o capacitam a comprimir informações.

---

[19] HALBERSTADT, J.; RHODES, G. It's Not Just Average Faces that Are Attractive: Computer-Manipulated Averageness Makes Birds, Fish, and Automobiles Attractive. *Psychonomic Bulletin & Review*, v. 10, n. 1, p. 149–56, 2003.
(Observação: assim como imagens médias ou prototípicas parecem mais familiares, também pode haver um efeito de média evolutivo mais direto: há algumas evidências de que formas naturais – como rostos – contêm mais "aptidão" genética se parecerem médias.)

Muitas são as maneiras de as imagens nos fornecerem novos padrões de compressão. Por exemplo, uma imagem pode conter padrões geométricos, simetria e proporções regulares.

Nem sempre precisamos ter conhecimento consciente da existência de um padrão; ele pode estar oculto. Basta que o cérebro seja capaz de sentir o potencial de um padrão para se interessar em estudar a imagem e dela extrair o padrão.

Design de baixa complexidade

Como exemplos práticos dessa teoria, Schmidhuber criou o que ele chama de "equivalente da arte minimalista, na era da computação".[20,21] Os *designs* de baixa complexidade (e a arte de baixa complexidade) podem parecer complexos à primeira vista, mas, como aderem a padrões regulares subjacentes, a imagem é "compressível". Essa característica os torna intrigantes, uma vez que percebemos as informações padronizadas nelas contidas. Como o padrão é regular, ele é compreensível e aprendível, o que torna a estrutura do *design* fácil de "computar" (ver Figura 3.6).

Figura 3.6: Exemplo de *design* de baixa complexidade: um rosto que se "encaixa" num padrão geométrico regular

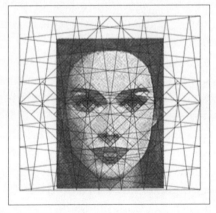

FONTE: Reprodução autorizada. Schmidhuber, J. (2009). Simple algorithmic theory of subjective beauty, novelty, surprise, interestingness, attention, curiosity, creativity, art, science, music, jokes, Journal of SICE, **48** (1)

---

[20] Disponível em: <http://people.idsia.ch/~juergen/locoart/locoart.html>. Acesso em: 25 ago. 2016.
[21] A referência original à arte de baixa complexidade, em geral, é de: SCHMIDHUBER, J. Low-Complexity Art, Leonardo. *Journal of the International Society for the Arts, Sciences, and Technology*, v. 30, n. 2, p. 97–103, 1997.

Há algumas evidências sugestivas, oriundas de pesquisas de rastreamento de olhos, de que as pessoas realmente sentem – mesmo que inconscientemente – a geometria oculta de uma imagem.[22] Ao manter a geometria oculta, não impõe ônus ao observador para olhá-la; ela simplesmente está implícita na imagem superficial simples. Todavia, no próprio ritmo, a mente inconsciente pode explorar o padrão oculto subjacente. É semelhante à maneira como os filmes animados da Pixar são atraentes em dois níveis: as travessuras da história superficial, no desenho simples, num nível; e os temas subjacentes mais sofisticados das anedotas e referências culturais, que agregam profundidade e interesse para os pais em outro nível.

Ainda que os artistas e *designers* clássicos e renascentistas estivessem motivados para incorporar padrões geométricos em suas obras, a capacidade do computador de gerar rapidamente padrões detalhados com base em regras simples oferece uma variedade potencialmente mais ampla de paradigmas geométricos. Hoje, *designs* de baixa complexidade, baseados nesses paradigmas, são difíceis de produzir. Mas, no futuro, os computadores talvez sejam capazes de contribuir também para isso, sugerindo *designs* ou imagens possíveis de serem produzidos com base em um paradigma, ou – dado um determinado *design* – modificá-lo para se encaixar em paradigma geométrico subjacente, tornando-o mais interessante para o observador.

Do mesmo modo, alguns *designers* já usam paradigmas geométricos subjacentes para criar seus *designs*. Por exemplo, os logotipos do Twitter e do sistema iCloud, da Apple, baseiam-se numa série de círculos sobrepostos. À primeira vista, eles não são aparentes, mas, olhando com atenção, pode-se vê-los. Igualmente, os *web designers* geralmente usam padrões em grade para posicionar elementos na página, criando ordem em consistência entre as páginas. Entretanto, o *design* de baixa complexidade vai além disso. Os paradigmas subjacentes no *design* de baixa complexidade têm os próprios padrões geométricos complexos e intrigantes, mais envolventes do que uma simples grade.

---

[22] BARTLETT, C. The Eyes Have It: Focal Point Choices and Compositional Geometry in Painting. In: PROCEEDINGS OF BRIDGES: MATHEMATICS, MUSIC, ART, ARCHITECTURE, CULTURE, 2011. Melbourne (AUS): Tessellations Publishing, 2011. p. 489–492.

Lei constructal

O desenho minimalista consiste em descobrir a solução mais simples e com menor consumo de energia mental para transmitir informações e explicar uma tarefa. Também a natureza busca esse objetivo.

Concebida por Adrian Bejan, professor de engenharia, a *lei constructal*[23] sustenta que qualquer sistema movente e vivo – como árvores, rios e pulmões – evolui para um padrão ou *design* que possibilita o fluxo da energia com o mínimo de resistência. Ela explica como a natureza cria padrões geométricos e estruturados.

O ponto de partida da teoria é que os sistemas desenvolvem um *design* porque precisam de manejar o fluxo de energia. Pode ser um fluxo de água numa paisagem (rio) ou a maneira como troncos e *icebergs* flutuantes na água assumem posição perpendicular ao vento (como maneira de transferir energia do ar para a água com mais eficácia).

A teoria é importante porque liga o *design* de seres vivos à física: são constituídos por processos similares entre si. Por isso é que vemos padrões similares entre diferentes tipos de sistemas. Por exemplo, relâmpagos bifurcados, árvores, rios e pulmões apresentam padrões de ramificação similares.

A lei constructal também destaca outro atributo do *design* minimalista: ao descobrir a maneira mais eficiente de transmitir informação ou de capacitar o usuário a executar uma tarefa, talvez se constate algo natural e inevitável na solução. Se for a melhor maneira, geralmente parece mais a descoberta de componente fundamental da natureza do que a invenção de uma solução arbitrária (ver Figura 3.7). É como a descreve Jony Ive, da Apple: "Grande parte do que tentamos fazer é chegar ao ponto em que a solução parece inevitável: [...] você pensa 'evidentemente, essa é a maneira, por que seria de outra maneira?'".[24]

---

[23] BEJAN, A.; LORENTE, S. The Constructal Law of Design and Evolution in Nature. *Philosophical Transactions of the Royal Society of London B: Biological Sciences*, v. 365, n. 1545, p. 1335–1347, 2010.

[24] Disponível em: <http://www.macworld.co.uk/news/apple/13-most-philosophical-jony-ive-quotes-3490442/>. Acesso em: 25 ago. 2016.

Figura 3.7: Formas básicas similares encontradas na natureza são o resultado de maneiras eficientes de dissipar ou transmitir energia

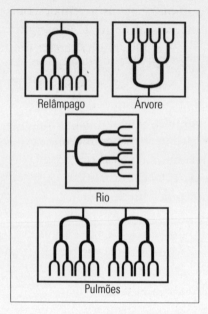

Maneiras de tornar os *designs* mais fluentes

Muitas são as maneiras de agregar fluência de processamento a um *design*. Algumas simplificam o *design* e eliminam informações visuais redundantes; outras exploram os processos mentais para descobrir os métodos do cérebro em busca de tipos de imagens mais fluentes.

Forma familiar, mas detalhe intrigante

Como vimos, os *designs* mais complexos podem ser apreciados se transmitirem muitas informações por elementos de *design* (densidade proposicional). Além disso, os *designs* simples tendem a ser mais apreciados se forem mais simples do que esperava o observador.

O neurocientista Jan Landwehr parte desse fato para argumentar que os *designs* com detalhes complexos podem ser apreciados se a forma total for familiar.[25] Ele dá o exemplo do carro Opel Corsa,

---

[25] LANDWEHR, J. R. Processing Fluency of Product Design. In: BATRA, R.; SEIFERT, C.; BREI, D. (Orgs.). *The Psychology of Design: Creating Consumer Appeal*. Nova York: Routledge, 2015. p. 218.

que tem muitos detalhes de *design* (complexidade), mas sua forma total e seus contornos são protótípicos (simples e familiares). Assim, a existência de muitos detalhes cria a expectativa de maior dificuldade de processamento; no entanto, a forma total familiar, fácil de processar, surpreende e cria uma experiência de visualização positiva.

Clareza e contraste

Níveis mais altos de contraste entre o tema de uma imagem e o plano de fundo podem aumentar a fluência. As pesquisas mostram que a visualização de formas com nível de contraste mais alto em relação ao plano de fundo tende a torná-las mais atraentes para os observadores.[26]

O efeito clareza/contraste parece prevalecer somente quando a imagem é vista de relance. Quando o olhar é mais prolongado (digamos, mais de 10 segundos), o efeito desaparece.[27]

Padrões autossimilares

Como vimos, os paradigmas subjacentes dos padrões de baixa complexidade de Kolmogorov são usados no desenvolvimento de *designs* de baixa complexidade. Daí resulta uma imagem simples na superfície, mas que oculta informações intrigantes compressíveis. No entanto, esses paradigmas podem oferecer o benefício adicional de tornar a composição do *design* mais naturalmente integrada e harmoniosa.

Esses tipos de padrões geralmente apresentam uma qualidade conhecida como autossimilaridade. Os elementos menores do padrão são similares ao todo. Em outras palavras, há um padrão que se repete em diferentes escalas. Essa característica pode introduzir uma harmonia interior prazerosa na imagem. Artistas e arquitetos geralmente usam padrões autossimilares como critério para organizar seus *designs*. Três exemplos são a sequência Fibonacci, fractais e proporção áurea.

---

[26] REBER, R.; SCHWARZ, N.; WINKIELMAN, P. Processing Fluency and Aesthetic Pleasure: Is Beauty in the Perceiver's Processing Experience? *Personality and Social Psychology Review*, v. 8, n. 4, p. 364–382, 2004.

[27] REBER, R.; SCHWARZ, N. The Hot Fringes of Consciousness: Perceptual Fluency and Affect. *Consciousness & Emotion*, v. 2, n. 2, p. 223–231, 2002.

A sequência de Fibonacci

A sequência Fibonacci (que recebeu o nome do matemático italiano Leonardo Bonacci, também conhecido como Leonardo Fibonacci, do século XIII) é uma sucessão de números ou formas em que cada novo elemento se baseia na adição dos dois elementos anteriores (Figura 3.8).

Figura 3.8: A sequência Fibonacci

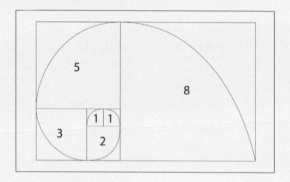

Fractais

A matemática em que se baseiam os fractais foi descoberta no século XVII, mas só com o advento dos computadores baratos, nos anos 1970, foi possível explorar esses padrões (ver Figura 3.9). O termo, em si, foi criado pelo matemático polonês Benoit Mandelbrot, em meados da década de 1970. Os padrões fractais estão em todos os lugares na natureza: nas nuvens, nos rios, nas montanhas, nos litorais, nos cristais, nos flocos de neve e até em nosso DNA.

Figura 3.9: Padrão fractal

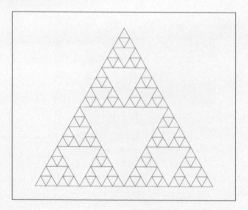

A proporção áurea

Dois valores estão em proporção áurea quando a razão ou quociente entre eles é igual à razão ou quociente entre a soma dos dois (comprimento total) e o maior deles. A Figura 3.10 facilita a compreensão. Se tomarmos duas linhas de comprimentos diferentes, A (maior) e B (menor), em proporção áurea, A está para B assim como A + B está para A. Essa proporção é de 1,618.

Figura 3.10: Proporção áurea

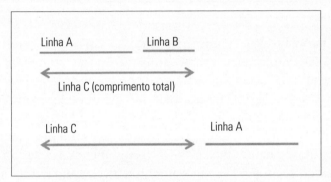

Se, em vez disso, construirmos um quadrado com a linha A (maior) como lado e a ele juntarmos um retângulo áureo adjacente, com as linhas A (maior, altura) e B (menor, largura), obtemos outro retângulo áureo, cuja razão ou quociente entre o lado maior (A+B), largura, e o lado menor (A), altura, é de 1,618.

Figura 3.11: Retângulo áureo

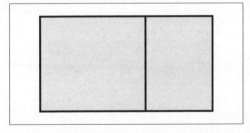

O retângulo áureo pode ser entrevisto na forma de numerosos *designs* de objetos do dia a dia, como livros, cartões de crédito, maços de cigarro, cartas de baralho e televisores (Figura 3.12). As partes (o quadrado e o retângulo) têm uma relação com o todo, que parece criar uma forma total prazerosa para os olhos.

Figura 3.12: Exemplos de produtos na forma de retângulos áureos

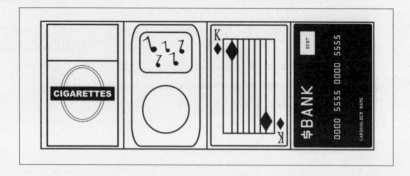

O fato de padrões autossimilares serem vistos com frequência na natureza talvez os ajudem a parecer orgânicos, assim como intencionais (isto é, geram o sentimento intuitivo de que há uma lógica na composição do *design* – que não é aleatório). Também pode significar que o cérebro desenvolveu a capacidade implícita de detectar esses padrões (como no exemplo das pinturas fractais de Jackson Pollock analisadas no Capítulo 2), na medida em que nossos ancestrais estavam expostos a eles constantemente, em seus ambientes naturais, durante nossa história evolutiva (ver Figura 3.13). Assim como nas artes visuais, os padrões autossimilares também estão presentes na música e na poesia.

Figura 3.13: O Templo do Partenon, em Atenas, apresenta atributos de *design* que seguem tanto a proporção áurea quanto a sequência Fibonacci

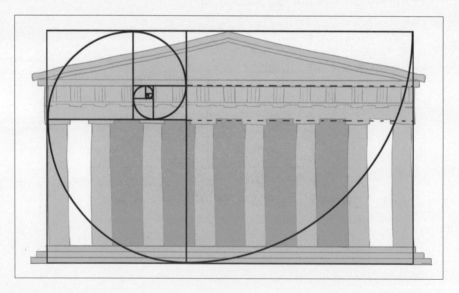

A proporção áurea "funciona"?

A proporção áurea e o retângulo áureo têm sido usados em grande escala, ao longo de toda a história, como maneira de aumentar a harmonia e a beleza de tudo, na pintura, na arquitetura e no *design* em geral. No entanto, embora Euclides tenha escrito sobre a proporção áurea já no século III a.C., não há evidências diretas seguras de que os pintores e arquitetos da Antiguidade Clássica a tenham aplicado conscientemente. Embora pareça que ela foi usada no projeto do Stonehenge, cerca de 5.000 anos atrás, e na Grécia Antiga, a hipótese de ter sido aplicada no passado remoto talvez tenha surgido num tratado escrito em 1854, pelo psicólogo alemão Adolf Zeising, que afirmou haver identificado a proporção áurea em muitas esculturas e arquiteturas clássicas.[28]

Evidências experimentais quanto à preferência por composições baseadas na proporção áurea são contraditórias.[29] Alguns estudos encontraram resultados positivos, outros não. É possível que o conceito de beleza seja acima de tudo pessoal, o que explicaria a divergência de resultados. Mas também pode ser que a maioria das pessoas prefira retângulos cujas dimensões se aproximem da proporção áurea, mas não a reproduzam com exatidão. A faixa de preferência revelada pelas pesquisas se situa entre de 1,2 e 2,2 (ver Figura 3.14). Como escreveu Edward R. Tufte: "Movimente-se para gráficos horizontais 50% mais largos do que altos",[30] ou seja, 1,5, pouco menos do que 1,681, quase no meio da distribuição.

Figura 3.14: Retângulos com largura sobre altura de 1,2 e 2,2

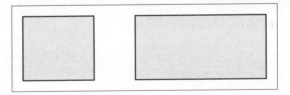

---

[28] GAMWELL, L. *Mathematics and Art: A Cultural History*. Oxford: Princeton University Press, 2016.

[29] MCMANUS, I. C.; COOK, R.; HUNT, A. Beyond the Golden Section and Normative Aesthetics: Why Do Individuals Differ So Much in Their Aesthetic Preferences of Rectangles? *Psychology of Aesthetics, Creativity, and the Arts*, v. 4, n. 2, p. 113, 2010.

[30] TUFTE, E. R.; GRAVES-MORRIS, P. R. *The Visual Display of Quantitative Information*. Cheshire (RU): Graphics Press, 1983. v. 2, n. 9, p. 190.

Regra dos Terços

Uma versão simplificada da proporção áurea que geralmente se recomenda aos *designers* e fotógrafos é a Regra dos Terços: divida o espaço disponível com duas linhas horizontais e duas linhas verticais igualmente espaçadas entre si, como mostra a Figura 3.15.

Figura 3.15: Grade da Regra dos Terços

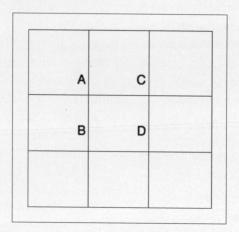

A ideia é que posicionar o elemento visual mais importante numa das interseções dessas linhas resultará em imagem mais equilibrada e agradável. As pesquisas baseadas em fotografias no formato paisagem (horizontal) mostram preferência significativa pela Regra dos Terços; em especial, três dos pontos de interseção (A, B e D) exercem efeito positivo sobre a atratividade das imagens para os observadores.[31] A maior intensidade do impacto favorável dos pontos localizados à esquerda, no campo visual, talvez tenha a ver com o chamado *efeito pseudonegligência* (ver na sequência).

Simetria

Simetria de reflexão é outro bom exemplo da regularidade da autossimilaridade, que consiste na repetição de metade da imagem em torno de um eixo de reflexão.

---

[31] SVOBODOVA, K. Does the Composition of Landscape Photographs Affect Visual Preferences? The Rule of the Golden Section and the Position of the Horizon. *Journal of Environmental Psychology*, v. 38, p. 143–152, 2014.

O processamento de imagens simétricas é fácil para o cérebro. Crianças de quatro meses já reconhecem a simetria e, aos 12 meses, já demonstram preferência por ela.[32]

As pesquisas mostram que o nível de preferência mais alto é por simetrias em torno do eixo vertical e, em seguida, por simetrias em torno do eixo horizontal. O nível de preferência mais baixo é por simetrias em torno do eixo diagonal (Figura 3.16).[33]

Figura 3.16: Simetrias em torno dos eixos vertical, horizontal e diagonal

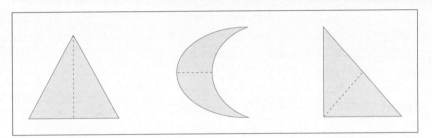

O interessante é que, embora as pessoas, em média, tendam a preferir simetrias simples, aquelas com treinamento em arte são mais propensas a optar por outros tipos de simetria.[34] Essa disparidade pode ser um exemplo de os *designers* não verem as imagens como a média dos observadores. O treinamento (ou, talvez, o nível mais alto de interesse e sensibilidade pela estética) os capacita a processar imagens mais complexas com mais facilidade. Por exemplo, as pesquisas revelam que os artistas, como se supõe, são mais hábeis em tarefas de percepção visual (como a rotação mental de objetos em 3D) do que os não artistas.[35] Desenhar não é apenas uma habilidade mecânica de movimentar a mão. Também desenvolve os olhos para a compreensão visual. Portanto, a simetria talvez seja atributo subaproveitado, uma vez que os próprios *designers* não a apreciam.

---

[32] BORNSTEIN, M. H.; FERDINANDSEN, K.; GROSS, C. G. Perception of Symmetry in Infancy. *Developmental Psychology*, v. 17, n. 1, p. 82, 1981.

[33] PPALMER, S. E. Goodness, Gestalt, Groups, and Garner: Local Symmetry Subgroups as a Theory of Figural Goodness. In: LOCKHEAD, G. R.; POMERANTZ, J. R. (Orgs.). *The Perception of Structure: Essays in Honor of Wendell R. Garner*. Washington, DC: American Psychological Association, 1991. p. 23–39.

[34] MCWHINNIE, H. J. A Review of Research on Aesthetic Measure. *Acta Psychologica*, v. 28, p. 363–375, 1968.

[35] KOZBELT, A. Artists as Experts in Visual Cognition. *Visual Cognition*, v. 8, n. 6, p. 705-723, 2001.

Diferenças esquerda/direita

Há evidências de que os *designs* com as imagens à esquerda e as palavras à direita são mais agradáveis.[36] Nesse arranjo, há uma ligeira vantagem em fluência de processamento. A explicação é a maneira como o cérebro processa imagens. À medida que os sinais dos olhos são enviados para o córtex visual, na parte posterior do cérebro, as informações do lado direito do campo visual alcançam primeiro o lado esquerdo do cérebro, e as informações do lado esquerdo do campo visual vão de início para o lado direito do cérebro. O lado esquerdo do cérebro é mais especializado na compreensão da linguagem (o que é um pouco menos provável nas pessoas canhotas), enquanto o lado direito do cérebro é mais especializado na decodificação de padrões visuais (ver Figura 3.17).

Figura 3.17: Dominância cerebral e processamento do campo visual

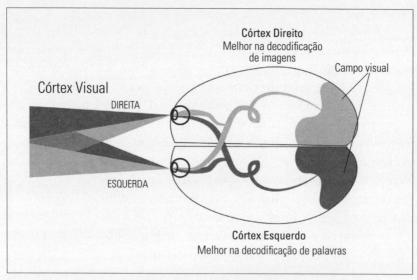

Outro efeito interessante é a chamada *pseudonegligência*, ou nossa tendência de prestar mais atenção e ser mais influenciados pelos aspectos visuais que se encontram à esquerda de nosso campo visual. Por exemplo, dê uma olhada nas duas barras da Figura 3.18 – qual delas, no total, parece mais escura?

---

[36] ELLIS, A. W.; MILLER, D. Left and Wrong in Adverts: Neuropsychological Correlates of Aesthetic Preference. *British Journal of Psychology*, v. 72, n. 2, p. 225–29, 1981.

Figura 3.18: Que barra parece mais escura?

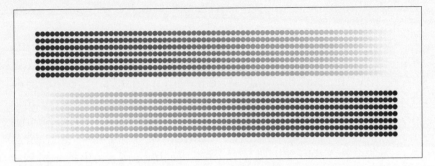

Figura 3.19: Que rosto parece mais feliz?

Na Figura 3.18, a maioria das pessoas acha que a barra superior parece mais escura, e na Figura 3.19, a maioria acha que o rosto à esquerda parece mais feliz. No entanto, em ambos os casos, as duas versões de imagens são as mesmas, apenas imagens refletidas uma da outra, demonstrando que superestimamos a informação visual no lado esquerdo de cada imagem. Quando solicitadas a marcar o meio exato de uma linha reta, as pessoas tendem a localizá-lo mais à esquerda do verdadeiro centro.[37] Elas superestimam o segmento da linha à esquerda. Também somos mais rápidos em detectar mudanças no lado esquerdo do campo visual.[38] Os diretores de peças teatrais

---

[37] JEWELL, G.; MCCOURT, M. E. Pseudoneglect: A Review and Meta-Analysis of Performance Factors in Line Bisection Tasks. *Neuropsychologia*, v. 38, n. 1, p. 93–110, 2000.
[38] IYILIKCI, O. *et al.* Visual Processing Asymmetries in Change Detection. *Perception*, v. 39, n. 6, p. 761–69, 2010.

há muito conhecem esse efeito, tanto que mandam os atores entrar pelo lado direito quando precisam chegar ao palco sem serem vistos pelo público.

Essas diferenças estão entranhadas no cérebro, mas a cultura também pode influenciar. Por exemplo, uma pesquisa demonstrou que pessoas de culturas onde se lê da direita para a esquerda preferem imagens orientadas para a direita, enquanto as de culturas que leem da esquerda para a direita preferem imagens orientadas para a esquerda.[39] Na pesquisa, mostrou-se a leitores de francês (esquerda para a direita) e a leitores de hebraico (direita para a esquerda) uma série de imagens orientadas para a esquerda ou para a direita (como um veículo avançando para a direita ou uma estátua olhando para a esquerda), e imagens refletidas orientadas para a direção oposta. Os leitores de francês preferiram as imagens voltadas para a direita, enquanto os leitores de hebraico preferiram as imagens voltadas para a esquerda. Curiosamente, há um viés entre os pintores de posicionar os rostos virados para a esquerda.[40] Essa inclinação, porém, pode ser um exemplo de situação em que um princípio de *neurodesign* atropela outro. Ao pintar o rosto olhando para a esquerda, o artista pode posicionar o perfil da face mais no lado esquerdo da pintura, e a parte de trás da cabeça no lado direito. Como prestamos mais atenção a objetos no lado esquerdo do campo visual, o artista está colocando a parte mais interessante da cabeça (a face) na área em que temos mais facilidade de decodificar a imagem. Outra explicação é que as pessoas parecem preferir olhar para o lado esquerdo dos rostos,[41] o que talvez se explique pela tendência de sermos mais expressivos emocionalmente no lado esquerdo do rosto, levando-nos a tentar obter mais informações sobre os sentimentos de alguém, observando com mais atenção sua face esquerda.[42]

---

[39] CHOKRON, S.; DE AGOSTINI, M. Reading Habits Influence Aesthetic Preference. *Cognitive Brain Research*, v. 10, n. 1, p. 45–49, 2000.

[40] MCMANUS, I. C.; HUMPHREY, N. K. Turning the Left Cheek. *Nature*, v. 243, p. 271–272, 1973.

[41] BLACKBURN, K.; SCHIRILLO, J. Emotive Hemispheric Differences Measured in Real-Life Portraits Using Pupil Diameter and Subjective Aesthetic Preferences. *Experimental Brain Research*, v. 219, n. 4, p. 447–455, 2012.

[42] REBER, R.; WINKIELMAN, P.; SCHWARZ, N. Effects of Perceptual Fluency on Affective Judgments. *Psychological Science*, v. 9, n. 1, p. 45–48, 1998.

Hierarquias virtuais

Uma boa hierarquia visual orienta os olhos do observador, tornando intuitivo em que ordem olhar as coisas. À semelhança dos princípios de *design* da psicologia *gestalt*, abordados no Capítulo 2, as hierarquias visuais podem ser desenvolvidas com base em nossa compreensão intuitiva da maneira como o tamanho e a posição conotam importância. Por exemplo, elementos de *design* maiores intuitivamente sugerem mais importância.

Pré-ativação e contexto

Algo similar ao efeito mera exposição é o de pré-ativação. O contexto pode predispor as pessoas a achar as imagens mais fluentes. A pré-ativação é um efeito psicológico pelo qual, por força da exposição contínua, as coisas com que nos associamos intensamente são mais fáceis de reconhecer e de compreender. Por exemplo, quando compramos um carro novo ou uma roupa nova, passamos a perceber com mais frequência outras pessoas na rua com carro ou roupa semelhante. E assim é simplesmente porque seu estado de conscientização foi predisposto para detectar com mais acuidade o carro ou a roupa.

Em um estudo, os pesquisadores selecionaram uma série de imagens do cotidiano, como aviões, carteiras escolares e pássaros.[43] Cada imagem tinha diferentes versões, cuja fluência era maior ou menor, em função do respectivo nível de qualidade, tornando-as mais fácil ou difícil de ver. À medida que cada imagem aparecia na tela do computador, os participantes deviam pressionar uma tecla assim que a reconhecessem, e então avaliar o quanto gostaram da imagem. No entanto, antes de mostrar as imagens, os pesquisadores dispararam subliminarmente na tela uma silhueta ou da imagem a ser visualizada ou de uma imagem diferente. Os participantes que foram expostos subliminarmente à silhueta da imagem a ser visualizada reconheceram a imagem completa com mais rapidez e a avaliaram mais favoravelmente. A pré-ativação subliminar aumentou a fluência de processamento da imagem.

A pré-ativação pode ser irracional: as informações de um contexto podem disparar comportamentos em contexto completamente diferente.

---

[43] BERGER, J.; FITZSIMONS, G. Dogs on The Street, Pumas on Your Feet: How Cues in the Environment Influence Product Evaluation and Choice. *Journal of Marketing Research*, v. 45, n. 1, p. 1–14, 2008.

Por exemplo, no verão de 1997, as vendas das barras de chocolate Mars aumentaram.[44] Nesse período, o robô *pathfinder* da NASA havia descido no planeta Marte e estava muito presente nos noticiários. O simples fato de ouvir a toda hora a palavra Mars (Marte) predispôs as pessoas a se lembrar mais do termo, e tornou o próprio conceito de "Mars" mentalmente mais fluente e acessível. Do mesmo modo, as pesquisas demonstram que na época do Halloween, as vendas de produtos cor de laranja aumentam. A visualização frequente de abóboras nesse período predispõe as pessoas a pensar nessa cor.

Efeito mudança de pique

O efeito mudança de pique, descrito no Capítulo 2, pelo qual os elementos mais distinguíveis de um *design* são exagerados para ajudar a reconhecibilidade (como em desenhos de caricatura) também podem contribuir para a fluência de processamento. Considere que elementos de um *design* são distinguíveis, ou que o diferenciam de outros *designs*, e pense em como podem ser exagerados. Será que a cor pode ser mais viva ou luminescente? Será que a forma pode ser ampliada ou acentuada? As curvas, mais encurvadas; ou os ângulos, mais angulares?

Subitização perceptiva

No filme *Rain Man* (1988), há um personagem com autismo, representado por Dustin Hoffman, inspirado numa pessoa real: Kim Peek. Ele tem certas capacidades extraordinárias, uma das quais se manifesta quando alguém, por acidente, deixa cair uma caixa de palitos, que se espalham no chão, e ele, quase instantaneamente, sabe que há 246 palitos, aparentemente sem os contar um a um.

A subitização perceptiva é a capacidade de estimar imediatamente a quantidade de objetos dispersos – como os elementos de uma imagem – sem contagens físicas.[45] A maioria das pessoas, ao contrário de Kim Peek, só tem essa capacidade quando se trata de uma quantidade relativamente pequena de objetos – em torno de três ou quatro. Às vezes, também a manifestamos no caso de quantidades maiores – como

---

[44] BERGER, J. *Contagious: Why Things Catch On*. Nova York: Simon and Schuster, 2013. p. 70.

[45] CLEMENTS, D. H. Subitizing: What Is It? Why Teach It? *Teaching Children Mathematics*, v. 5, n. 7, p. 400, 1999.

nos padrões de pontos de um dado. Reconhecemos instantaneamente a face de seis pontos, mas esses são casos especiais em que já memorizamos um padrão. Supõe-se que essa capacidade do cérebro é oriunda de nosso passado de caçadores-coletores. Por exemplo, a necessidade de estimar quase instantaneamente se um grupo distante de predadores ou de presas é maior ou menor do que o nosso pequeno grupo de caçadores: tudo o que precisaríamos saber é se há um, dois, três, quatro ou mais animais. Saber a diferença entre sete ou oito presas não era tão importante quanto estimar a diferença entre um ou três.

Um *design* com um mínimo de diferentes áreas gráficas posicionadas de maneira integrada será mais fácil de decodificar do que um *design* em que há muitos elementos aglomerados de maneira dispersa. Se os olhos dos observadores tiverem de se movimentar em torno de muitos elementos e, talvez, ir e voltar, retornando ao mesmo elemento mais de uma vez, como uma bola que ricocheteia num fliperama, o *design* parecerá mais disfluente.

Semelhante à subitização perceptiva é o fato de quanto mais *experts* houver em determinada categoria, mais fácil será decodificar as imagens e *designs* correlatos.

Sensibilidade à orientação e o efeito oblíquo

Os relógios analógicos são um dos *designs* mais bem-sucedidos de todos os tempos, e todos os dias centenas de milhões de pessoas captam a hora ao relancear a posição dos ponteiros de relógios de todos os tipos e tamanhos. No entanto, por que os relógios analógicos só dão certo no formato de 12 horas, não no de 24 horas? A resposta talvez seja de que nossa percepção de diferenças angulares é sensível até 30 graus; diferenças inferiores podem ser difíceis de decodificar.[46]

Para o córtex visual, é mais fácil decodificar linhas cardeais – isto é, verticais ou horizontais – do que outras em ângulos diferentes, fenômeno que os neurocientistas denominam *efeito oblíquo*. O córtex visual até tem grupos de neurônios especialmente sensíveis a linhas cardeais. A percepção da diferença entre linhas em posições intermediárias, nem horizontais, nem verticais, é tanto mais difícil quanto mais juntas elas estiverem – até

---

[46] LIDWELL, W.; HOLDEN, K.; BUTLER, J. *Universal Principles of Design, Revised and Updated: 125 Ways To Enhance Usability, Influence Perception, Increase Appeal, Make Better Design Decisions, and Teach Through Design*. Londres: Rockport, 2010.

30 graus, como os diferentes espaçamentos entre os números de um relógio analógico clássico, somos capazes, intuitivamente, de dizer a hora de relance, ao passo que mais números no mostrador, com diferenças inferiores a 30 graus, diminuiriam a intuitividade (ver Figura 3.20).

Portanto, em geral, talvez seja melhor posicionar linhas, bordas e objetos na vertical ou na horizontal. No entanto, se houver muitas bordas oblíquas, talvez seja melhor mantê-las com afastamento de pelo menos 30 graus, ou exatamente alinhadas. Do mesmo modo, se você quiser que as pessoas prestem mais atenção às linhas – ou seja, obrigá-las a se esforçar um pouco mais para decodificar o que estão vendo – e a imagem for, sob outros aspectos, intuitiva e fácil de captar, é possível posicionar as linhas em ângulo.

Figura 3.20: Relógios de 12 horas e 24 horas

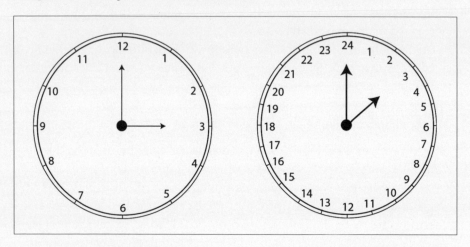

Por exemplo, o neurocientista americano Stephen Macknik observou um detalhe curioso sobre a maneira como publicitários e varejistas expõem os relógios de pulso e outros maiores.[47] Normalmente, eles são representados marcando 10h10 (Figura 3.21). Essa preferência é comum entre as várias marcas. Macknik rastreou a prática até a década de 1920 e à Hamilton Watch Company. No entanto, o artista Marc Chagall também a usou numa série de pinturas de relógios, a partir de 1914.

---

[47] MACKNIK, S. L.; DI STASI, L. L.; MARTINEZ-CONDE, S. Perfectly Timed Advertising. *Scientific American Mind*, v. 24, n. 2, p. 23–25, 2013.

Figura 3.21: Relógio de pulso marcando 10h10

Por que exibi-los marcando essa hora?

Essa marcação deixa ambos os ponteiros em ângulo oblíquo, em vez de deixá-los em posições cardeais, isto é, horizontal ou vertical. Como sabemos, o processamento de linhas oblíquas exige um pouco mais de esforço. A posição de 10h10 é um pouco mais difícil de ler e, portanto, supostamente menos desejável, de acordo com os princípios de fluência de processamento. Na opinião de Macknik, porém, esse pequeno esforço adicional necessário para ler os ponteiros do relógio nessa marcação é eficaz porque obriga o observador a prestar mais atenção. Os relógios são imagens simples – ao forçar as pessoas a prestar um pouco mais de atenção, é provável que sejam mais vistos ou que sejam vistos por mais tempo. (Também é possível que os relógios com ponteiros em posições cardeais ofendam nosso horror a coincidências [ver Capítulo 2]: posicionar os ponteiros exatamente na hora, em quarto de hora ou em metade de hora parece muito premeditado e "atípico". A posição 10h10 também evoca remotamente um sorriso.)

Conceitos essenciais

Fluência de processamento: facilidade e rapidez com que as pessoas compreendem visualmente uma imagem (fluência perceptiva) ou seu significado (fluência conceitual). As imagens fluentes geram o sentimento de familiaridade no observador.

Efeito mera exposição: quanto maior é a frequência com que se vê uma imagem, mesmo subliminarmente, mais se gosta dela.

Densidade proposicional: número de elementos visuais numa imagem dividido pelo número de significados. Níveis de densidade acima de um são bons porque transmitem muitos significados, de maneira mínima e, portanto, fluente.

Complexidade de Kolmogorov: medida da complexidade de uma imagem: o programa de computador mais curto que seria necessário para gerá-la. Padrões com autossimilaridade (como sequência Fibonacci, proporção áurea e fractais) tendem a ter baixa complexidade de Kolmogorov.

Design de baixa complexidade: *designs* baseados em um padrão subjacente, com baixa complexidade de Kolmogorov.

Cognição incorporada e física intuitiva

Cognição incorporada é a ideia de que usamos o corpo para nos ajudar a pensar. Usamos *feedback* dos músculos e sentidos como fontes de informação sobre o mundo e como atalhos para avaliações rápidas. Por exemplo:

- O que é pesado parece mais importante ou de melhor qualidade.

- O que trazemos para perto desperta sentimentos mais positivos.

- O que é fácil chamamos de "mole".

- O que é difícil chamamos de "duro".

Sob certo aspecto, essas são metáforas corporais. Elas são rápidas e intuitivas, uma vez que acumulamos memórias fecundas de nossas experiências ao interagirmos com o mundo. As metáforas de cognição incorporada atuam de maneira intuitiva e inconsciente; não pensamos ao evocá-las. Para transmitir com naturalidade determinada qualidade – como importância, felicidade, frieza, calor, etc. –, busque ações ou sensações corporais que evoquem essa qualidade e representem essas expressões físicas em imagens ou palavras. (Mais a esse respeito no Capítulo 5.)

Mostrando às pessoas em vez de pedir-lhes para imaginar

Imaginar exige esforço. Algumas coisas são mais difíceis de imaginar do que outras. Ou mostre imagens do que você quer transmitir ou ilustre, com palavras, figuras simples e fáceis de imaginar. Às vezes, a mera inclusão de uma imagem num conjunto de instruções, por exemplo, diminui a carga cognitiva de uma tarefa para os usuários.

Usabilidade da web e fluência de processamento

Como já vimos, os usuários da *web* relanceiam, percorrem ou varrem as páginas da *web*. Eles não as leem em profundidade, nem ruminam todos os detalhes de maneira ponderada e inquisitiva. Steve Krug, expert em usabilidade da *web*, escreveu um livro clássico – *Don't Make Me Think* (ed. bras. *Não me faça pensar: uma abordagem de bom senso à usabilidade na web*, tradução de Acauan Pereira Fernandes, 2008)[48] – sobre o que ele considera a regra mais importante do *web design*: minimizar o esforço mental necessário para navegar num site.

Ele escreve: "Usar um site que não nos faz pensar sobre coisas desimportantes parece espontâneo, ao passo que ruminar coisas irrelevantes tende a desperdiçar nossa energia e entusiasmo – e tempo".

Krug recomenda vários princípios importantes para maximizar a influência de um site:

Desenhar uma página para que ela possa ser percorrida na superfície

O ideal é que a página seja bastante intuitiva para que nela se navegue com rapidez e facilidade, sem forçar os usuários a parar para pensar. Assim como algumas das técnicas esboçadas neste capítulo (por exemplo, o uso de hierarquias visuais), Krug recomenda desdobrar a página em áreas definidas com clareza e tornar óbvio o que é clicável.

Facilitar cada escolha a ser clicada

Embora o número de cliques necessários para executar uma tarefa num site seja citado com frequência como métrica de

---

[48] KRUG, S. *Don't Make Me Think: A Common Sense Approach To Web Usability.* Pearson Education, India, 2005. p. 19.

usabilidade, Krug acredita que seja mais importante considerar a facilidade de cada clique. Será que o *design* do site torna fácil, inequívoco e claro onde os usuários devem clicar para alcançar o que querem? Minimizar o esforço mental exigido dos usuários em cada clique faz com que o uso do site pareça mais espontâneo e menos trabalhoso.

Minimizar o uso de palavras

Ele recomenda retirar da página qualquer palavra desnecessária; em especial, instruções. Ao varrerem um site, os usuários da *web* geralmente não leem instruções. Empenhe-se em tornar o *design* tão intuitivo que as instruções sejam desnecessárias.

Verificando a complexidade dos seus *designs*

Não há maneira perfeita de medir a complexidade de um *design*. Num nível simples, a "compressibilidade" de uma imagem ao ser salva num computador é uma medida aproximada. Em outras palavras, ao salvar uma imagem, o computador a comprime. Quanto menos informações tiver a imagem, menor será o arquivo comprimido, em bytes ou megabytes.

Essa, porém, é uma medida imperfeita, pois, como já vimos, outros fatores, como simetria e repetição de padrões podem facilitar a decodificação da imagem. Eis alguns aspectos a considerar ao definir o nível de simplicidade da imagem:

1. A imagem tem alguma simetria?
2. A imagem segue algum padrão subjacente?
3. Qual é a sua densidade proposicional?
4. Quantos elementos individuais básicos tem a imagem?
5. É fácil absorver a imagem ou os olhos saltam entre os elementos, na tentativa de decodificá-los?
6. Há uma hierarquia natural entre os elementos que oriente as pessoas para onde olhar?
7. A imagem tem elementos supérfluos a serem removidos?

Resumo

- O cérebro tem uma inclinação para imagens fáceis de processar. Em especial, gostamos de ser surpreendidos por imagens que se revelam mais fáceis de processar do que supúnhamos.

- Tendemos a nos sentir mais atraídos por imagens fáceis de processar, ocorrendo o inverso quando elas são difíceis de processar. Isso representa uma vantagem para os *designs* mais simples.

- Temos um leve viés favorável a imagens que já vimos antes – mesmo que elas tenham sido apresentadas com tanta rapidez que nem mesmo estejamos conscientes de tê-las visto. Isso é denominado *efeito mera exposição*.

- Outra forma de familiaridade é a prototipicidade, ou o efeito "beleza na média". As pessoas têm um viés favorável a imagens, como rostos e carros que se parecem com a média.

- Imagens mais complexas podem ser preferíveis a imagens mais simplistas, se carregarem muito significado. Esse nível de significado é denominado *densidade proposicional*.

- Quando as imagens envolvem estruturas ocultas, ou a promessa de nos ensinar um padrão que ainda não conhecemos, elas podem se tornar mais interessantes.

- Alguns dos efeitos de fatores como clareza e simplicidade são mais intensos durante exposições breves, e menos intensos, ou reversos, em exposições recorrentes, à medida que se tornam mais familiares.

COMO ATUAM AS
PRIMEIRAS IMPRESSÕES

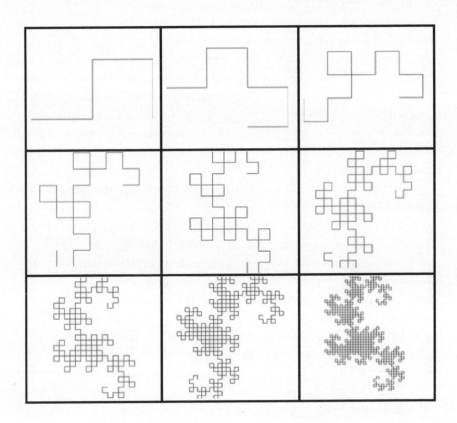

Figura 4.1: Nossa primeira impressão de um *design* molda nossa opinião final a respeito dele. Como um fractal, nossas reações tornam-se mais complexas com o passar do tempo, mas não vão além de meras elaborações daquele primeiro relance

IMAGINE QUE VOCÊ ESTEJA caminhando pela rua e que um novo modelo de carro passe por você, no sentido oposto. Ele atravessa o seu campo visual, mas você não o observa com atenção, pois estava pensando em outras coisas na hora. Talvez você nem estivesse interessado em carros. Mas será que, mesmo estando desatento e desinteressado, o seu cérebro, naquele momento, não formou uma opinião sobre o novo carro?

Graças a um experimento conduzido por um grupo de neurocientistas, em Berlim, agora já sabemos a resposta a essa pergunta, talvez um pouco inesperada.[1] Os pesquisadores mostraram aos participantes algumas imagens de carros, durante apenas 2,4 segundos, enquanto o cérebro dos observadores era monitorado por um aparelho de imagem por ressonância magnética funcional (fMRI). Metade do grupo foi instruída a olhar para os carros e a avaliá-los pelo grau de atração. A outra metade foi exposta às mesmas imagens de carros, mas enquanto executavam uma tarefa em que tinham de fixar os olhos em um ponto distante de cada imagem de carro, sem a incumbência de avaliar os carros. Depois, pediu-se a ambos os grupos para imaginar que estivessem comprando um carro novo; novamente, foram apresentados às fotos dos mesmos carros e inquiridos, em relação a cada carro, se gostariam de comprá-lo.

Ao analisarem os dados sobre o cérebro dos participantes durante o experimento, os pesquisadores descobriram que as atividades cerebrais de cada um, no momento em que as imagens dos carros apareceram na tela, indicavam se estariam dispostos a comprar o carro, não importa que estivessem olhando para a imagem do carro, atentamente, ou para outra coisa distante, enquanto a imagem do carro simplesmente despontava em seu campo visual. Em ambos os casos, a atividade do cérebro era igualmente preditiva. Esses resultados mostram que o cérebro pode tomar decisões automáticas sobre comprar alguma coisa, mesmo que ela tenha sido percebida de relance, sem um olhar ativo, enquanto o participante prestava atenção em outras coisas.

Tudo isso parece contraintuitivo – quase como se o cérebro estivesse decidindo, sem mesmo consultar nossa consciência!

---

[1] TUSCHE, A.; BODE, S.; HAYNES, J. D. Neural Responses To Unattended Products Predict Later Consumer Choices. *The Journal of Neuroscience*, v. 30, n. 23, p. 8024–8031, 2010.

Todos estamos familiarizados com a tendência natural de avaliar as pessoas à primeira vista, embora sabendo que essa atitude é injusta e irracional. Podemos instantaneamente ter um sentimento sobre alguém: se achamos que a pessoa é amigável, inteligente, confiável, e assim por diante. Por exemplo, um estudo mostrou que os participantes eram capazes de prever com exatidão a eficácia de um vendedor, conforme a avaliação do gerente, depois de ouvir um áudio de apenas 20 segundos do indivíduo.[2] Igualmente, a avaliação do entrevistador de um candidato a emprego é a mesma dois segundos depois de ver o candidato pela primeira vez ou ao fim da entrevista.[3] Também somos surpreendentemente rápidos em captar a essência de uma imagem. As pesquisas revelam, por exemplo, que os observadores podem dizer, em um décimo de segundo, se a imagem mostra um objeto natural ou artificial ou uma cena interna ou externa.[4]

Essas avaliações rápidas provavelmente têm origem evolutiva: em nosso passado de caçadores-coletores, teria sido extremamente importante "estimar" rapidamente um estranho, para tratá-lo como amigo ou inimigo. Esses julgamentos no passado remoto poderiam ser a diferença entre vida e morte. A evolução não nos equipou somente com a capacidade de esperar e procurar mais informações antes de avaliar alguma coisa. Parece que fomos predispostos a formular julgamentos reflexos, involuntários, quase automáticos, do contexto e das situações. Os atributos em que nos baseamos para aquilatar as pessoas com base em nossas primeiras impressões são assim talhados para atender a essas pressões evolutivas – confiabilidade e atratividade, por exemplo, para estimar o quanto alguém é ameaçador ou até que ponto seria geneticamente adequado como parceiro de procriação. O que a maioria das pessoas desconhece, porém, é a extensão em que podemos fazer esses julgamentos rápidos, o tempo todo. Não só

---

[2] NALINI AMBADY, N.; KRABBENHOFT, M. A.; HOGAN, D. The 30-Sec Sale: Using Thin-Slice Judgments. *Journal of Consumer Psychology*, v. 16, n. 1, p. 4–13, 2006.

[3] AMBADY, N.; ROSENTHAL, R. Half A Minute: Predicting Teacher Evaluations from Thin Slices of Nonverbal Behavior and Physical Attractiveness. *Journal of Personality and Social Psychology*, v. 64, n. 3, p. 431–41, 1993.

[4] BANNO, H.; SAIKI, J. The Processing Speed of Scene Categorization at Multiple Levels of Description: The Superordinate Advantage Revisited. *Perception*, v. 44, n. 3, p. 269–288, 2015.

de aparências pessoais, mas também de páginas de internet, *designs* e anúncios.

Quando uma página de internet está baixando, e suas imagens, logotipos e textos estão começando a aparecer, a abordagem sensata e racional talvez seja suspender o julgamento até ser capaz de, tanto quanto possível, ler a página, estudá-la e avaliar seu conteúdo. No entanto, em vez disso, quase sempre formamos julgamentos repentinos, com base no aspecto e na aparência, em que, surpreendentemente, poucos elementos da página exercem efeito desproporcional sobre a avalição subsequente, o que também pode acontecer com muita rapidez. Os experimentos demonstram que as pessoas chegam à conclusão de gostar ou desgostar de uma página de internet em 0,05 segundos depois de relanceá-la pela primeira vez.[5]

Embora as páginas de internet sejam muito diferentes quanto ao conteúdo, produtos, atributos organizacionais, etos e muitos outros fatores, o fato de os usuários julgarem com tanta rapidez significa que eles não estão realmente considerando o conteúdo. Eles estão meramente reagindo ao jeito do *design*.

O efeito halo

Esse primeiro julgamento instantâneo não seria assim tão importante para os *designers* não fosse outro fato interessante sobre as primeiras impressões – elas tendem a ser duradouras. Os psicólogos já conhecem esse fenômeno, e o denominam *efeito halo*, ou a tendência de, ao avaliarmos alguma coisa, um sentimento positivo quanto a determinado fator nos inclinar, no nível inconsciente, a avaliar a mesma coisa favoravelmente também quanto a outros fatores. Somos mais propensos a formular julgamentos conscientes sobre toda a página de internet, em consonância com essa primeira impressão instintiva: se o primeiro julgamento emocional for positivo, encontraremos motivos para atribuir qualidades positivas a toda a página de internet.

As primeiras impressões se manifestam como sentimentos, que, depois, são racionalizados. Nossas emoções são disparadas com extrema

---

[5] LINDGAARD, G. *et al*. Attention Web Designers: You Have 50 Milliseconds to Make a Good First Impression! *Behaviour & Information Technology*, v. 25, n. 2, p. 115–126, 2006.

rapidez, antes de termos a chance de decodificar conscientemente o que estamos vendo. Por exemplo, algumas pesquisas demonstraram que expressões emocionais começam a transparecer no rosto das pessoas milissegundos depois da primeira visualização de uma imagem (Figura 4.2).[6]

Por essas razões, se você se limitar a perguntar aos usuários da sua página de internet por que eles gostam ou desgostam dela, é possível que você chegue a conclusões enganosas. Os usuários provavelmente não estão conscientes desses julgamentos instantâneos e intuitivos, e tendem a apresentar explicações racionais de suas opiniões.

Um exemplo específico do efeito halo é o chamado *efeito "belo é bom"*: a tendência de atribuir a pessoas atraentes todos os tipos de qualidades desejáveis, que não têm nada a ver, em absoluto, com aparência física. Por exemplo, achar que as pessoas carismáticas são mais inteligentes, mais confiáveis e mais autênticas.

Figura 4.2: Influência das primeiras impressões na percepção de um *design*

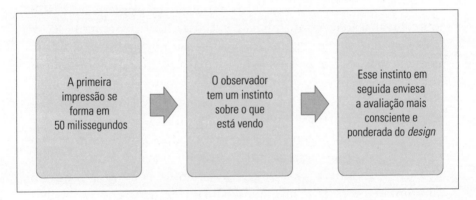

As primeiras impressões são apenas um sentimento?

Os neurocientistas chamam de *beleza visceral* esse atributo da primeira impressão de uma imagem.[7] Essa é a reação instintiva espontânea à aparência e ao aspecto geral de um *design*. Alguns *experts* questionam se as primeiras impressões são genuinamente uma avaliação de beleza. Para eles, a beleza é uma ideia cujo julgamento

---

[6] EKMAN, P. An Argument for Basic Emotions. *Cognition & Emotion*, v. 6, n. 3–4, p. 169–200, 1992.
[7] NORMAN, D. A. Introduction to this Special Section on Beauty, Goodness, and Usability. *Human-Computer Interaction*, v. 19, n. 4, p. 311–318, 2004.

envolve algum tipo de processo mental, e simplesmente não há tempo suficiente para tanto na formação da primeira impressão. Segundo esse modelo, tudo se resume no fato de a primeira impressão gerar um sentimento positivo ou negativo, capaz de distorcer nossas percepções subsequentes de fatores como confiabilidade, usabilidade, atratividade e novidade. Em outras palavras, é simplesmente um efeito halo.

Todavia, algumas evidências sugerem que o processo envolve mais do que apenas o efeito halo e que a primeira impressão também inclui uma avaliação mais profunda da página de internet. Um estudo encontrou evidências de que as avaliações de atratividade e novidade de uma página de internet são determinadas na primeira impressão, com evidências mais fracas de que também a confiabilidade e a usabilidade são formuladas de relance.[8] Também há algumas evidências de que as pessoas rejeitam rapidamente um site que não considerem atraente.[9]

Embora as evidências quanto ao impacto da primeira impressão sobre a avaliação da confiabilidade e da usabilidade de um site sejam mais variadas, elas ainda mostram que esses julgamentos ainda são afetados pelo *design* do site. Para estimar quanto devemos confiar num site de internet, supondo que ele não seja bem conhecido, deveríamos, se fôssemos totalmente lógicos, investigar sua reputação, ler as "letras pequenas" (por exemplo, a política de privacidade), etc. Esse processo, porém, é muito demorado e pouco prático para a maioria das pessoas em grande parte das situações, o que nos leva a buscar atalhos para fazer inferências. Algumas pesquisas mostram que um atributo de *design*, que chamam de *craftsmanship*, ou habilidade artesanal, é bom previsor de como os usuários avaliam a confiabilidade de um site.[10] *Craftsmanship* é a aparência de que o site foi projetado com habilidade e diligência, usando os métodos e as tecnologias mais recentes. Além disso, há evidências de que a

---

[8] PAPACHRISTOS, E.; AVOURIS, N. Are First Impressions About Websites Only Related To Visual Appeal? *Human-Computer Interaction*, p. 489–496, 2011.

[9] SILLENCE, E. *et al.* A Framework for Understanding Trust Factors in Web-Based Health Advice. *International Journal of Human-Computer Studies*, v. 64, n. 8, p. 697–713, 2006.

[10] HASAN, Z.; GOPE, R. C.; UDDIN, M. N. Do Aesthetics Matter In Long-Established Trust? *International Journal of Computer Applications*, v. 77, n. 13, p. 31–36, 2013.

estética do *design* realmente influencia os julgamentos do usuário quanto à usabilidade. A beleza visceral de um site de internet pode até prevalecer sobre a efetiva usabilidade: mesmo que a página tenha baixa usabilidade, os usuários ainda gostarão dela se a acharem atraente.[11]

Portanto, talvez alguns dos aspectos importantes de um site de internet sejam avaliados na primeira impressão, enquanto outros podem ser influenciados, mas não são de todo avaliados, no primeiro instante. Mesmo assim, ainda são afetados pelo *design*, à medida que o usuário vê mais.

As primeiras impressões das pessoas on-line

As pessoas gostam de formar impressões umas das outras. Essa capacidade reduz as incertezas e facilita as interações. Frank Bernieri, professor de psicologia social, descreve um efeito denominado *halo de expressividade*: "As pessoas que se comunicam com expressividade e animação tendem a ser mais apreciadas que as difíceis de decifrar, mesmo que estejam manifestando emoções negativas, como irritação. Por estarmos confiantes em como as percebemos, elas parecem menos ameaçadoras".[12] Em outras palavras, gostamos de ter uma primeira impressão boa e exata das pessoas, que nos ajude a interagir com elas.

As primeiras impressões das pessoas têm sido tema de muitos livros de negócios e de desenvolvimento pessoal, e estamos tomando consciência da ideia de "marca pessoal" na maneira como se apresentam profissionalmente. Não raro os usuários de internet captam primeiras impressões das pessoas on-line, seja com base no perfil em sites de internet, como LinkedIn ou Facebook, seja na página "Sobre nós" do site, onde os usuários julgam as pessoas que compõem a empresa. Em geral, as fotos de seu perfil on-line, seja no seu site pessoal, seja no site de mídias sociais, são as primeiras impressões que os clientes potenciais ou os recrutadores ou empregadores obtêm a seu respeito.

---

[11] TUCH, A. N. *et al*. Is Beautiful Really Usable? Toward Understanding the Relation Between Usability, Aesthetics, and Affect in HCI. *Computers in Human Behavior*, v. 28, n. 5, p. 1596–1607, 2012.

[12] Disponível em: <http://www.theguardian.com/lifeandstyle/2009/mar/07/first-impressions-snap-decisions-impulse>. Acesso em: 25 ago. 2016.

As primeiras impressões em encontros pessoais se formam com rapidez e parecem ser duradouras, mas podem acumular um vasto conjunto de informações: estatura, contato visual, postura, tom de voz, e assim por diante. On-line, contudo, as fotos pessoais oferecem informações menos dinâmicas, embora alguns pesquisadores mostrem que os usuários de mídias sociais são capazes de fazer rápidas inferências sobre os perfis pessoais, mesmo depois da visualização de apenas alguns detalhes mínimos. Além disso, essas primeiras impressões são sugestivas de suas avaliações subsequentes, depois da avaliação mais profunda de seus perfis.[13] Como seria de esperar, a foto de perfil é uma das informações usadas com mais frequência pelos usuários para fazer julgamentos rápidos.

Essas avaliações instantâneas atribuem importância excessiva às fotos e significam que até atributos que não têm nada a ver com a fisionomia são julgados com base nos traços faciais. Por exemplo, as pesquisas demonstraram que no LinkedIn homens com barba são vistos mais favoravelmente para funções que exigem *expertise*, e, portanto, têm mais chances de ser entrevistados.[14] Viés semelhante se aplica às mulheres que usam óculos em comparação com as que não usam óculos.[15] Como os empregadores recorrem cada vez mais a perfis on-line para recrutar candidatos, esses efeitos podem exercer impacto real sobre as carreiras profissionais.

É difícil fazer recomendações universais sobre fotos, em consequência de efeitos contextuais. Por exemplo, o tipo e o estilo de fotos que tendem a ser mais eficazes em sites de namoro podem não funcionar tão bem em sites de relacionamentos profissionais. E ainda há efeitos culturais. As diferenças de avaliação das primeiras impressões podem ser mais frequentes entre várias fotos da mesma pessoa, sob diversas condições de ângulo, iluminação, expressão facial, etc., do que entre fotos de várias pessoas. Há sites de internet,

---

[13] STECHER, K. B.; COUNTS, S. Thin Slices of Online Profile Attributes. In: PROCEEDINGS OF THE INTERNATIONAL CONFERENCE ON WEBLOGS AND SOCIAL MEDIA, 2008. Cambridge: AAAI Press, 2008.

[14] TODOROV, A.; PORTER, J. M. Misleading First Impressions Different for Different Facial Images of the Same Person. *Psychological Science*, v. 25, n. 7, p. 1404–1417, 2014.

[15] VAN DER LAND, S. F.; WILLEMSEN, L. M.; UNKEL, S. A. Are Spectacles the Female Equivalent of Beards for Men? How Wearing Spectacles in a LinkedIn Profile Picture Influences Impressions of Perceived Credibility and Job Interview Likelihood. *HCI in Business*, p. 175–184, 2015.

como www.photofeeler.com, em que é possível testar várias fotos da mesma pessoa, sob diferentes condições, para avaliação quanto a certos atributos a serem projetados.

O efeito sobre o comportamento de *browsing*

O efeito primeira impressão é especialmente importante para os sites de internet, uma vez que os usuários tendem a passar apenas alguns segundos numa página antes de clicar para sair. Causar boa ou má primeira impressão é fundamental para a decisão do usuário de ficar mais tempo no site ou de partir para outro site.

Por exemplo, a maior plataforma de anúncios de vídeo on-line, o YouTube, adota um sistema denominado True View, que dá aos espectadores a opção de pular o anúncio depois de cinco segundos. Mesmo outros formatos de anúncios de vídeo on-line tendem a gerar impaciência se o espectador realmente não quiser ver o anúncio depois dos primeiros cinco segundos. Do mesmo modo, o alcance e a popularidade do YouTube dão aos usuários a expectativa de poder pular o anúncio, mesmo depois de cinco segundos, se não estiverem interessados. Seja como for, todos os anúncios de vídeo on-line são efetivamente "puláveis".

O Google realizou sua própria pesquisa sobre os tipos de anúncios com mais probabilidade de serem pulados depois dos primeiros cinco segundos cruciais.[16] Eles descobriram:

- Há uma tensão genuína entre mostrar a marca cedo demais ou tarde demais: a primeira corre o risco de desligar os espectadores; a segunda, de deixá-los sem qualquer lembrança da marca. A recomendação é mostrar a marca como parte do produto, não como um logotipo flutuante.
- O humor é eficaz. Talvez, como seria de esperar, porque anúncio com humor oferece benefícios ao espectador (fazê-lo sorrir, gargalhar, ou sentir-se bem), estejam ou não interessados em aprender mais sobre a marca ou o produto.
- Se não humor, então, pelo menos, algum tom emocional, em especial certa dose de suspense, nos primeiros cinco segundos.

---

[16] Disponível em: <https://www.thinkwithgoogle.com/articles/creating-youtube-ads-that-break-through-in-a-skippable-world.html>. Acesso em: 25 ago. 2016.

- Mais uma vez, o que não é nada surpreendente, um rosto conhecido nos primeiros cinco segundos ajuda a evitar que os espectadores se afastem com um clique.

As primeiras impressões têm a ver principalmente com emoções engajadoras. Elas, em geral, são rápidas demais para envolver avaliação consciente ou racional do conteúdo. Se o conteúdo do vídeo não nos desperta rapidamente emoções engajadoras, clicamos para sair.

Fatiamento fino e o consumidor impaciente

Mesmo que não houvesse o efeito primeira impressão, a importância de evocar rapidamente emoções e conceitos está ficando cada vez mais importante. Na condição de consumidores, temos agora limiar de atenção em geral muito breve e somos incrivelmente impacientes. Em muitas decisões de compra, não investimos tempo e análise suficientes. Seguimos o sentimento rápido de gostar de uma marca ou produto e fazer associação com o que estamos procurando. Os psicólogos chamam esse tipo de conclusão, baseada em fragmentos de evidências, de *fatiamento fino*.

Como vimos no Capítulo 1, a internet, em especial, encoraja esse tipo de navegação impaciente. Tantas são as escolhas disponíveis on-line e tão pequeno o esforço envolvido em clicar de um site para outro, que somos mais impacientes e rápidos ao comprar em lojas virtuais do que em lojas físicas. Além disso, estamos ficando cada vez mais hábeis e seguros em percorrer e avaliar diferentes sites, depois de tanto navegar, e estamos muito familiarizados com todos os tipos de páginas que já visitamos e com as várias experiências que já tivemos nelas.

Esses julgamentos rápidos dos usuários de internet, com base no conhecimento e experiência de sites e páginas, são como as avaliações rápidas dos *experts* em estado de fluxo. Por exemplo, os *experts* em antiguidades e em artes geralmente são capazes de avaliar quase instantaneamente uma peça de mobiliário ou uma obra de arte e dizer se é falsa ou verdadeira. Nem sempre conseguem definir seus critérios, porque estão acessando um estoque inconsciente de experiência e conhecimento. Do mesmo modo, os usuários de internet aprendem muito sobre páginas de internet e passam a associar diferentes tipos de *design* a diferentes sites, mesmo que não sejam capazes de descrever conscientemente o processo.

Não me faça esperar

A maioria das páginas de internet demoram de dois a três segundos para baixar.[17] As conexões com a internet estão ficando cada vez mais rápidas, mas as páginas em si estão ficando mais complexas e pesadas – incluindo mais gráficos, animações e vídeos. É uma batalha contínua entre velocidade de conexão e volume de conteúdo. Dois a três segundos talvez pareça pouco para o leitor desconectado, mas provavelmente parecerá muito para o usuário on-line. Como poderão os *web designers* criar páginas ricas em conteúdo que não exasperem os visitantes ao serem carregadas, levando-os a clicar para sair antes da conclusão da baixa?

O segredo é distração. As evidências mostram que se os usuários tiverem algum tipo de animação a observar enquanto a página estiver carregando, eles dispersarão a atenção e não se impacientarão com a demora. Tanto o Google quanto o Facebook, por exemplo, usam *placeholders*. São linhas e caixas que mostram onde o texto e as imagens serão carregados, com uma sombra animada sobreposta, cuja rápida movimentação conota inconscientemente que os objetos estão baixando com rapidez na retaguarda.

As pesquisas mostram que a inclusão de barras de progresso oferece aos usuários a percepção de tempo, dando-lhes a impressão de que não estão esperando muito. O *design* que se revelou mais eficaz foi o que usou estrias ou nervuras. A barra de progresso normal mostra um bloco colorido ou sombreado uniforme, avançando da esquerda para a direita, aproximando-se aos poucos do fim da barra. A versão estriada inclui uma série de linhas verticais – estrias – no padrão do bloco (ver Figura 4.3). Na modalidade que apresentou melhores resultados, as estrias se movimentavam no bloco em sentido oposto, da direita para a esquerda, criando no cérebro do usuário a ilusão de que o bloco está avançando com mais rapidez do que na realidade.[18]

---

[17] Disponível em: <http://www.wired.com/2016/08/science-waiting-waiting-page-load/>. Acesso em: 25 ago. 2016.

[18] HARRISON, C.; YEO, Z.; HUDSON, S. E. Faster Progress Bars: Manipulating Perceived Duration With Visual Augmentations. In: PROCEEDINGS OF THE SIGCHI CONFERENCE ON HUMAN FACTORS IN COMPUTING SYSTEMS, 2010, Atlanta. p. 1545–1548.

Figura 4.3: Barras de progresso regular (superior) e estriada (inferior)

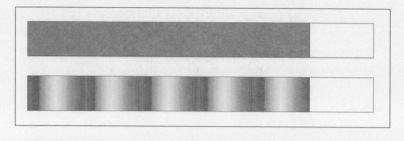

O que induz as primeiras impressões?

Uma vez que o efeito primeira impressão ocorre com tamanha rapidez, a neurociência pode fornecer pistas do que talvez o esteja induzindo. Os neurocientistas sabem quanto tempo leva para que vários aspectos visuais sejam percebidos e compreendidos. Considerando o intervalo em que atuam as primeiras impressões, é provável que apenas o que denominamos *aspectos visuais de baixo nível* sejam percebidos. A primeira impressão não está sendo induzida pelo detalhe do conteúdo, nem, certamente, pelo significado das palavras (não haveria tempo para ler nada).

Katharina Reinecke, neurocientista da Universidade Harvard, e colegas conduziram numerosos estudos sobre o que impulsiona as primeiras impressões dos usuários sobre os sites.[19] Com base em pesquisas anteriores que haviam destacado a complexidade da imagem e as cores como dos mais proeminentes e perceptíveis atributos que são visíveis à velocidade das primeiras impressões, eles decidiram focar nesses mesmos aspectos. Outro benefício dessas características foi a possibilidade de propiciar modelos computadorizados capazes de analisar uma imagem e quantificar esses atributos, de maneira que pareça correlacionar-se com os critérios de avaliação da complexidade e da coloração. Em outras palavras, esses aspectos podem ser medidos objetivamente e avaliados quantitativamente.

---

[19] REINECKE, K. *et al.* Predicting Users' First Impressions of Website Aesthetics With a Quantification of Perceived Visual Complexity and Colorfulness. In: PROCEEDINGS OF THE SIGCHI CONFERENCE ON HUMAN FACTORS IN COMPUTING SYSTEMS, 2013, Paris (FRA). p. 2049–2058.

A coloração resultava principalmente das tonalidades das imagens, enquanto a complexidade consistia basicamente na quantidade de diferentes imagens e textos e na variedade de cores contidas na página (também tentaram considerar os atributos da imagem total, como equilíbrio, simetria e proporção – conceitos importantes na psicologia *gestalt*, descrita no Capítulo 2. No entanto, embora se tenha constatado que exerciam efeito estatisticamente significativo, o impacto sobre a complexidade da imagem foi considerado fraco, razão de terem sido descartados). Nos estudos, 242 participantes visualizaram 450 imagens de sites de internet e as avaliaram com base no apelo visual. Os níveis de complexidade e de coloração sozinhos responderam por metade das variações nas avaliações. Para chegarem a esse nível de previsibilidade, eles também levaram em conta algumas variáveis demográficas. Constatou-se, então, que a educação, por exemplo, exerce efeito significativo sobre o grau de coloração predileto, enquanto a idade exerce efeito significativo sobre o grau de complexidade preferido. Os níveis ótimos de complexidade e de coloração podem ser plotados num gráfico como um U invertido (ver Figura 4.4). Os Us invertidos são ligeiramente enviesados, uma vez que a rejeição de altos níveis de complexidade e de coloração era mais forte que a de baixos níveis. Em outras palavras: é mais fácil errar no lado do excesso de complexidade e de coloração do que no lado oposto.

Figura 4.4: Gráficos mostrando a preferência por diferentes níveis de complexidade e coloração (com base em Reinecke e Gajos, 2014)

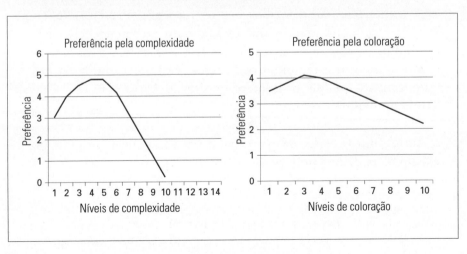

Um estudo complementar examinou com mais profundidade o efeito da cultura.[20] No estudo, 40.000 pessoas, abrangendo ampla gama de idades, nacionalidades, níveis de educação e gênero, fizeram 2,4 milhões de avaliações de páginas de internet. Mais uma vez, os resultados demonstraram a influência da complexidade visual e da coloração nas primeiras impressões. Os participantes, em geral, preferiram nível de complexidade baixo a moderado, com bom equilíbrio entre textos e imagens, e nível de coloração moderado a alto.

Houve, porém, diferenças significativas entre as pessoas, de acordo com suas características demográficas. Por exemplo, os indivíduos na casa dos 30 anos preferiram *designs* ligeiramente menos coloridos do que os mais jovens e os mais velhos (embora não tenha ficado claro se essa preferência é atribuível à idade ou às preferências da respectiva geração). Curiosamente, enquanto os participantes de faixas etárias da adolescência aos 40 anos tivessem optado mais ou menos pelo mesmo nível de complexidade visual, os participantes mais velhos escolheram nível de complexidade mais elevado. Esse resultado talvez tenha sido um tanto inesperado, pois seria de esperar que as pessoas mais velhas preferissem *designs* mais simples, que impusessem poucas demandas à sua carga cognitiva. Mais uma vez, no entanto, isso poderia ter algo a ver com os gostos geracionais, ou talvez com a maneira de as pessoas mais velhas interagirem com os sites de internet (por exemplo, estarem acostumadas a dar toda a atenção ao site de internet, enquanto as mais jovens quase sempre estão mais afeitas a fazer outras coisas ao mesmo tempo). Em geral, as mulheres demonstraram mais preferência do que os homens por sites de internet mais coloridos, mas os homens preferiram sites que usavam cores contrastantes, que os ajudavam a diferenciar os vários elementos da página. O nível ótimo de complexidade foi mais ou menos o mesmo para ambos os gêneros (embora as mulheres gostassem menos do que os homens de sites de baixa complexidade). Também mediram-se muitas diferenças culturais. Embora o padrão geral do "U invertido" (com um lado direito mais alto) prevalecesse entre muitos países, os picos da curva variaram. Os russos, por exemplo, tendiam a preferir *designs* mais simples do que os mexica-

---

[20] REINECKE, K.; GAJOS, K. Z. Quantifying Visual Preferences Around The World. In: PROCEEDINGS OF THE 32ND ANNUAL ACM CONFERENCE ON HUMAN FACTORS IN COMPUTING SYSTEMS, 2014, Toronto (CAN).

nos; franceses e alemães escolhiam sites menos coloridos do que os ingleses ou americanos. Países geograficamente próximos entre si tinham preferências similares. Por exemplo, os europeus do norte geralmente preferiam menos coloração em cotejo com as escolhas dos europeus do sul. Os níveis de educação alteraram mais as preferências por coloração do que as preferências por complexidade: quanto mais alto fosse o nível de educação, mais alta era a preferência por coloração.

Embora haja um nível ótimo de complexidade para que o site gere primeira impressão positiva, os riscos de complicar demais o site são maiores do que os de simplificá-lo demais. Na realidade, a maioria das *homepages* precisarão de um nível mínimo de complexidade, razão pela qual a maioria não se arrisca a gerar má impressão inicial em consequência do excesso de simplicidade.

A importância das diferenças demográficas é impressionante, considerando que as pessoas tinham menos de meio segundo de visualização dos sites. Não obstante haja uma recomendação geral aqui (complexidade e coloração moderadas são melhores; porém, níveis mais baixos de complexidade são menos arriscados do que níveis mais altos de complexidade), esses resultados também destacam a importância de considerar quem é o público – fazer testes e pesquisas eficazes entre os usuários é importante.

Algumas pesquisas também descobriram que a "prototipicidade" afeta as primeiras impressões.[21] A prototipicidade (como você talvez se lembre do Capítulo 3) é a extensão em que alguma coisa corresponde à sua expectativa. As páginas de internet têm certas convenções que evoluem no tempo e com que as pessoas se acostumam: por exemplo, onde os usuários esperam ver o logotipo principal, o menu, a barra de pesquisa, etc., assim como a quantidade de imagens, de textos e de links que esperam ver em páginas do mesmo tipo. Uma página atípica pode gerar incerteza: eu estou na página que eu buscava? Por que ela parece diferente do que eu esperava? Eu terei de aprender um tipo completamente novo de estrutura de página para compreender o que estou vendo?

---

[21] TUCH, A. N. *et al.* The Role of Visual Complexity And Prototypicality Regarding First Impression of Websites: Working Towards Understanding Aesthetic Judgments. *International Journal of Human-Computer Studies*, v. 70, n. 11, p. 794–811, 2012.

"Os usuários passam grande parte do tempo em outros sites", explica o pesquisador de internet Jacob Nielsen. "Assim, qualquer padrão que seja usado na maioria dos outros sites será marcado a ferro e fogo no cérebro dos usuários e só será possível se afastar desse estigma à custa de graves problemas de usabilidade".[22]

Evidentemente, é possível que a prototipicidade esteja sendo influenciada por outros fatores de *design*: por força da competição, das tentativas e erros, e de testes reiterados, os sites tendem a aglomerar-se em torno de formatos de *design* ótimos, os quais, em consequência, se tornam conhecidos e passam a ser esperados pelos usuários.

O interessante é que os usuários parecem julgar a complexidade mais rapidamente do que a prototipicidade, ou pelo menos os efeitos da prototipicidade demoram um pouco mais para se fazerem sentir,[23] o que talvez ocorra pelo fato de a prototipicidade ser um constructo mais complicado do que a simplicidade/complexidade de um *design*. Podemos afirmar com facilidade se uma página parece confusa ou simples, mas leva um pouco mais de tempo para comparar o *design* efetivo de uma página com a memória ou expectativa de como deve ser uma página daquele tipo.

A combinação ótima parece ser baixa complexidade e alta pro-totipicidade. Ambos os fatores, contudo, precisam ser fortes: um *design* atípico não pode ser salvo pela baixa complexidade, e um *design* complexo não pode ser redimido pela alta prototipicidade.

As primeiras impressões também podem atuar por meio da pré-ativação. As associações desencadeadas pela primeira visualização de alguma coisa podem ativar certos conceitos e emoções que, então, se tornam facilmente acessíveis – afloram na mente com mais espontaneidade – quando observamos o objeto com mais atenção. Por exemplo, a coloração intensa da página que estiver baixando pré-ativa no observador um conjunto de associações que não seriam disparadas por uma página em branco e preto ou com um esquema de cores muito uniforme.

---

[22] Citado em: <http://www.theabp.org.uk/news/the-psychology-of-good-websitede-sign.aspx>. Acesso em: 25 ago. 2016.

[23] TUCH, A. N. *et al*. The Role of Visual Complexity And Prototypicality Regarding First Impression of Websites: Working Towards Understanding Aesthetic Judgments. *International Journal of Human-Computer Studies*, v. 70, n. 11, p. 794–811, 2012.

Conceitos essenciais

Efeito halo: tendência de buscar ou de enxergar qualidades positivas naquilo de que tivemos uma primeira impressão positiva, ou vice-versa.

Beleza visceral: sentimento instintivo, automático, sobre a estética de um *design* visual.

Fatiamento fino: a capacidade de extrair conclusões gerais sobre alguma coisa, com base apenas numa "fatia fina" de informação sobre ela.

Complexidade da imagem: quantidade de detalhes diferentes de um *design* que não se repetem.

Prototipicidade: quão bem um *design* é compatível com o formato ou estrutura de outros *designs* da mesma categoria.

A novidade pode prejudicar a usabilidade

Se um site parece "prototípico" – ou seja, é parecido com os outros sites, ou tem a aparência que esperávamos –, ele, por definição, é não novidade. Portanto, pode haver uma tensão entre novidade e usabilidade. Um exemplo disso é o clamor que costuma se seguir a qualquer mudança no *design* ou na interface do usuário do Facebook.

Se um site de internet tem aparência incomum, temos dificuldade em achar e em usar informações – ou seja, precisamos dispender mais esforço para utilizá-lo. É semelhante à questão familiaridade *versus* novidade que descrevemos no Capítulo 1.

As evidências sugerem que um pouco de novidade pode aumentar a atratividade do site para os usuários, mas que o excesso de novidade provavelmente resulta em confusão. Portanto, o ideal é o equilíbrio ótimo.

Especialista em design *de neuroembalagem*

Os supermercados são como a versão de uma galeria de arte no mundo comercial. Dezenas de milhares de *designs* de embalagem competem por nossa atenção e aprovação à medida que caminhamos entre as prateleiras. A competição é intensa. A frente da caixa de um cereal talvez não tenha o prestígio de um Cézanne. O *design* de um saco de fraldas pode não impressionar um crítico de arte. Entretanto, à sua maneira, as embalagens precisam realizar proeza mais difícil: fazer-nos parar, atrair o nosso olhar e levar-nos a sentir algum tipo de atração emocional. Tudo isso deve ser realizado em meio a competição intensa, de relance, e entre milhões de compradores em todo o mundo.

Considerando a importância do visual das embalagens, não admira que empresas como Procter & Gamble (P&G) estejam ansiosas para aplicar *insights* científicos ao *design*. Prova disso é o empenho em compreender as primeiras impressões, ou, no jargão da área, o "primeiro momento da verdade". É o momento em que estamos diante das prateleiras do supermercado, com os olhos transitando de uma embalagem para outra, decidindo o que pôr no carrinho. É nesse momento que se fazem as marcas globais.

A P&G aprendeu a otimizar esse primeiro momento da verdade: 19 de suas marcas têm vendas anuais acima de US$ 1 bilhão cada. Sejam as embalagens de barbeadores e lâminas Gillette, xampus Head & Shoulders, ou detergentes Ariel, cada uma é o resultado de milhares de homens-hora de *design*, pesquisa e testes para torná-las visualmente tão arrebatadoras e irresistíveis quanto possível.

O doutor Keith Ewart passou vários anos como gerente sênior de *insights* da P&G, trabalhando com as embalagens da empresa. A função dele consistia em descobrir e desenvolver novas técnicas de pesquisa para melhorar a compreensão dos *designs* de embalagem, em especial no começo do ciclo de criação, quando novas ideias estão sendo concebidas.

No exercício de suas atribuições, ele começou a perceber que as maneiras tradicionais de julgar as novas ideias sobre embalagens geralmente sufocavam a inovação e favoreciam as soluções funcionais em prejuízo das soluções emocionais:

> Os designers e engenheiros da P&G são ótimos prototipistas, que adoram testar e aprender, mas algumas das ideias mais vibrantes, pelas quais as equipes tinham paixão, geralmente eram excluídas, porque nós as avaliávamos com base em critérios racionais. Às vezes, ótimas

ideias eram rejeitadas, contra o instinto de todos. Sabendo o que sei agora, acho que adotar abordagens de *neuro design*, como testes de resposta implícita, pode ser extremamente útil na avaliação desses primeiros protótipos.

Os bons *designers* têm a intuição e as competências para desenhar experiências emocionais, mas, historicamente, os gerentes de *insight* não tinham as ferramentas para medir esse impacto emocional. A maioria das pesquisas de mercado quantitativas é explícita, ou baseada em reações do Sistema 2, quando, na realidade, os consumidores veem um produto e têm uma reação automática do Sistema 1. Esse aspecto é especialmente importante em lojas físicas ou on-line, quando o consumidor está navegando num site de internet.

Nessas condições, a decisão não é o resultado de um processo calculista e racional, mas nós a avaliávamos com base em testes racionais do Sistema 2. Só quando começamos a compreender o comportamento – como as pessoas efetivamente compram – e começamos a testar mais no contexto, é que passamos a compreender melhor a decisão. Acredito que os testes de *neurodesign* acrescentam uma camada vital para complementar essa compreensão e para interpretar as primeiras impressões.

Implicações para os *designers*

A principal implicação para os *web designers* é a necessidade de se lembrar de que a primeira visualização de sua *homepage* exercerá influência desproporcional na formação das opiniões dos usuários sobre ficar e explorar o site, ou clicar e sair do site. Embora os fatores de usabilidade sempre recebam muita atenção no desenvolvimento do site, parece intuitivo que a primeira impressão do site pelos usuários pode ser tão ou mais importante.

Também é importante considerar as convenções de *design* para o tipo de site de internet que você está criando. Como os usuários esperam que seja sua página? Será que sua página é muito diferente das páginas dos concorrentes?

Nem todos os *web designers*, porém, terão recursos e softwares para criar uma página cujo teste de primeira impressão dispare imagens para os participantes, em 50 ou 100 milissegundos, mas uma alternativa rápida e fácil é simplesmente mostrar cada página ou *design* durante cinco segundos – esse é um intervalo factível para abrir e fechar uma página em condições controladas. Há até sites de internet que lhe permitirão aplicar esses testes automaticamente (por exemplo, http://fivesecondtest.com/ e https://www.usertesting.com/product/website-usability-testing). É possível, então, pedir aos usuários para avaliar e comentar o que viram no *design*, como se sentiram, quanto o site lhes pareceu confiável, e assim por diante.

No entanto, uma desvantagem dessa abordagem é a impossibilidade de verificar até que ponto as pessoas estão reagindo ao *design* geral de uma página, não ao conteúdo do momento. A maioria dos sites tende a manter seus *designs* durante algum tempo, mas muda regularmente o conteúdo que aparece sob o *design*. As pessoas estão reagindo ao *design* ou estão respondendo a imagens ou palavras específicas, que agora estão no *design*, mas podem mudar a qualquer momento?

Uma solução alternativa,[24] que contorna esse problema, é usar editor gráfico para colocar um filtro espacial baixo numa captura de tela da imagem da página de internet. Esse recurso efetivamente replica o que o sistema visual humano está vendo na janela temporal das primeiras impressões, de cerca de 0,05 segundos. Equivale a vislumbrar uma página com os olhos entreabertos. Você percebe a aparência geral e indistinta do *design*, mas não consegue identificar os detalhes. Simplesmente mostrar a página como imagem completa e regular é admitir que os observadores sejam influenciados pelo conteúdo específico ao relatarem suas reações. Supõe-se que o conteúdo mudará com mais regularidade do que o *design* geral.

Se houver a oportunidade, talvez convenha considerar a demografia dos usuários, em especial, idade, educação, gênero e formação cultural, na medida em que todos esses fatores podem influenciar a qualidade da primeira impressão.

Claro de relance

Os tipos de imagem que se saem bem nas primeiras impressões são geralmente as que são visíveis com clareza em baixas frequências espaciais. Essa é outra maneira de dizer que imagens simples e claras (como vimos no Capítulo 2) normalmente tendem a levar vantagem e a ser mais apreciadas (ver Figura 4.5).

---

[24] THIELSCH, M. T.; HIRSCHFELD, G. Spatial Frequencies In Aesthetic Website Evaluations: Explaining How Ultra-Rapid Evaluations Are Formed. *Ergonomics*, v. 55, n. 7, p. 731–742, 2012.

Essa é provavelmente uma boa regra prática para qualquer imagem que deva ser decodificada com rapidez e reconhecida com facilidade. Por exemplo, as pesquisas mostram que ícones (como os dos smartphones) são mais reconhecíveis de pronto se seus *designs* forem mais claros em frequências espaciais baixas do que em altas.

Figura 4.5: Exemplo de uma página de internet em condições normais (esquerda) e depois de passar por um filtro low-pass (gaussiano) posicionado em 6,1 pixels (direita)

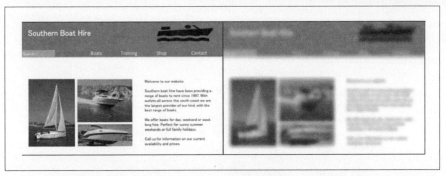

Daí também podem resultar implicações para os ativos visuais distinguíveis e para a iconografia da marca, como logotipos e imagens dos principais produtos. A clareza e a simplicidade das imagens as ajuda em suas primeiras impressões e em sua pronta identificação.

O efeito Mona Lisa

O apelo enigmático da pintura *Mona Lisa* talvez seja devido a um efeito de *neurodesign* denominado *ressonância visuoespacial*.[25] Ele depende da maneira como as imagens são apresentadas em diferentes níveis espaciais: as imagens em baixa frequência espacial são confusas quando vistas de perto, mas ficam nítidas quando vistas à distância; já as imagens em alta frequência espacial são claras de perto. A *Mona Lisa* tem detalhes em ambas as frequências espaciais. Quando vista de perto, ela não parece estar sorrindo. Mas há certos detalhes na pintura (um

---

[25] SETLUR, V.; GOOCH, B. Is That A Smile?: Gaze Dependent Facial Expressions. In: PROCEEDINGS OF THE 3RD INTERNATIONAL SYMPOSIUM ON NON-PHOTOREALISTIC ANIMATION AND RENDERING, 2004, Annecy (FRA). p. 79–151.

leve sombreamento em torno dos cantos da boca), em baixa frequência espacial, que a fazem parecer ligeiramente sorridente quando vista à distância e de soslaio, ou obliquamente. É a chamada expressão facial dependente do olhar. Essa técnica pode ser usada para adicionar detalhes intrigantes a imagens que são vistas de diferentes distâncias, como pôsteres.

Figura 4.6: Exemplo de texto em baixa e alta frequências espaciais. Vista de perto, a palavra "High" é clara, mas quando vista à distância, a palavra "Low" fica mais clara

Fonte: Agradeço a Dan Jones por esta imagem

Estudo de caso: Primeiras impressões de um site de internet e o cérebro

Em um estudo no qual trabalhei para uma empresa de software, Radware, mostramos a 30 pessoas três diferentes sites de varejo, que estavam baixando de diferentes maneiras. Por exemplo, um método era carregar tão rapidamente quanto possível.

Enquanto viam as páginas, estavam conectados a sensores de eletroencefalograma, que mediam continuamente a atividade do cérebro. Uma das manifestações que captávamos era o grau de atração emocional que atribuíam às páginas durante a visualização.

Os dados do eletroencefalograma mostraram uma ligação estatisticamente válida entre os padrões de atração que as pessoas sentiam pela página nos primeiros 5 segundos, enquanto ela ainda estava baixando, e sua reação final à página, depois que ela tinha baixado totalmente e ficou visível na tela durante pelo menos 10 segundos. Embora relativamente de curto prazo, esse efeito mostra que as primeiras impressões podem se formar mesmo antes de a página estar totalmente carregada e até de as pessoas terem a chance de, conscientemente, ler e considerar seu conteúdo.

Resumo

- Os usuários de internet formam um rápido julgamento emocional "gosto ou não gosto" de uma página em menos de 0,05 segundos.
- O principal indutor das primeiras impressões parece ser o nível de complexidade da página.
- As cores também desempenham papel significativo, embora a influência da complexidade e da coloração pareça variar de acordo com a idade, a cultura, o gênero e a educação do usuário.
- Ao testar a reação do usuário aos *designs* e aos *layouts* de uma página de internet, talvez seja melhor começar com o apelo estético geral, pondo primeiro a imagem sob um filtro espacial baixo para obscurecer os detalhes e replicar o que as pessoas veem nos primeiros 0,05 segundos.
- Se você estiver inseguro sobre a complexidade da sua página e não tiver condições de testá-la, pense em errar no lado de ligeiramente simples demais, em vez de ligeiramente complexa demais.

DESIGN MULTISSENSORIAL E EMOCIONAL

05

Figura 5.1: Os japoneses fizeram da graciosidade uma forma de arte chamada kawaii. As imagens disparam nossas reações parentais aos bebês, com as pistas visuais de grandes olhos e cabeças

LOUIS CHESKIN FOI um homem à frente de seu tempo. Psicólogo, nascido na Ucrânia, Cheskin trabalhou em pesquisa de mercado e fez numerosas contribuições significativas. Por exemplo, ajudou a converter a margarina em produto de sucesso, recomendando que a sua cor fosse alterada de branco para amarelo. Com base em sua abordagem ao *design*, Cheskin também previu corretamente, em contraste com a expectativa predominante na época, que o carro Ford Edsel fracassaria no mercado, enquanto o Ford Thunderbird seria um sucesso (Figura 5.2). Depois disso, Henry Ford o contratou.

Figura 5.2: Um Ford Thunderbird 1957

FOTO DE USUÁRIO: Exposição Fabulous Fords Forever, em Knotts Berry Farm, Buena Park, Califórnia, EUA, em 17/abril/2005; https://commons.wikimedia.org/wiki/File:1957_Ford_Thunderbird_white.jpg

Cheskin estava à frente de seu tempo ao compreender que apenas perguntar aos consumidores o que acham de um *design* pode ser ilusório. Em lugar de questionários, ele preferia confiar em estudos e experimentos de observação. Por exemplo, em um teste, a equipe enviou a um grupo de consumidores três desodorantes idênticos, cada um com uma cor diferente. Como ele esperava, os consumidores não perceberam que os produtos eram idênticos e expressaram preferência por um em relação aos outros.

As empresas de pesquisa de mercado só agora estão se dando conta da importância do inconsciente e adotando métodos de pesquisa que medem reações não conscientes. Acho que, se estivesse trabalhando hoje, Cheskin usaria métodos de neuropesquisa.

Outro de seus *insights* foi que as pessoas não podem deixar de transferir seus sentimentos sobre o *design* do produto ou da embalagem para o produto em si. Ele chamou esse processo de *transferência de sensação*. É semelhante ao efeito halo que examinamos no Capítulo 4: impressões positivas iniciais provocadas por um bom *design* leva as pessoas a sentir que o produto ou serviço é positivo sob todos os aspectos. Também é semelhante às descobertas das pesquisas sobre cognição incorporada, tema que analisaremos mais adiante, neste capítulo. Por exemplo, as pessoas perceberão um objeto como mais importante se for mais pesado. Um objeto macio pode parecer mais pesado porque a superfície macia nos obriga a segurá-lo com mais firmeza, e nós, inconscientemente, associamos pegada firme a objeto mais pesado. Os aspectos sensoriais de um *design* podem influenciar nossa percepção dele.

Como vimos no Capítulo 1, as tecnologias digitais estão espalhando imagens como nunca antes. Os humanos, porém, são seres multissensoriais: toque, sabor e cheiro também são importantes para nós. Cada sentido é, potencialmente, uma via para oferecer experiências prazerosas e emocionalmente engajadoras. Entretanto, infelizmente, em nosso mundo de papel e tela, esses canais de comunicação nem sempre estão disponíveis para os *designers*. No entanto, há maneiras indiretas de explorá-los.

Ativando outros sentidos via efeitos visuais

Em geral, o cérebro mistura informações dos diferentes sentidos para nos dar uma percepção integral do que estamos vendo. Por exemplo, quando observamos alguém falando, ouvimos a voz ao mesmo tempo em que vemos a boca se movimentando. Os dois fluxos de informação – visual e sonoro – se combinam; ambos nos indicam a mesma coisa. Assim, o cérebro se certifica do que está acontecendo, uma vez que os diferentes sentidos estão alinhados, e a experiência se torna mais forte. O cérebro age assim o tempo todo; é a chamada *integração multissensorial*. A implicação disso para o *design* é que, se uma imagem pode sugerir diferentes informações sensoriais, reforçando o que os elementos visuais estão representando. O conjunto fornece uma experiência mais forte para o cérebro.

Outro aspecto da integração multissensorial se manifesta em aproximadamente 5% da população, que tem sinestesia. É quando o cérebro combina espontaneamente diferentes percepções sensoriais, mesmo que efetivamente não estejam ocorrendo por captação dos sentidos. Por exemplo, ver letras ou números pode disparar a sensação de diferentes cores e sons em quem tem sinestesia. Em geral, essas associações são muito individuais. No entanto, às vezes, podem ser mais universais. Por exemplo, as pesquisas mostram que numerosas qualidades se associam mentalmente a cores. Aí se incluem quente-frio, seco-úmido, sensível-dormente e transparente-opaco.[1]

As letras disparam associações com cores?

Exemplo interessante de sinestesia é a associação de cores com letras. Quando alguém com sinestesia letra-cor vê letras em preto e branco, as áreas do cérebro visual que processam cores se tornam ativas.[2] Essa mistura de letras e cores pode ocorrer porque as áreas do cérebro que processam letras e cores estão próximas uma da outra. Um estudo pediu a crianças e adultos para encontrar determinadas letras, ocultas dentro em uma de duas caixas, cobertas com tecidos de diferentes cores.[3] Os experimentadores registraram em que caixas as pessoas procuravam as letras, e, assim, constataram as seguintes associações:

- "O" e branco.
- "X" e preto.
- "A" e vermelho.
- "G" e verde.

Essas associações não parecem ser induzidas pelo som das letras. Os experimentadores chegaram a essa conclusão porque um grupo de crianças que participou do estudo ainda não sabia ler e tivesse essas associações sem conhecer o som das letras. Embora associações com o significado das palavras talvez tenham exercido alguma influência em A ser associado a vermelho (A é a letra de *apple*, maçã, que geralmente é vermelha) e G a verde (G é a primeira letra de *green*, verde). Os dois principais indutores das associações cor-letra parecem ser a forma da letra e a inicial da palavra que designa a cor, ou algo muito ligado à letra que geralmente é daquela cor.

Outras pesquisas sobre as associações cor-letra confirmaram a associação "A=vermelho", não só para falantes de inglês, mas também para

---

[1] ALBERTAZZI, L.; KOENDERINK, J. J.; VAN DOORN, A. Chromatic Dimensions Earthy, Watery, Airy, and Fiery. *Perception*, v. 44, n.10, p. 1153–1178, 2015.

[2] HUBBARD, E. M. *et al.* Individual Differences Among Grapheme-Color Synesthetes: Brain-Behavior Correlations. *Neuron*, v. 45, n. 6, p. 975–985, 2005.

[3] SPECTOR, F.; MAURER, D. The Colour of Os: Naturally Biased Associations between Shape and Colour. *Perception*, v. 37, n. 6, p. 841–847, 2008.

falantes de holandês e hindi.[4] Os pesquisadores recrutaram falantes de holandês, em Amsterdã; de inglês, na Califórnia; e de hindi, entre indianos natos residentes na Califórnia. Esses participantes foram incumbidos de atribuir conscientemente cores a letras e a dias da semana. Embora os participantes em geral expressassem a sensação de que suas respostas eram ao acaso (sugerindo que não tinham conhecimento dessas associações), os padrões emergiram com clareza nos resultados de diferentes pessoas.

Constatou-se certo acordo entre os grupos de três idiomas, principalmente de A com vermelho e de B com azul, como os padrões mais fortes. O Quadro 5.1 mostra as cores escolhidas com mais frequência (com a porcentagem de pessoas que as escolheram) para cada letra testada (infelizmente, o teste não abrangeu todas as letras do alfabeto).

Quadro 5.1: Associações letra-cor

Letra	Associação mais frequente com cor
A	Vermelho
B	Azul
D	Marrom
E	Verde
F	Vermelho
H	Marrom
K	Marrom
I (I maiúsculo)	Branco
I (L minúsculo)	Amarelo
N	Marrom
S	Verde
T	Verde
U	Azul
W	Branco

---

[4] ROUW, R. *et al.* Color Associations for Days and Letters across Different Languages. *Frontiers in Psychology*, v. 5, p. 1–17, 2014.

Um estudo descobriu que mais de 6% dos americanos com sinestesia tinham associações cor-letra compatíveis com um conjunto de letras coloridas de ímãs de geladeira produzidos pela empresa de brinquedos Fisher-Price, que eram muito populares nas décadas de 1970 e 1980.[5] Em outras palavras, é possível que, inconscientemente, tenham aprendido essas conexões entre certas letras e cores na infância, depois de tanto as verem na porta da geladeira (embora, evidentemente, também seja possível que o criador dos ímãs também tenha algum tipo de sinestesia compatível com a dos 6% dos americanos, e, portanto, faziam as mesmas associações entre cor e letra!).

Assim como a associação de letras com cores, lembre-se do chamado efeito "Stroop", ao usar nomes de cores. É simplesmente o fato de ser mais fácil ler nomes de cores quando a fonte é da cor a que se refere a palavra do que quando é de cor diferente.

Associações de cores com dias

Os pesquisadores desse estudo já mencionado também testaram as associações entre cores e dias da semana.

Domingo e segunda-feira apresentaram a maior consistência, com domingo se associando mais a branco e amarelo, nos três grupos linguísticos, enquanto segunda-feira evocava mais azul ou vermelho.

Para falantes de inglês, as associações mais comuns entre cores e dias da semana estão relacionadas a seguir (com a porcentagem de pessoas que fizeram essa associação):

Segunda-feira = vermelho (32%)
Terça-feira = amarelo (27%)
Quarta-feira = verde (31%)
Quinta-feira = verde (25%)
Sexta-feira = azul (21%)
Sábado = azul (22%)
Domingo = branco (20%)

O fato de vermelho ser associado tanto com a letra A quanto com segunda-feira (que frequentemente é considerado e apresentado

---

[5] Disponível em: <http://blogs.discovermagazine.com/d-brief/2015/03/04/synesthesia-based-alphabetmagnets/#.V4JBg_R4WnO>. Acesso em: 25 ago. 2016.

nos calendários como o primeiro dia da semana) pode resultar de uma ligação entre a primeira letra e o primeiro dia das respectivas sequências, e de ser a cor que com mais frequência desponta na mente das pessoas. Também é possível que vermelho seja simplesmente a cor mais fácil de se lembrar.

As formas têm cores?

Outras pesquisas analisaram as associações entre formas e cores.[6] Os resultados mostraram que as associações mais fortes são de triângulos com amarelo e de círculos e quadrados com vermelho.

A análise dos resultados revelou que a ligação de formas com cores era influenciada por dois tipos de associações: o calor ou frieza das cores e seu brilho. Por exemplo, vermelho é associado a calor, enquanto verde e azul são associados a frieza. Amarelo é naturalmente brilhante, enquanto preto é naturalmente escuro. Círculos e triângulos foram considerados quentes; o losango, frio; o quadrado, escuro.

Nossas preferências por cores e formas parecem estar interligadas e conectadas às associações sensoriais e emocionais que temos com elas. Essas associações não são absolutas, mas sim tendências que permeiam as populações. Há ainda variações individuais entre as pessoas.

As formas também podem impulsionar nossas associações com diferentes informações sensoriais. As cores podem afetar nossa percepção de sabor. Por exemplo, vermelho tende a acentuar nossa percepção de doçura, enquanto verde a enfraquece. Assim é porque evoluímos para reconhecer o grau de amadurecimento das frutas. Curvas e círculos também podem disparar nossas associações com doçura, enquanto formas pontiagudas provocam a sensação de amargura. Um exemplo dessa última é a estrela vermelha em garrafas de água gasosa San Pellegrino (sendo a água gasosa um tanto amarga). Parece que nossos sentidos estão profundamente interconectados no cérebro. Enquanto as pessoas com sinestesia têm consciência disso, é possível que a maioria das pessoas estabeleça essas conexões em nível inconsciente.

Fotografia de alimentos é outro exemplo de como as imagens podem evocar diferentes sentidos. Em anúncios e embalagens, elas se

---

[6] ALBERTAZZI, L. *et al*. The Hue of Shapes. *Journal of Experimental Psychology: Human Perception and Performance*, v. 39, n. 1, p. 37, 2013.

tornaram mais sofisticadas nos últimos anos, com mais cuidado na composição e mais uso de imagens em alta definição. As boas fotografias de alimentos exploram técnicas como:

- Alta definição: as imagens em alta definição podem revelar detalhes atraentes, denotando mais textura, crocância, cobertura açucarada, cores mais sutis, borbulhas em bebidas, e alimentos ou bebidas quentes fumegantes.
- Sinais de frescor: a textura do alimento deve parecer viçosa, evitando qualquer coisa que sugira ranço e, no caso de alimentos quentes, esfriamento (sob esse aspecto, vapor pode ser útil). No caso de frutas, verduras e legumes, a aparência úmida e brilhante pode sugerir viço.
- Indícios de que o alimento está pronto para ser saboreado: aspectos que sugiram que o alimento está pronto para ser comido ajuda a atiçar o apetite. Movimento é uma maneira. Mostrar uma bebida sendo vertida numa taça, ou uma sobremesa sendo recoberta por creme, por exemplo. Também vale mostrar uma faca, garfo ou colher perto dos alimentos, ou imergindo neles.

As cores também podem ser associadas a diferentes marcas ou categorias de produtos por meio de visualizações reiteradas. Por exemplo, azul-claro geralmente é usado em detergentes ou sabonetes. Tons de azul em produtos alimentícios podem, neste exemplo, desencadear associações inconscientes com saponáceos, comprometendo sua apetência. Ao considerar uma cor específica para certo uso, convém pesquisá-la em imagens do Google para rápida verificação do risco. Por exemplo, ao escolher a cor de uma embalagem de produto alimentício, supõe-se que você queira evitar uma tonalidade que apareça frequentemente em detergentes e produtos de limpeza em geral. Essas conexões são registradas na mente inconsciente dos consumidores e podem comprometer o apetite.

Cores

As cores, na verdade, não existem, objetivamente; elas surgem como resultado da maneira como o cérebro interpreta a luz. Conforme disse Sir Isaac Newton, "os raios luminosos, falando em termos apropriados, não têm cor. Neles, não há nada mais que certo poder e disposição para despertar uma sensação desta ou daquela cor".[7]

A percepção de cores diferentes é uma questão que tem sido ponderada pelos filósofos há séculos.Você provavelmente já vivenciou a situação de apontar para alguma coisa e descrevê-la com determinada cor, enquanto alguém ao seu lado vê o objeto com outra cor. Um famoso trabalho sobre filosofia, publicado na década de 1970, intitulado "Como é ser morcego?" observa que, embora todos habitemos o mesmo mundo, nunca conhecemos as percepções alheias, como as de cor.[8] Talvez seja fácil medir o cérebro dos outros, mas não conhecer realmente a mente alheia.

A cultura também nos ensina a ser sensíveis às diferenças de cor. Por exemplo, alguns acadêmicos constataram certa escassez da palavra "azul" em textos antigos, como na *Odisseia*, o que os levou a especular quanto à própria universalidade da percepção do azul. Curiosamente, um experimento com a tribo Himba, na Namíbia – que não tem um termo para designar a cor "azul" –, mostrou que esse povo tinha dificuldade em localizar um quadrado azul entre um conjunto de quadrados verdes. Eles, porém, eram hábeis em identificar um quadrado em tom de verde ligeiramente diferente, entre uma série de quadrados verdes, algo muito difícil para a maioria dos europeus.[9]

Efeito cromoestereópico

Diferentes cores – isto é, comprimentos de ondas de luz – atingem nossos olhos de diferentes maneiras. Em consequência desse efeito, é difícil para nós focar tanto em azul quanto em vermelho quando essas cores estão perto uma da outra. Em consequência, parece desconfortável olhar para essa combinação de cores.Também dificulta enxergar a cor "azul cobalto", porque essa tonalidade é uma mistura de vermelho e azul. Outro aspecto desse conflito é que os objetos ou textos vermelhos em fundo

---

[7] Citado em: ZEKI, S. Splendours and Miseries of the Brain. *Philosophical Transactions of the Royal Society of London B, Biological Sciences*, v. 354, n. 1392, p. 2053–2065, 1999.

[8] NAGEL, T. What Is It Like To Be A Bat? *The Philosophical Review*, v. 83, n. 4, p. 435–450, 1974.

[9] Disponível em: <http://www.iflscience.com/brain/when-did-humans-start-see-color-blue>. Acesso em: 25 ago. 2016.

> azul parecem flutuar sobre a superfície, embora outras pessoas te-
> nham a percepção exatamente oposta. O efeito flutuação também
> pode ocorrer com amarelo sobre azul e verde sobre vermelho.
> Em outras palavras, a regra geral é que se você mistura essas cores
> para destacar alguma coisa, ou para fazê-las flutuar, geralmente
> é melhor usar cores mais quentes em cima de cores mais frias.

As cores, é óbvio, nos afetam emocionalmente. As crianças pequenas geralmente consideram importante definir a sua cor preferida; em
nossas compras dispendiosas, como a de um carro, a cor frequentemente
é variável crítica; e as pessoas pintam as paredes da casa para criar certa
ambientação e predisposição. A maioria das pessoas compreende, por
exemplo, que uma sala fria – como a que recebe pouca luz do sol –
pode ser aquecida por uma pintura em cor quente, como laranja ou
vermelho. As preferências por determinadas cores parecem altamente
pessoais, mas há padrões universais?

As pesquisas mostram que os ocidentais geralmente preferem cores
frias, como verde e azul, a cores quentes, como amarelo e vermelho.[10]
No todo, azul é a preferência universal entre as culturas, talvez por causa
de sua associação com a atmosfera e com os oceanos. Ao contrário,
amarelo escuro não é apreciado por várias culturas. No sentido oposto,
as cores com comprimentos de ondas mais longos, como vermelho,
evocam níveis mais altos de vibração emocional. Portanto, dois são
os efeitos exercidos pelas cores: efeito avaliativo, ou de apreciação, e
efeito de excitação.

Vermelho, em especial, exerce um efeito universal, que, provavelmente, tem uma explicação evolutiva. Vermelho é sinal de calor extremo,
de sangramento. Vermelho geralmente se usa como cor de advertência,
como em sinais de parada ou de perigo. Também há evidências de que
as pessoas demonstram menos força quando enfrentam um adversário
vestido de vermelho. As pesquisas mostram que os atletas olímpicos
em esportes de combate são mais propensos a vencer quando vestem
vermelho do que quando usam azul.[11]

---

[10] PALMER, S. E.; SCHLOSS, K. B.; SAMMARTINO, J. Visual Aesthetics and
Human Preference. *Annual Review of Psychology*, v. 64, p. 77–107, 2013.

[11] HILL, R. A.; BARTON, R. A. Psychology: Red Enhances Human Performance
In Contests. *Nature*, v. 435, n. 7040, p. 293, 2005.

A tendência à submissão na presença de vermelho, curiosamente, também ocorre entre macacos. Em um estudo, dois pesquisadores, um homem e uma mulher, entraram numa colônia de macacos rhesus, e colocaram uma maçã diante de si, na presença dos macacos. Na maioria das vezes, os macacos avançaram e pegaram a maçã. Nas diferentes ocasiões, os pesquisadores usavam roupas vermelhas, azuis ou verdes. Quando estavam usando roupas vermelhas, os macacos não pegavam a maçã diante dos pesquisadores. Não fazia diferença se o pesquisador era homem ou mulher, constatando-se em ambos os casos a submissão ao vermelho.[12] Essa submissão ao vermelho pode ser um subproduto evolucionário do reconhecimento de quando o rosto de um adversário enrubescia de raiva, sugerindo um ataque iminente.

Esse efeito também pode ocorrer quando estamos sendo julgados, mesmo que não em confronto direto com outra pessoa. Um estudo revelou que a exposição ao vermelho prejudicava o desempenho das pessoas em testes de QI.[13] Os pesquisadores admitiram a hipótese de que vermelho nos lembra da possibilidade de fracasso, deixando-nos mais nervosos ao competir ou ao nos esforçar ao máximo. O *designer* David Kadavy, no livro *Design for Hackers* (2011), especula se esse efeito também poderia nos deixar menos racionais e mais abertos a apelos emocionais num contexto de varejo.[14] Ele observa como a Target, varejista dos Estados Unidos, que usa muito o vermelho em suas lojas, parece tornar as pessoas propensas a gastar mais do que pretendiam. Talvez o vermelho também nos torne mais "submissos" às alegações do varejista (por exemplo, sinais vermelhos alardeando uma oferta especial) ou obscureça nosso raciocínio e estimule resposta mais emocional.

Outro tipo de visão de cor

Já há muito tempo os cientistas conhecem as células bastonetes e cones em nossos olhos, que sentem a luz e nos permitem

---

[12] KHAN, S. A. Red Signals Dominance In Male Rhesus Macaques. *Psychological Science*, v. 22, n. 8, p. 1001–1003, 2011.

[13] ELLIOT, A. J. Color and Psychological Functioning: The Effect of Red on Performance Attainment. *Journal of Experimental Psychology: General*, v. 136, n. 1, p. 154, 2007.

[14] KADAVY, D. *Design for Hackers: Reverse Engineering Beauty.* Londres: John Wiley & Sons, 2011.

ver. Os bastonetes são muito sensíveis à luz e dependemos deles inteiramente para enxergar em condições de baixa luminosidade. Os bastonetes, porém, não percebem cores. Por isso é que, à noite, as coisas parecem mais preto e branco.

Há três tipos de células cones: um mais sensível ao azul claro; outro, ao verde; e o terceiro, ao vermelho. Comparando os *inputs* dessas células, o cérebro computa as cores do que estamos vendo. Temos cerca de 120 milhões de células bastonetes e 6 milhões de células cones em cada olho.

Em fins da década de 1990, porém, um novo tipo de célula sensível à luz foi descoberto. O fotopigmento melanopsina são células sensíveis ao azul claro, mas, em vez de nos ajudar a formar nossa percepção visual consciente do que estamos vendo, elas alimentam o relógio corporal do cérebro e áreas envolvidas nas emoções. O sol nascente matutino ou os dias ensolarados do verão provocam mudanças hormonais que nos deixam mais positivos e vigorosos do que no meio da noite ou sob a luz tênue do inverno.

Os cientistas supunham que era só a intensidade da luz que regulava o ritmo circadiano do nosso relógio interno. Agora, porém, parece que nosso relógio interno depende mais da exposição ao azul claro ou a seu oposto: o amarelo-laranja. Enquanto a luminosidade amarela dominava a visão de nossos ancestrais por volta do nascente, ou mais tarde, no poente (quando eles estavam mais ativos), nos crepúsculos matutinos e vespertinos, era sob a luminosidade mais azulada à noite e no meio do dia que eles dormiam ou se recolhiam, para evitar a radiação ultravioleta do sol mais causticante. Talvez isso explique por que associamos as cores amarelo e laranja a energia e vitalidade (por exemplo, o ícone clássico da face sorridente é tipicamente amarelo), enquanto associamos a cor azul a quietude e aconchego.[15]

Daltonismo

Cerca de 8% dos homens e 0,5% das mulheres são daltônicos. Várias são as formas de daltonismo, mas o tipo mais comum é redução

---

[15] Disponível em: <http://www.livescience.com/21275-color-red-blue-scientists. html>. Acesso em: 25 ago. 2016.

da sensibilidade à distinção entre cores compostas de vermelho e verde. Na verdade, isso significa que muitas cores parecerão indistintas para pessoas daltônicas.

Ao criar *designs*, em especial os que precisam ser eficazes para os homens, é importante verificar a combinação de cores. Dispõe-se de simuladores de daltonismo on-line (como http://www.color-blindness.com/coblis-color-blindness-simulator/), onde é possível fazer o *upload* de imagens e verificar como elas parecerão para pessoas com diferentes formas de daltonismo.

Cognição incorporada

Às vezes, os consumidores se queixam de que os produtos parecem "leves demais" (o iPhone 5 era alvo desse tipo de crítica). É uma objeção um tanto estranha: por que os consumidores não gostariam de um produto leve? Não seria a leveza uma vantagem, na medida em que torna o produto mais portátil e menos incômodo? A pista é o próprio termo "leve", ou leveza. Usamos "leve" como metáfora de alguém ou de alguma coisa que careça de valor e importância. O cérebro frequentemente usa essas metáforas – resultantes de nossa compreensão do mundo com base em nossos sentidos e movimentos corporais. Os psicólogos se referem a essa forma de pensamento intuitivo como *cognição incorporada*.

Refletindo a esse respeito, tirar conclusões sobre marcas e produtos com base nessas metáforas sensoriais é um pouco irracional. Afinal, depreciar um produto só porque ele parece leve demais não atende a nenhum propósito. Essas conexões, porém, são atalhos mentais, reações inconscientes a que estamos sujeitos o tempo todo.

Várias propriedades físicas, como frio, quente, áspero, suave, leve, pesado são consideradas, inconscientemente, em ampla gama de associações. Os produtos e as lojas da Apple usam materiais que parecem macios, presumivelmente para conotar suavidade e facilidade no uso de seus produtos. Por exemplo, em smartphones e tablets, os gestos de deslizar o dedo sobre a tela, de cima para baixo, em direção a nós mesmos, pode fazer com que apreciemos mais o objeto, como ao puxar alguma coisa para nós, em gesto de aceitação.

Associações com o som das palavras

Muitas palavras têm raízes que podem ser rastreadas a pelo menos 8.000 anos atrás, e provavelmente resultaram do som que produzem e pela forma da boca ao serem pronunciadas.[16] Por exemplo a pronúncia da palavra "open" (aberto, abrir) em inglês inclui o som "pê". Ao juntar os lábios e depois abri-los para pronunciá-la, a boca executa um movimento que corresponde ao significado do som. Do mesmo modo, ao dizer "*mei*", movimentamos os lábios na forma de um sorriso, e o som é a raiz da palavra "smile" (sorriso, sorrir) em inglês. Essa é, provavelmente, a maneira como surgiram muitos de nossos vocábulos, e faz com que as palavras pareçam intuitivamente certas. Sob certo aspecto, esse processo etimológico ancestral é produto da cognição incorporada, na medida em que reproduz o movimento do corpo no significado que estamos tentando transmitir.

O Quadro 5.2 mostra alguns exemplos desses sons linguísticos antiquíssimos, que conferem às palavras modernas uma percepção intuitiva.

Quadro 5.2: Como as palavras evoluíram a partir significado dos sons

Som	Significado	Exemplo de palavras modernas
Ak	rápido ou agudo	Acrobat, acute, equine, acid
An	respirar (e estar vivo)	Man, animated, animal
Em	comprar	Emporium, premium
Kard	coração	Cardiac, Courage
Luh	brilhar	Lunar, lustre, luxury
Mal	sujo	Malady, Malign, malaria, melancholy
Mei	sorrir	Miracle, marvellous, smirk
Min	pequeno	Minimum, mite, minus
Prei	primeiro	Prize, praise, prime
Re	ir para trás, recuar	Reverse, retro, rear, rescue
Spek	ver	Spectacles, inspector
War	guardar	Wardrobe, warden, beware

---

[16] STEVENS, C. *Written in Stone.* Londres: Penguin Random House, 2014. O interessante é que, se um falante de uma das línguas indo-europeias fosse capaz de retornar à Idade da Pedra, muitas palavras lhe seriam reconhecíveis, como *thaw, path, halp* (*help*), *lig* (*lick*), *mur* (*murmur*), *ieh* (*yes*), *neh* (*no*).

O conhecimento de que certos sons são capazes de criar associações instintivas pode ser útil na escolha de palavras-chave que suscitem ligações emocionais ou denotativas. Os *designers* e profissionais de marketing em busca de palavras expressivas para marcas ou produtos ou para a composição de títulos devem: 1) refletir sobre as associações emocionais ou denotativas evocadas pela palavra; 2) atentar para a maneira como a boca e o rosto se movimentam ao dizer a palavra. Sua boca está tomando a forma de um sorriso? Os lábios estão se contraindo ou se abrindo?

A heurística do *afeto*

Heurística são atalhos mentais que usamos para tomar decisões. No Capítulo 7, veremos mais exemplos de heurística; uma delas, porém, é diretamente relevante para o engajamento emocional. A heurística do *afeto* se refere a situações em que as pessoas tomam decisões usando o atalho mental de como se sentem, mesmo que, em termos estritos, o processo talvez seja irracional. Na linguagem do dia a dia, dizemos que alguém está seguindo seus instintos. Isso tem a ver com as primeiras impressões e com os efeitos halo que examinamos no Capítulo 4. A simples criação do sentimento positivo pode ser suficiente para influenciar a escolha.

Os estímulos emocionais podem enviesar nossas decisões sem que estejamos conscientes dessas influências. Em um experimento, os participantes se sentaram em frente a uma tela, onde despontou uma face sorridente, carrancuda ou neutra, durante apenas 1/250 de segundo – o suficiente para a imagem ser percebida apenas em nível inconsciente. Os participantes, em seguida, foram expostos a caracteres ideográficos chineses e incumbidos de avaliar quanto gostaram deles. Os participantes que viram os caracteres depois de terem visto a face sorridente se mostraram mais propensos a gostar dos caracteres do que os participantes que antes tinham visto a face carrancuda ou a face neutra.[17]

A heurística do afeto salienta a importância de suscitar uma reação instintiva positiva sobre um *design*, usando elementos – como faces sorridentes – que tendem a induzir as pessoas a se sentirem bem. Mostrar pessoas interagindo com o seu produto ou serviço pode contribuir para o engajamento emocional. Somos mais sensíveis a coisas que tocam nossas mãos ou face; portanto, as imagens de objetos em

---

[17] WINKIELMAN, P.; ZAJONC, R. B.; SCHWARZ, N. Subliminal Affective Priming Resists Attributional Interventions. *Cognition & Emotion*, v. 11, n. 4, p. 433–465, 1997.

contato com as mãos ou face de alguém podem ser mais evocativas sensorialmente ou engajadoras emocionalmente.

Rostos

Uma das maneiras mais fáceis e mais eficazes de propiciar respostas emocionais é com imagens de rostos. O cérebro tem regiões exclusivas para o processamento de rostos, e podemos detectar indícios de emoção nas fisionomias em cerca de 100 milissegundos. Nosso cérebro emocional é tão sensível na percepção de rostos que, às vezes, nós os vemos mesmo quando não estão presentes, fenômeno conhecido como *pareidolia facial* – por exemplo, perceber rostos em nuvens e até em formações rochosas. Essa tendência talvez seja uma consequência inevitável em qualquer sistema sensível à detecção de faces, tanto que também se manifesta em softwares de identificação de rostos.

As imagens de rostos são mais eficazes em formatos maiores. Em telas de smartphones, as expressões faciais são menos claras. Essa é uma das razões por que, apesar de as pessoas passarem mais tempo olhando para telas de dispositivos móveis, as telas de TV e cinema ainda serem as melhores para anúncios que pretendem despertar engajamento emocional. Em estudos nos quais monitorei os participantes usando eletroencefalograma enquanto viam anúncios em televisão, constatei a tendência dos espectadores de se engajarem emocionalmente em relação a rostos voltados para a câmera e de se desligarem quando os mesmos rostos se afastavam da câmera.

Em 1973, o estatístico americano Herman Chernoff sugeriu que se explorasse a sensibilidade das pessoas a faces para ilustrar dados. No intuito de ilustrar variações em torno da média, Chernoff sugeriu partir de um desenho padrão de um rosto e depois alterar aspectos como formato da face, boca, distância entre os olhos, e assim por diante. Por exemplo, em vez de usar um gráfico, seria possível mostrar a diferença nos números a serem ilustrados variando a largura ou o comprimento de uma série de rostos idênticos quanto aos demais aspectos.

Emojis

Emojis são um recuo às origens pictográficas da escrita. Só com os gregos antigos é que letras abstratas foram organizadas em linguagem escrita. Até então, predominavam sistemas pictóricos, como os hieróglifos egípcios. Os caracteres emojis foram criados na década de 1990, por uma empresa japonesa de telefonia móvel. O termo é uma combinação das palavras japonesas correspondentes a imagem (e) e caractere (moji). Como somos muito sensíveis no reconhecimento de expressões emocionais em faces, os emojis são excelente atalho para transmitir emoções, sem a necessidade de expressá-las em palavras que descrevam o tom e o contexto da mensagem. Vyvyan Evans, professor de Linguística da Universidade de Bangor, sugeriu que os caracteres emojis são agora a linguagem em mais rápido crescimento do mundo.[18]

O vale da estranheza

As pessoas, em geral, gostam de ver rostos; muitas, porém, sentem um desconforto visceral ao ver rostos artificiais, como alguns gerados por computador ou os de robôs. O efeito vale da estranheza é, com frequência, induzido principalmente por olhos artificiais, que podem parecer estranhamente frios e mortiços. Processamos espontaneamente muitas informações ao observar faces de pessoas, e identificamos com facilidade qualquer imperfeição. Por exemplo, a falta de movimento na metade superior de um rosto quando a pessoa está falando pode fazê-lo parecer pouco natural.

Efeito semelhante pode ocorrer com imagens geradas por computador. As pessoas geralmente se queixam de que os filmes de hoje, com efeitos especiais, parecem, paradoxalmente, piores do que filmes semelhantes feitos na década de 1990. Se a computação gráfica e a velocidade de processamento melhoraram, os efeitos de hoje deveriam parecer melhores; no entanto, eles frequentemente geram a percepção de menos realismo e impacto. Isso talvez ocorra porque, na infância dos efeitos por computação gráfica, os cineastas estavam sujeitos a limites quanto ao seu uso: por exemplo, a composição de um dinossauro por computação gráfica sobre o plano de fundo de imagens reais no filme *Jurassic Park*, enquanto hoje também é possível produzir planos de fundo totalmente gerados por computador, assim como os próprios personagens. Portanto, em algumas cenas, nada é efetivamente "real".

---

[18] LUCAS, G. *The Story of Emoji*. Londres: Prestel Verlag, 2016.

Embora as pessoas tenham dificuldade em definir conscientemente por que a tomada parece natural ou artificial, elas ainda ficam com a sensação inconsciente de que algo é falso.

O neuroanalista de cinema

Ernest Garrett é apaixonado por usar a psicologia evolucionista para compreender o que torna um filme sucesso ou fracasso. Como leitor de roteiros bem-sucedido de Hollywood durante muitos anos, o trabalho dele era avaliar milhares de roteiros e romances para descobrir os que tinham mais potencial de se transformar em filmes populares.

Ele agora tem um canal popular no YouTube – StoryBrain (https://www.youtube.com/user/StoryBrain) – em que explica suas teorias, com base nos fatores implícitos que têm apelo para o cérebro:

> Nosso cérebro é extremamente sensível em captar imagens visuais que simplesmente não parecem reais, o que se tornou um problema para Hollywood, na medida em que cada vez mais filmes estão enchendo fotogramas inteiros com imagens geradas exclusivamente por computador. Daí resulta a tendência estranha de os efeitos visuais mais recentes parecerem menos convincentes do que os de 20 ou 30 anos atrás.
>
> No passado, os cineastas se sentiam mais limitados quanto às imagens que podiam criar por computador, e assim tendiam a inserir personagens de computação gráfica em planos de fundo naturais. Hoje, eles não têm escrúpulos em criar até planos de fundo artificiais, o que leva o público a captar a falta de indícios de mundo real. Mesmo que os artistas façam bom trabalho e sejam convincentes, o resultado às vezes parece perfeito demais e, portanto, artificiais e forçados. Um bom exemplo de filme velho que conseguiu bons efeitos especiais foi *Querida, encolhi as crianças*. É sobre um grupo de crianças que foram encolhidas até o tamanho de formigas. O cérebro humano não evoluiu para perceber como as coisas se movimentam nessa escala tão reduzida – no mundo real – por causa da resistência do ar, as formigas podem cair de grande altura sem se machucarem. Nosso cérebro, porém, evoluiu para sentir a gravidade e o peso em escala maior. Esse filme tinha efeitos que pareciam naturais para os espectadores, pois mostravam muitos indícios de gravidade do nosso mundo cotidiano, em escala miniaturizada.

Quando um dos vídeos dele – explicando como o abuso de imagens por computação gráfica podia causar estranheza ao cérebro – viralizou no YouTube (com mais de um milhão de visualizações), surgiram rumores de que o diretor de *Star Wars: Episódio VII – O despertar da força* o havia visto. Pouco depois de o vídeo viralizar, JJ Abrams se deu ao trabalho de, numa coletiva de imprensa, enfatizar que seu novo *Star Wars* não abusaria de imagens por computação gráfica.

Graciosidade

Os animais e os humanos, por força do processo evolutivo, encantam-se com filhotes e bebês, e os acham graciosos e adoráveis, protegendo-os e sustentando-os. As crias que nascem relativamente indefesas e desvalidas, precisando de um longo período de cuidado e atenção, são em si cativantes e inspiradoras (como cachorrinhos, coelhinhos e ursinhos), enquanto as que já nascem prontas para a vida (como peixes e insetos) não precisam de tantos cuidados.

As pernas e os braços fofinhos e enroscados, os olhos grandes e luminosos, e rosto com maçãs salientes e aveludadas são importantes atributos da graciosidade. A cabeça volumosa e arredondada acentua o semblante angelical. *Designers* e artistas sempre salientaram esses indutores de afeição, nas imagens de ícones, de mascotes e até de produtos. As frentes de automóveis não raro evocam faces, e carros como o Mini ostentam grandes faróis redondos, para imitar os olhos de bebês, fazendo-os parecer graciosos e afetuosos. Até atributos como superfícies curvilíneas e acetinadas evocam sentimentos similares de desvelo e acolhimento.

Kawaii: a estética da graciosidade japonesa

Os japoneses fizeram da graciosidade uma forma de arte. Eles a denominam kawaii, que hoje conota ternura e afeto, mas já significou face corada ou rubicunda. A arte kawaii é hoje vista em cartuns graciosos, que lembram pequenos animais, como os personagens Pokémon ou Hello Kitty, com traços exagerados

> para acentuar a aparência infantil, como os olhos avantajados. Kawaii é, essencialmente, o princípio da mudança de pique aplicado à graciosidade de faces jovens.
>
> Essa estética – de fazer as coisas parecerem graciosas – é voltada tanto para adultos quanto para crianças.

Design antropomórfico

O sistema visual humano é, como vimos, muito bom em detectar padrões. Com efeito, é tão sensível a padrões que chega a achar que os vê onde de fato não existem.

Somos especialmente sensíveis a imagens de pessoas e rostos. Bom exemplo disso é o efeito Johansson, que vimos no Capítulo 2: nossa capacidade de distinguir com clareza o movimento e a forma de um corpo humano mesmo quando tudo o que podemos ver são uma série de pontos brancos, aglomerados em torno dos membros.

A imagem antropomórfica pode agregar personalidade e engajamento emocional a um *design* – contribuindo para o clima afetuoso e reforçando o engajamento emocional. As marcas recorrem a efeitos antropomórficos ao criarem uma mascote ou personagem que transpira a personalidade da marca, como Ronald McDonald.

Formas curvas e pontiagudas

As pessoas geralmente têm preferência instintiva por formas encurvadas a formas afiladas e angulosas. Formas afiladas conotam objetos cortantes, capazes de nos machucar. Portanto, é natural que o cérebro instintivamente os evite. Por exemplo, um estudo mostrou aos participantes 140 pares de objetos, como relógios ou sofás, letras e formas abstratas. Cada par era do mesmo tipo de objeto, mas um era mais anguloso e o outro, mais encurvado. Os participantes também viram imagens equivalentes neutras – nem encurvadas, nem angulosas. As pessoas se mostraram significativamente mais propensas a preferir os *designs* curvos aos neutros, e significativamente menos propensas a preferir os angulosos.[19]

---

[19] BAR, M.; NETA, M. Humans Prefer Curved Visual Objects. *Psychological Science*, v. 17, n. 8, p. 645–648, 2006. Ver também: BAR, M.; NETA, M. Visual

Em outro estudo, bebês e adultos se sentaram em frente a telas de computador e viram muitos pares de formas simples, enquanto um rastreador de olhos monitorava aquele para que olhavam primeiro, e quanto tempo passavam olhando para cada um. Tanto os adultos quanto os bebês eram mais propensos a olhar para formas cônicas ou curvas do que para formas retilíneas, e os adultos passavam mais tempo olhando para aquelas do que para estas. Em mais um estudo, as pessoas olhavam para diferentes formas, enquanto o cérebro era escaneado em aparelho de imagem por ressonância magnética funcional. Os pesquisadores encontraram padrões de atividade diferentes quando as pessoas olhavam para as formas curvas/cônicas ou para formas retilíneas, comparáveis com os resultados de estudo semelhante que monitorou a atividade cerebral em macacos. A semelhança das atividades cerebrais em humanos e macacos, além do fato de bebês, assim como adultos, olharem para as formas curvas/cônicas primeiro, sugerem que essa é uma preferência arcaica, muito primitiva, do cérebro visual, e não algo que aprenderam por força da formação cultural.[20] Em *design*, as curvas tendem a parecer receptivas, enquanto os ângulos e espigões se afiguram hostis. Por exemplo, os arcos do McDonald's transmitem o sentimento de conforto e sustento.

O efeito da mudança de pique que abordamos no Capítulo 2 pode ser útil na evocação de qualidades sensoriais numa imagem. A ideia é que o *designer* procure os aspectos visuais singulares que geram os efeitos sensoriais ou emocionais a serem transmitidos – e os amplie. Por exemplo, se o objetivo é reforçar o grau de receptividade de um *design*, busque maneiras de agregar curvas acentuadas.

O destaque visual pode induzir, pelo menos em parte, nossa tendência de olhar para formas curvas ou cônicas, em vez de para formas retilíneas. As formas curvas ou cônicas são mais incomuns que as regulares, o que as faz parecer mais improváveis e mais tendentes a nos dizer algo interessante sobre o que estamos enxergando – e, assim, nossos olhos são atraídos para elas.

Elements of Subjective Preference Modulate Amygdala Activation. *Neuropsychologia*, v. 45, n. 10, p. 2191–2200, 2007.

[20] AMIR, O.; BIEDERMAN, I.; HAYWORTH, K. J. The Neural Basis for Shape Preferences. *Vision Research*, v. 51, n. 20, p. 2198–2206, 2011.

> *Conceitos essenciais*
>
> **Integração multissensorial**: o fato de o cérebro mesclar diferentes fontes de informação sensorial para promover a compreensão plena do que estamos vendo.
>
> **Sinestesia**: o fenômeno de algumas pessoas terem a experiência consciente de um sentido ser ativado por outro, como quando temos a sensação de cores ao vermos formas.
>
> **Cognição incorporada**: a maneira como usamos *feedback* do corpo para influenciar nosso pensamento, como usar o peso como metáfora de algo mais significativo.
>
> **Heurística do afeto**: o atalho mental de pessoas que tomam decisões com base em sentimentos em vez de em avaliações racionais.

No mundo real, contudo, há outros fatores em *design* além de apenas curvilinearidade. Por exemplo, se um *design* é simétrico ou equilibrado – como vimos nos capítulos anteriores. Ou o grau de *expertise* e sofisticação visual do espectador (por exemplo, se tem interesse natural por arte, se estudou arte, e assim por diante). Um experimento que comparou os efeitos desses fatores descobriu que as pessoas com menos *expertise* eram mais propensas a preferir formas curvas, enquanto aquelas com mais *expertise* não manifestavam preferência significativa entre as formas curvas e angulosas. Todavia, uma repetição do experimento revelou o padrão oposto! Pode ser que a *expertise* do observador interaja com a preferência por angulosidade de maneiras que não compreendemos. No entanto, considerando que a maioria das pessoas não é *expert*, e que a maioria dos *designs* deve ser eficaz com não experts, é provável que convenha apostar no peso das evidências de vários estudos que confirmam a preferência por curvas.[21]

Objetos que parecem suaves e curvilíneos nos atraem com a premência instintiva para tocá-los e segurá-los. Um exemplo é o *design* da garrafa curvilínea clássica da Coca-Cola. É como o *designer* Raymond

---

[21] SILVIA, P. J.; BARONA, C. M. Do People Prefer Curved Objects? Angularity, Expertise, and Aesthetic Preference. *Empirical Studies of the Arts*, v. 27, n. 1, p. 25–42, 2009.

Loewy a descreveu: "Mesmo quando molhada e gelada, seu corpo geminado esférico oferece um vale delicioso para o aperto afetuoso das mãos, sensação que é aconchegante e luxuriante".[22]

Assim como as formas pontiagudas, numerosas imagens podem ensejar um efeito instintivo de distanciamento emocional reflexo. Qualquer coisa que represente ameaça – seja um animal assustador, seja um vidro estilhaçado – pode diminuir a atratividade emocional de um *design*. Essa afirmação talvez pareça tola, porquanto não gostamos de nos imaginar assustados por imagens como essas, e talvez nem tenhamos consciência disso.

Resumo

- Integração multissensorial é o termo que descreve quando mais de um canal de informação sensorial – como visão e audição – alimentam o nosso cérebro com a mesma informação.
- Letras, formas, números e até dias da semana podem evocar associações com cores.
- Há evidências de preferência geral por cores "mais frias" (tons de verde e azul) a cores mais quentes (tons de vermelho e amarelo).
- Em geral, as pessoas preferem formas curvas a formas angulosas ou pontiagudas.
- Faces são eficazes para induzir engajamento emocional com um *design*.

---

[22] LOEWY, R. *Never Leave Well Enough Alone*. Nova York: Simon and Schuster, 1951. p. 297.

MAPAS DE
DESTAQUE VISUAL

06

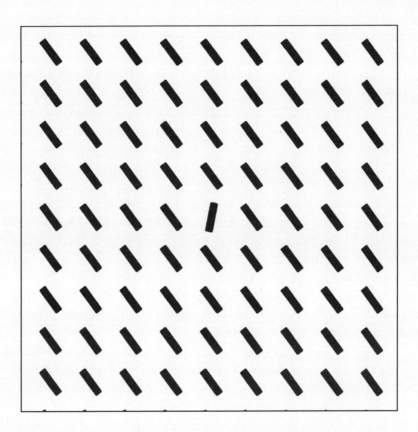

Figura 6.1: Os olhos dos observadores são atraídos imediatamente para objetos que se diferenciam no contexto, propriedade que os neurocientistas denominam "destaque visual"

EM 1967, UM CLUBE SECRETO, fechado para o grande público, foi aberto na Disneylândia. O clube era incomum, pois era o único lugar no Magic Kingdom que servia bebidas alcóolicas. De início, o próprio Walt Disney resistiu à ideia do clube, mas ele estava sendo pressionado pela General Electric (GE), uma das patrocinadoras originais da Disneylândia. Walt queria trazer para o parque algumas das atrações que os seus Imagineers, da Walt Disney Imagineering, responsável pelo *design* e desenvolvimento dos parques temáticos, haviam criado para a New York World Fair, de 1964. Como uma das patrocinadoras, a GE queria uma área privativa VIP do tipo da existente na World Fair. Por fim, Walt cedeu e o "Club 33" foi constituído.

Localizado na New Orleans Square, o Club 33 está escondido atrás de uma porta quase imperceptível e é desconhecido pela maioria dos visitantes, que passam pelo local sem percebê-lo, quase como que se estivesse cercado por um sortilégio de invisibilidade. Não está aberto para visitantes comuns, apenas para convidados, que devem esperar numa fila de cinco anos e pagar dezenas de milhares de dólares pelo privilégio de frequentá-lo.

A realidade dessa invisibilidade é cor. Os *designers* da Disney criaram duas cores que ajudam a invisibilizar os objetos destoantes do contexto. Eles chamam essas cores de "go away green"[1] e "no-seeum grey". O Magic Kingdom precisa manter sua aura de magia e fascínio, mas, como qualquer grande parque temático, precisa camuflar muitas construções e estruturas que parecem mais industriais e mundanas. Por exemplo, prédios de administração e serviços, ou os fundos de edifícios que não se ocultam sob o disfarce dos contos de fadas. Com uma demão da cor certa, essas estruturas prosaicas simplesmente desaparecem.

O Club 33 não é feio; na verdade, seu interior é decorado com a opulência aristocrática do velho mundo sulista. No entanto, o parque quer que ele desapareça do contexto.

Designers e artistas frequentemente são incumbidos de ocultar objetos extravagantes: Picasso e Matisse foram contratados pelas autoridades navais de seus países para desenvolver padrões de camuflagem. Entretanto, o desafio enfrentado pelos *designers* da Disney para ocultar certas áreas do parque é, sob certo aspecto, o contrário do objetivo da

---

[1] Ver, por exemplo: <http://everythingwdisneyworld.com/2012/07/go-away-green-and-no-see-um-gray-at/>. Acesso em: 25 ago. 2016.

maioria dos projetos de *design*: chamar a atenção e ser percebido. Seja uma embalagem numa prateleira ou mostruário apinhado de produtos concorrentes, seja um anúncio impresso numa revista ou um botão de compra numa página de internet, é importante compreender por que alguns atributos do *design* atraem mais a atenção do que outros.

Como decidir para onde olhar

O sistema visual é hoje um dos mais bem compreendidos processos do cérebro, e os neurocientistas fizeram grandes progressos na modelagem do que capta a atenção das pessoas. Simulações computadorizadas de nosso sistema visual são provavelmente as mais avançadas de quaisquer de nossas funções cerebrais.[2] À medida que as informações visuais dos olhos entram no cérebro, dois tipos de processamento se desenvolvem mais ou menos em paralelo.

Primeiro, ocorre um processamento de baixo para cima dos elementos visuais brutos: cores, contornos, contrastes, luminosidade, movimentos e texturas do que está à nossa frente. Antes de o cérebro até reconhecer o que estamos vendo, os aspectos visuais básicos devem ser decodificados. Então, quase imediatamente, começamos a classificar o que achamos que estamos vendo. Pode ser um rosto, um carro, uma figura humana. Quanto mais cedo essa informação de cima para baixo entra no conjunto, mais cedo compreendemos o que estamos vendo, o que também ajuda no processamento dos elementos visuais brutos. Por exemplo, nem sempre vemos os objetos nas condições mais adequadas e claras. Se estamos olhando para alguma coisa na penumbra, ou para alguma coisa parcialmente obscura, o que estamos vendo pode não ser imediatamente óbvio. Podemos perceber uma série de linhas, cores e formas, mas como elas se encaixam umas com as outras? O cérebro precisa encontrar a resposta rapidamente ou essas percepções indistintas nos deixam completamente confusos. Se nossos processos de cima para baixo são capazes de sugerir a configuração mais provável, combinar os fragmentos brutos de informação – formas, perfis, texturas – fica mais fácil, como juntar as peças de um quebra-cabeça com a ajuda da imagem total. Em outras palavras, a experiência de cima para baixo e os processos

---

[2] MILOSAVLJEVIC, M.; CERF, M. First Attention Then Intention: Insights from Computational Neuroscience of Vision. *International Journal of Advertising*, v. 27, n. 3, p. 381–398, 2008.

mnemônicos estão em constante interação com o processamento de baixo para cima e fragmentário das informações brutas.

Os processos de baixo para cima são em grande parte automáticos e entranhados no cérebro. Os neurocientistas chamam esse estágio do *processamento visual de pré-atentivo*, porque ocorre antes de prestarmos atenção focada e consciente no que estamos vendo.

Os processos de cima para baixo são mais mnemônicos, contextuais e propositados. Para um exemplo disso, veja a Figura 6.2.

Figura 6.2: Processamento visual de cima para baixo *versus* de baixo para cima

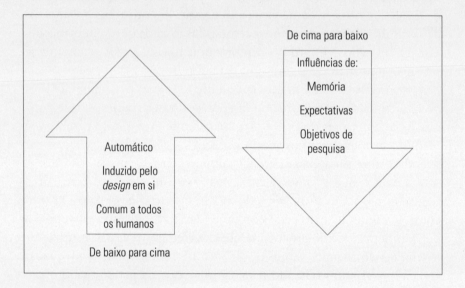

No entanto, ao processar o campo visual à nossa frente, o cérebro só pode captar detalhes em uma área de cada vez. E só podemos ver detalhes em área relativamente pequena, uma de cada vez, porque nosso campo visual de alta definição, capaz de perceber minúcias, é pequeno, cercado por um campo visual mais amplo, de baixa definição. Os olhos fazem uma série de movimentos rápidos, denominados *movimentos sacádicos*, ou sacadas, para compor a imagem do que estamos vendo e para preencher os detalhes.

Entretanto, se só podemos ver os detalhes de uma coisa de cada vez, é preciso que haja uma maneira rápida e automática de *priorizar* o que olhar primeiro. Por exemplo, se não priorizássemos os lugares a serem vistos e se o nosso padrão de olhar fosse completamente neutro, é possível que sempre começássemos a olhar a partir do canto superior esquerdo do que estiver à nossa frente, avançássemos para a direita, baixássemos o olhar, avançássemos de novo para a direita, e assim sucessivamente, até varrermos todo o campo visual. Não é assim, porém, que olhamos para os objetos circundantes. Ao contrário, o cérebro evoluiu para priorizar o que se movimenta ou que se destaca no contexto. Se algo está em movimento, pode ser uma ameaça iminente. Se a coisa sobressai no entorno, deve ser interessante porque é diferente. Mais uma vez, talvez seja um perigo iminente ou um fruto colorido que se destaca na folhagem. Essas pressões ajudaram a formar o cérebro de nossos antepassados caçadores-coletores.

Os neurocientistas chamam essa qualidade do que sobressai no meio ambiente de *destaque visual*. Em meados da década de 1980, dois neurocientistas do California Institute of Technology introduziram a ideia de que o cérebro produz um mapa de destaques visuais. O cérebro mapeia continuamente cores, contornos, formas, luminosidade e outros aspectos do contexto, mistura todos esses elementos, e nosso sistema visual procura áreas que pareçam diferentes do entorno. Talvez estejam em movimento, tenham cores contrastantes, ou sejam mais brilhantes. O sistema visual, então, diz ao cérebro para focar nessas áreas, de modo a vê-las com mais detalhes. Os itens com mais destaque visual são vistos primeiro, com mais frequência, e durante mais tempo.[3]

A luta pela vida orienta a evolução da espécie para torná-la mais capaz de monitorar o entorno constantemente, a fim de captar ameaças e oportunidades. Na medida em que a sobrevivência dos mais aptos desenvolve em todos os indivíduos os mesmos mecanismos de como o córtex visual processa as informações entrantes, eles se tornam comuns em toda a espécie. O movimento em si é o fator mais importante para atrair a atenção, mas também as imagens paradas se destacam no contexto por três características: cor (inclusive brilho), padrões (como posicionamento) e tamanho. Outros aspectos visuais que também afetam a intensidade do destaque dos objetos parados são profundidade (ou atributos de um *design* que implicam perspectiva), forma, cintilação e algo denominado *vernier offset* (o grau em que duas ou mais linhas ou contornos diferentes se alinham entre si).[4]

---

[3] MORMANN, M. M.; TOWAL, R. B.; KOCH, C. Visual Importance of Marketing Stimuli. *Insights from Visual and Computational Neuroscience*, 29 dez. 2015.

[4] WOLFE, J. M.; HOROWITZ, T. S. What Attributes Guide the Deployment of Visual Attention and How Do They Do It? *Nature Reviews Neuroscience*, v. 5, n. 6, p. 495–501, 2004.

Esse processo deve ser rápido, para sermos capazes de evitar as ameaças (predadores) e aproveitar as oportunidades (presas e coisas inusitadas a serem exploradas). Também precisa ser automático. Imagine como seria exaustivo se o tempo todo tivéssemos de decidir em que focar os olhos). Portanto, esse aspecto do destaque visual ocorre de baixo para cima, no Sistema 1.

No entanto, o processamento de cima para baixo também pode afetar o mapa de destaques: se reconhecermos um objeto como algo em que estamos interessados – por exemplo, rostos ou alimentos. Os aspectos visuais de nível mais baixo podem não ser tão diferentes do contexto, mas eles se destacam para nós por força de nosso interesse implícito neles. Além disso, se estivermos em busca de alguma coisa, como uma lata de Coca-Cola num supermercado, nossos processos de cima para baixo enviarão sinais para o sistema de baixo para cima para torná-lo sensível à cor vermelha. Finalmente, nossos processos de cima para baixo têm expectativas quanto aos tipos de coisas que devemos ver em diferentes ambientes. Se um objeto parece deslocado por não pertencer a determinado contexto, ele sobressai pela singularidade.

Da mesma maneira, nossos processos de cima para baixo podem suprimir elementos, mesmo que se destaquem sob a perspectiva de baixo para cima. Por exemplo, se estamos concentrados em buscar alguma coisa que sabemos ter determinada cor ou forma, como a nossa marca favorita de um produto num supermercado, suprimimos visualmente o que não se encaixa no padrão imaginado. Podemos, então, ignorar um produto concorrente que, sob outros aspectos, tenha forte destaque de baixo para cima. Por isso é que, em um dos mais famosos experimentos psicológicos dos últimos anos,[5] a maioria dos espectadores não viu um homem fantasiado de gorila num grupo de pessoas que passavam bolas de basquete entre si. Os participantes foram instruídos a se concentrar na contagem dos passes de bola entre os indivíduos com camiseta preta. Como a tarefa é bastante difícil e exige esforço visual, elementos que, em outras condições, sobressairiam em nossos mapas de destaque – como o homem fantasiado de gorila – foram eliminados.

De fato, semelhante ao efeito mera exposição (descrito no Capítulo 3), alguns pesquisadores cunharam o termo "efeito mera seleção"

---

[5] SIMONS, D. J.; CHABRIS, C. F. Gorillas in Our Midst: Sustained Inattentional Blindness for Dynamic Events. *Perception*, v. 28, n. 9, p. 1059–1074, 1999.

para descrever a descoberta de que quem foca o olhar num produto, enquanto ao mesmo tempo ignora (ou suprime visualmente) outros produtos e se torna mais propenso a escolhê-lo.[6]

Os *designs*, ou elementos de *design*, podem ser vistos como tendo alto ou baixo destaque, mas isso depende do contexto. Por exemplo, um *design* de embalagem em vermelho brilhante não despontará num mapa de destaques visuais se estiver numa prateleira junto com muitas outras embalagens de produtos concorrentes também vermelhas. Vermelho frequentemente pode ser uma cor arrebatadora para os olhos. Mas, caso seja uma única embalagem vermelha entre muitas outras parecidas, ela não será tão distinguível.

Por essa razão, não basta que o *design* esteja em movimento, que seja brilhante e que pareça incomum para que se destaque e seja visto. Tudo depende do mapa de destaques do observador. Todavia, desde que o contexto e os objetivos do observador sejam compreendidos e considerados, o destaque visual de um *design* pode ser um conceito poderoso e útil.

Movimento implícito

O movimento é um dos aspectos visuais que logo arrebatam a atenção. Nossos ancestrais precisavam estar cientes rapidamente de qualquer coisa em movimento, para não serem surpreendidos por predadores. Como, porém, usar o movimento quando você está criando imagens imóveis? Movimento implícito é o termo de *neurodesign* para designar imagens que geram a percepção de movimento. As imagens de coisas que obviamente estão em movimento, como a bebida que é vertida de uma garrafa, podem criar o efeito movimento implícito. Fazer imagem inclinada para a frente conota inconscientemente a sensação de velocidade. Quando as pessoas caminham rapidamente ou correm, elas às vezes se inclinam para a frente. A convenção artística daí oriunda também se estende a objetos, como em desenhos de carros avançando em alta velocidade. Quando solicitadas a reconhecer

---

[6] JANISZEWSKI, C.; KUO, A.; TAVASSOLI, N. T. The Influence of Selective Attention and Inattention to Products on Subsequent Choice. *Journal of Consumer Research*, v. 39, n. 6, p. 1258–1274, 2013.

nomes de animais velozes, as pessoas os identificam com mais rapidez quando o nome deles é escrito em itálico (ou seja, com as letras inclinadas para a frente), como *leopardo*.[7] Até setas podem evocar movimento implícito. Os neurocientistas do Salk Institute for Biological Studies, na Califórnia, descobriram que imagens de setas podem ativar neurônios predispostos a detectar movimento – mesmo que as setas sejam imagens paradas, que em si não estejam em movimento.[8]

O poder do destaque visual

Já vimos como as pessoas geralmente usam atalhos mentais, ou heurística, para tomar decisões quando não estão dispostas ou se sentem incapazes de tomar decisões plenamente racionais mediante a ponderação lógica de todas as informações relevantes. Por exemplo, num supermercado, as pessoas que estão comprando mercadorias triviais, pouco diferenciadas, pelas quais não têm muito interesse, além de estarem distraídas e sob pressão de tempo, quanto mais olham para um produto, mais tendem a escolhê-lo.[9] Esse efeito também independe das próprias preferências do comprador e de quanto é "atraente" o *design* da embalagem (no sentido estético).[10] Os compradores dificilmente têm tempo para examinar cada produto com igual profundidade e pelo mesmo tempo, o que torna suas decisões de compra suscetíveis às influências de seus mapas de destaque quanto ao que olhar primeiro e por mais tempo.

---

[7] WALKER, P. Depicting Visual Motion In Still Images: Forward Leaning and a Left to Right Bias for Lateral Movement. *Perception*, v. 44, n. 22, p. 111–28, 2015.

[8] SCHLACK, A.; ALBRIGHT, T. D. Remembering Visual Motion: Neural Correlates of Associative Plasticity and Motion Recall In Cortical Area MT. *Neuron*, v. 53, n. 6, p. 881–890, 2007.

[9] KRAJBICH, I.; ARMEL, C.; RANGEL, A. Visual Fixations and the Computation and Comparison of Value In Simple Choice. *Nature Neuroscience*, v. 13, n. 10, p. 1292–1298, 2010. Ver também: CLEMENT, J.; AASTRUP, J.; FORSBERG, S. C. Decisive Visual Saliency and Consumers' In-Store Decisions. *Journal of Retailing and Consumer Services*, v. 22, p. 187–194, 2015; e ISHAM, E. A.; GENG, J. J. Looking Time Predicts Choice But Not Aesthetic Value. *PloS One*, v. 8, n. 8, p. 7169, 2013.

[10] MORMANN, M. M. *et al.* Relative Visual Saliency Differences Induce Sizable Bias In Consumer Choice. *Journal of Consumer Psychology*, v. 22, n. 1, 2012.

Numa série de estudos, os pesquisadores investigaram os efeitos do destaque visual nas compras de produtos alimentícios.[11] Primeiramente, os participantes foram solicitados a classificar suas preferências pessoais por alimentos numa escala de 1 a 15. Em seguida, foram apresentados a uma série de imagens, cada uma com vários produtos alimentícios, e incumbidos de escolher, em cada uma delas, os itens de que gostaram mais. Os pesquisadores acentuaram o destaque visual de um dos itens de cada imagem, tornando-o mais brilhante. As imagens também foram expostas durante períodos diferentes, de 70 a 1.500 milissegundos.

Constatou-se efeito significativo exercido pelo destaque visual mais acentuado sobre as escolhas dos participantes, em especial quando as imagens eram expostas por menos tempo. Os pesquisadores, então, repetiram o estudo, mas dessa vez aumentaram a carga cognitiva dos participantes, atribuindo-lhes uma tarefa adicional enquanto faziam as escolhas. O intuito dessa nova incumbência era replicar o fato de que muitos compradores, na vida real, geralmente estão distraídos (por exemplo, conversando com alguém ou pensando em outras coisas), enquanto estão fazendo suas escolhas. Nessa versão, o impacto do destaque visual foi ainda mais forte. De fato, ao serem apresentados às imagens durante meio segundo, o efeito do destaque foi duas vezes mais forte do que um ponto adicional na avaliação do grau de preferência pelo produto. O efeito do destaque, porém, continuou sendo significativo, mesmo quando as imagens eram exibidas durante o período mais longo do experimento (1.500 milissegundos).

Esses experimentos mostram que, quando as pessoas estão fazendo escolhas rápidas, ou enquanto estão distraídas, o reforço do destaque visual do *design* tende a aumentar a probabilidade de ser escolhido. Embora a maioria dos experimentos considere escolhas feitas em condições mais aceleradas, também há evidências de que os efeitos de embalagens com mais destaque visual podem ocorrer depois de maior quantidade de olhares fixos em torno das prateleiras.[12]

Software de mapeamento de destaques

Numerosos grupos diferentes de neurocientistas acadêmicos desenvolveram algoritmos de software que imitam o mapeamento de

---

[11] ORQUIN, J. L.; LAGERKVIST, C. J. Effects of Salience Are Both Short-And Long-Lived. *Acta Psychologica*, v. 160, p. 69–76, 2015.

[12] FECTEAU, J. H.; MUNOZ, D. P. Salience, Relevance, and Firing: A Priority Map for Target Selection. *Trends in Cognitive Sciences*, v. 10, n. 8, p. 382–390, 2006.

destaques visuais pelos humanos. Eles se baseiam em várias fontes de informação, desde registros cerebrais diretos de primatas até estudos de rastreamento de olhos de humanos.[13] Os softwares de mapeamento de destaques partem de uma imagem ou vídeo digital e analisam cada pixel, levando em conta os pixels circundantes, em busca de aspectos visuais de baixo nível, como cor, brilho e orientação das linhas, e produz um mapa topográfico mostrando as áreas com mais destaque visual. Em segundos, o usuário pode ter um *heat map* (mapa de calor) que se sobrepõe às zonas de imagem de cores quentes ou frias, mostrando as áreas que, pelos destaques visuais, tendem a atrair mais atenção ou menos atenção. O formato oposto, um *fog map* (mapa de névoa) encobre todas as áreas sem destaque visual com uma névoa sombria, deixando visíveis apenas as áreas mais perceptíveis.

Esses mapas produzidos por algoritmos de computação gráfica têm sido validados por dados de rastreamento de olhos, que mostram o que as pessoas realmente observam.[14] Em seguida, os pesquisadores podem alterar a ponderação de fatores como cor, brilho e orientação, de modo a refletir certas inclinações para determinadas áreas do campo visual (por exemplo, as superiores ou centrais) ou considerar tendências, como a de preferir textos ou rostos de pessoas e animais).[15]

Grande parte do impulso por trás do desenvolvimento desses algoritmos é ajudar os computadores a compreender melhor o mundo visual, aproximando-os da capacidade dos humanos. Por exemplo, possibilitando a detecção automática de tumores em imagens, orientando os robôs a navegar nos entornos, e automatizando a centralização e coleta de imagens ao redor do objeto mais importante.

---

[13] DUPONT, L. *et al*. Comparing Saliency Maps and Eye-Tracking Focus Maps: The Potential Use in Visual Impact Assessment Based on Landscape Photographs. *Landscape and Urban Planning*, v. 148, p. 17–26, 2016.

[14] JUDD, T. *et al*. Learning to Predict Where Humans Look. In: COMPUTER VISION, IEEE, 12TH INTERNATIONAL CONFERENCE, 2009, Flórida (EUA). p. 2106–2113.

[15] Um alerta quanto a correlacionar mapas de destaque visual de baixo para cima com o olhar dos usuários é que, em geral, olha-se para um objeto quando se está interessado nele, mas é possível que o objeto para que se olha esteja saliente nos mapas de destaque porque as bordas do objeto sobressaem. Pode parecer que a pessoa olhou para o objeto porque ele está saliente, quando essa não foi a verdadeira causa. Ver: CARMI, R.; ITTI, L. Visual Causes Versus Correlates of Attentional Selection in Dynamic Scenes. *Vision Research*, v. 46, n. 26, p. 4333–4345, 2006.

Alguns desses algoritmos hoje estão disponíveis para os *designers* e profissionais de marketing, oferecendo maneiras mais eficazes de testar rapidamente o impacto visual provável de *designs* do que os testes A/B com participantes humanos.

Em experimento similar ao que manipulou o destaque visual de produtos alimentícios, apresentou-se aos participantes uma série de fotos de prateleiras de lojas de petiscos.[16] Antes do teste, os participantes avaliaram cada item numa escala, dependendo de quanto gostariam de comer cada um dos petiscos (e foram instruídos a não comer nas três horas anteriores ao estudo, para garantir o apetite e a motivação!). Mais uma vez, as fotos foram mostradas com relativa rapidez (entre um quarto de segundo e pouco mais de três segundos). Depois de olhar cada prateleira (com 28 tipos diferentes de petiscos), os participantes tinham de escolher um item. Enquanto isso, seus movimentos oculares eram monitorados por câmeras rastreadoras de olhos. O destaque dos itens não era manipulado artificialmente, mas sim medido por algoritmo de mapeamento de destaques. Primeiramente, com base no rastreamento de olhos, os pesquisadores descobriram que cada segundo em que o participante olhava para o item aumentava em 20% a probabilidade de escolher o item. Em nada surpreendente, como seria de supor, os olhos dos compradores ficavam mais tempo focados no que pretendiam comprar. No entanto, os pesquisadores também constataram que os participantes olhavam primeiro para os itens com mais destaque visual, não para os de que mais gostavam. Além disso, concluíram que o destaque induzia o olhar até a sétima fixação. Embora o fator que mais afetou as escolhas tenha sido a preferência pessoal pelo item, também se comprovou a importância do destaque visual. Em outras palavras, na escolha entre vários itens de que a pessoa gosta, a tendência é escolher aquele com mais destaque visual.

Usando software de mapeamento de destaques

O uso de software de mapeamento de destaques é muito mais barato e rápido do que conduzir estudos de rastreamento de olhos. Portanto, essa solução é mais prática para testes rápidos e iterativos ou repetitivos. Por exemplo, os *designers* podem verificar os efeitos

---

[16] MORMANN, M. M. *et al.* Relative Visual Saliency Differences Induce Sizable Bias in Consumer Choice. *Journal of Consumer Psychology*, v. 22, n. 1, 2012.

de mudanças em diferentes elementos – como cor, forma, tamanho, etc. – sobre o destaque do *design*.

Os produtos típicos do software de mapeamento de destaques são mapas de calor (camadas de cor sobre a imagem, salientando áreas de mais destaque com cores mais quentes) ou o reverso: mapas de névoa (camadas de tons de cinza sobre a imagem, enevoando áreas de menos destaque e preservando a visibilidade das áreas de mais destaque). Trabalhar com mapas de névoa é mais fácil e mais intuitivo, tornando mais clara a visualização das áreas de mais destaque (os mapas de calor, ao se superpor uma camada de cor, não só compromete a qualidade da imagem subjacente, mas também a torna confusa se as cores do mapa de calor se misturarem com as cores do *design* original). Outros produtos incluem escores numéricos para fatores como porcentagem da área de destaque na imagem ou para aspectos ou objetos mais específicos da imagem.

Várias são as finalidades de usar software de mapeamento de destaques visuais. Primeiro, testar comparativamente o destaque de várias opões de *design*, para ver se alguma delas é nitidamente melhor. Segundo, testar iterativamente para maximizar o impacto visual do *design*. Por exemplo, se você quiser que determinado elemento do *design* tenda mais a sobressair entre os demais, é possível testar os efeitos de mudar atributos como cores, contornos e tamanhos de fontes. Finalmente, o software de destaque visual pode ser útil para testar o impacto visual provável de um *design* no contexto. Por exemplo, o *design* de uma embalagem pode ser inserido na imagem de uma prateleira; um anúncio on-line, numa página de internet; ou um anúncio impresso, numa revista. O único aspecto a observar aqui é que o algoritmo é literal: ele analisará os detalhes exatos da imagem que está sendo processada. Todavia, prateleiras, páginas de internet e revistas podem ser muito variadas, o que talvez justifique produzir várias versões diferentes do contexto que serve como plano de fundo (prateleira, página de internet, revista) para aprimorar os efeitos de destaque prováveis.

Mapeamento de destaques em páginas de internet

Os efeitos do destaque visual de itens são especialmente relevantes e úteis em *web design*, sobretudo em face da importância do destaque visual para pessoas impacientes e distraídas (o que ocorre com muita frequência entre os usuários de internet). Um estudo usou um modelo de destaque visual (baseado na intensidade e no contraste de cores, no tamanho dos itens e na proximidade deles em relação ao centro da página) para prever com exatidão para onde os usuários olhariam na página de internet.[17]

O conceito de mapeamento de destaques pode ser usado no *design* de páginas de modo a orientar a atenção dos usuários para os elementos de alta prioridade de visualização e evitar que os elementos de baixa prioridade de visualização não atraiam demais a atenção dos usuários, desviando-a dos elementos de alta prioridade de visualização. É possível criar *designs* esteticamente belos mas com baixo destaque visual e, portanto, com mais probabilidade de serem ignorados.

Embora os testes de destaque visual sejam mais baratos e rápidos do que os estudos de rastreamento de olhos, é preciso lembrar-se que também há fatores de cima para baixo que influenciam o direcionamento do olhar dos usuários. Por essa razão, apesar de o destaque visual ser técnica mais acessível do que o rastreamento de olhos, aquele nem sempre deve ser considerado substituto completo deste. Como já mencionado, coisas como alimentos, bebidas e rostos humanos podem arrebatar o interesse das pessoas (mesmo que, tecnicamente, não tão rápido quanto o processamento *pré-atencioso* de baixo para cima, já mencionado neste capítulo). Do mesmo modo, constata-se frequentemente uma inclinação da atenção para o centro: quando as pessoas estão olhando para mostruários ou telas, a atenção delas gravita mais para os itens posicionados no centro, e às vezes até mesmo num *design* (o centro de um *design* de embalagem atrairá mais a atenção do que a periferia). Por exemplo, um estudo de rastreamento de olhos de sujeitos vendo pouco mais de 1.000 imagens de paisagens e de fotos de pessoas constatou que 40% das fixações de olhar se concentraram nas imagens centrais, representando 11% do total de imagens.[18]

---

[17] JANA, A.; BHATTACHARYA, S. Design and Validation of an Attention Model of Web Page Users. *Advances in Human-Computer Interaction*, 373419: 1-373419: 14, p. 1, 2015.

[18] ROTH, S. P. *et al.* Location Matters, Especially For Non-Salient Features – An Eye-Tracking Study on the Effects of Web Object Placement on Different Types of Websites. *International Journal of Human-Computer Studies*, v. 71, n. 3, p. 228–235, 2013.

Os usuários de internet também têm expectativas de onde certas coisas devem aparecer numa página, por força de convenções de *web design*. Por exemplo, os usuários esperam encontrar o menu no alto da tela. Essas expectativas também podem orientar o olhar dos usuários, dependendo dos seus objetivos de pesquisa, facilitando a localização dos objetos.[19] Entretanto, os itens de uma página de internet que nem sempre podem ser posicionados no mesmo lugar, impedindo que os usuários saibam intuitivamente onde encontrá-los, podem se beneficiar se forem feitos com mais destaque visual.

O *ponto de entrada* visual do usuário – onde começarão a busca numa página de internet – é influenciado pelo mapeamento de destaques visuais da página.[20] Daí decorre que os destaques visuais também podem ajudar a resolver questões de usabilidade num site. Descobrir o menu ou as informações relevantes que ajudarão os usuários a navegar na página pode ficar mais fácil, acentuando-se seletivamente o destaque visual dos principais elementos do *design* ou texto.

Uma consideração sobre o destaque em páginas de internet se refere aos *banner ads* em sites. Desde os primórdios da internet, os pesquisadores perceberam que esses anúncios tendem a ser ignorados e apresentam baixas taxas de cliques (fenômeno conhecido como *banner blindness*, ou cegueira de *banner*. A teoria é que os usuários aprendem a identificar coisas que parecem anúncios, mesmo na visão periférica, e as ignoram. Não seria, então, perigoso destacar demais os *banners*? Se os usuários já têm a tendência de identificar com rapidez quando o *design* é um anúncio, o destaque simplesmente não aceleraria o reconhecimento e não acentuaria ainda mais a cegueira de *banner*? Na verdade, e se o aumento do destaque também prejudicasse os outros elementos de *design* da página, por aborrecer os usuários ao tentar atrair a atenção deles para o que não estão querendo ver e afastando-a do que estão querendo ver? No entanto, as primeiras pesquisas no intuito de destacar mais os *banner ads* parecem mostrar que isso não é problema. Todavia, por menos que se saiba sobre a possível interação de cegueira de *banner* e destaque visual,

---

[19] SHEN, C.; ZHAO, Q. *Webpage Saliency*. 2014, p. 33–46. Disponível em: <https://link.springer.com/chapter/10.1007/978-3-319-10584-0_3>. Acesso em: 16 out. 2018.

[20] STILL, J. D.; MASCIOCCHI, C. M. A Saliency Model Predicts Fixations in Web Interfaces. In: 5TH INTERNATIONAL WORKSHOP ON MODEL DRIVEN DEVELOPMENT OF ADVANCED USER INTERFACES (MDDAUI 2010), 2010, Atlanta (EUA). p. 25.

talvez convenha testar os efeitos de aumentar ou reduzir o destaque dos *banners*. Do mesmo modo, o uso de animação pode aumentar a carga cognitiva dos usuários e provocar confusão visual, sobretudo se for num contexto já visualmente complexo.[21]

Como os *designers* podem usar o destaque visual

Qualquer *design* que precisar ser percebido num ambiente competitivo, que precisa arrebatar a atenção dos observadores, ou atrair o olhar deles para certos detalhes pode se tornar mais eficaz com o uso de destaques visuais. Por exemplo, as propriedades de cor de uma foto podem ser ajustadas para destacá-la visualmente no entorno. Ao escolher o esquema de cores de um *design* que precisa chamar a atenção, é importante usar cores contrastantes; para salientar fortemente os itens mais relevantes de uma página de internet, imprimir-lhes movimento por meio de efeitos de pulsação ou cintilação é altamente eficaz.

Os *designers* podem submeter seus *designs* a algoritmos de destaque visual, mas também podem simplesmente aplicar os princípios da teoria. Em especial, devem se lembrar das seguintes três regras de ouro para destacar os elementos do *design*:

- **Cores:** cores mais brilhantes, mais luminescentes e mais contrastantes num *design* tendem a sobressair mais. Em especial, quanto mais numerosas forem as bordas de cores contrastantes, mais saliente tende a ser o *design*.
- **Tamanho:** objetos maiores num *design*, como é óbvio, tendem a se destacar, mas o tamanho também afeta coisas como texto: fontes mais finas e menores sobressaem menos que fontes mais grossas e maiores.
- **Padrões:** padrões de objetos que sobressaem no entorno, formas que diferem das circundantes, ou áreas de contraste onde uma forma se sobrepõe a outra são destaques altamente eficazes.

Mesmo quando o destaque de cima para baixo tende a ser importante, maximizar o destaque de aspectos da imagem de baixo para cima ainda pode ser importante. Por exemplo, se você sabe que os

---

[21] BREUER, C.; RUMPF, C. The Impact of Color and Animation on Sports Viewers' Attention to Televised Sponsorship Signage. *Journal of Sport Management*, v. 29, n. 2, p. 170–183, 2015.

clientes estão procurando alguma coisa com base em determinado elemento do *design*, como uma cor ou um logotipo, você pode dar mais destaque a esse elemento e, assim, facilitar sua identificação.

O destaque visual também pode ser muito útil no desenvolvimento de *designs* de embalagens. Como se vê na Figura 6.3, mostrar como um *design* se destaca entre os concorrentes pode ajudá-lo a sobressair entre as embalagens concorrentes. Os mapas de névoa do destaque visual encobrem as embalagens menos salientes e revelam as mais salientes.

Figura 6.3: Simulação de *designs* de embalagem numa prateleira, e mapa de névoa de destaque mostrando até que ponto cada embalagem sobressai entre as demais

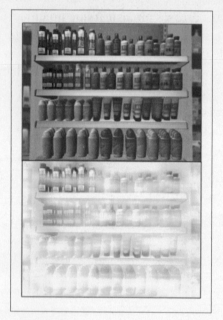

Fonte: Imagem criada pela Paravizion.com.

Uma consideração referente ao recurso do destaque visual é equilibrar os atributos de saliência, de um lado, e de prototipicidade, de outro (ver Capítulos 3 e 4 para mais informações sobre prototipicidade). Por exemplo, numa página de internet, considere onde os usuários esperam encontrar certos itens; se não for possível colocá-los em áreas onde talvez se espere serem vistos, pense em destacá-los mais.

Nem sempre o mais importante é o destaque total de um *design*, mas sim o grau de concentração do destaque. Por exemplo, se um *design* destacar muitos elementos afastados uns dos outros, essa dispersão de destaque pode torná-lo muito confuso e complicado, deixando os observadores sem saber para onde olhar. O destaque focado em poucas áreas próximas é preferível ao destaque difuso, abrangendo muitas áreas distantes.

Por fim, do ponto de vista técnico, coisas com "destaque visual" – na acepção da neurociência – são aquelas que sobressaem por força de suas propriedades visuais básicas. Todavia, certos elementos de cima para baixo também tendem, em geral, a atrair a atenção rapidamente, como caras e faces de humanos e animais, em especial as que exibem expressões emocionais, e também os elementos de *design* que criam molduras. Estamos acostumados a molduras que sinalizam a existência de informações importantes em seu interior – como televisores, pinturas, espelhos, ou as bordas de uma tela de computador. Emoldurar um texto ou um elemento de *design* pode ser eficaz para focar a atenção no conteúdo.

Resumo

- Nossa atenção visual é orientada por processos tanto de baixo para cima (os aspectos visuais do que estamos vendo) quanto de cima para baixo (nossas recordações, expectativas e objetivos de busca).
- Como só podemos processar detalhes numa área de cada vez, nosso sistema visual precisa de meios para priorizar o que olhar primeiro. Para tanto, o sistema visual compõe automaticamente um mapa de destaques das coisas que sobressaem no contexto.
- Os aspectos de baixo para cima de uma imagem podem torná-la visualmente saliente, embora talvez também ocorra a influência de fatores de cima para baixo. O processamento de baixo para cima é essencialmente o mesmo em todos os humanos, ou seja, o que é visualmente saliente sob uma perspectiva de baixo para cima será saliente para todos.
- Com base em numerosas fontes de pesquisa de neurociência, os neurocientistas criaram software de mapeamento de destaques visuais capaz de processar qualquer imagem ou vídeo digital e prever em segundos que elementos atrairão a atenção.
- Os itens visualmente salientes nas lojas são olhados em primeiro lugar e durante mais tempo, com mais probabilidade de serem escolhidos.

PERSUASÃO VISUAL E ECONOMIA COMPORTAMENTAL

07

Figura 7.1: Ao prestar atenção em como as pessoas naturalmente se comportam e nos atalhos que tomam, os *designers* podem criar *designs* mais convincentes

VÁRIOS ANOS ATRÁS, o ilusionista Derren Brown apresentou um truque interessante em seu programa de televisão. Ele trouxe dois publicitários de criação para uma sala e lhes deu meia hora para criar um pôster de propaganda para uma empresa fictícia de taxidermia de animais. Eles foram instruídos que o *design* deveria conter o nome da empresa, o logotipo e um *slogan*. Como mágico e telepata, antes de os publicitários começarem o trabalho, Brown deixou um envelope fechado sobre a mesa, com a previsão de como seria o anúncio, diante dos dois profissionais.

Quando os publicitários lhe mostraram o *design* que tinham criado, logo ficou claro que o pôster era quase exatamente igual ao esquete que ele havia feito antes e deixado no envelope. Lá estavam os grandes portões do zoo, concebidos para lembrar os portões do céu; um urso sentado numa nuvem tocando harpa; o nome "céu das criaturas" (os publicitários chamaram o deles de "céu dos animais"), com asas de anjo ladeando o título; e o *slogan* "Para onde vão os melhores animais mortos" (o dos publicitários era "O melhor lugar para animais mortos"). Os dois profissionais de marketing achavam que tinham criado um *design* criativo e original, mas Brown havia imaginado exatamente o que eles desenhariam.

Eis a explicação de Brown de como foi o truque. A corrida de táxi que levou os publicitários para o estúdio foi cuidadosamente preparada para expô-los no percurso a certos elementos visuais. Primeiro, o táxi passou em frente aos portões do Zoo de Londres. Num cruzamento, o táxi parou, enquanto um grupo de crianças atravessava a rua, cada uma delas vestindo blusões com estampas dos porões do zoo. Depois passaram por uma vitrine com alguns pôsteres afixados no vidro, dois dos quais diziam "Para onde vão os melhores animais mortos", e também um quadro negro com a imagem de duas asas brancas, em par simétrico, sobre as palavras "criaturas celestes". Também passaram por uma loja com uma grande harpa na vitrine. Finalmente, quando Brown os incumbiu da tarefa, havia um modelo de urso gigantesco atrás deles. Em outras palavras, os publicitários tinham sido cuidadosamente pré-ativados durante todo o percurso do táxi com uma série de imagens e palavras, que neles se impregnariam e depois aflorariam na hora de conceber o pôster. Ao criarem o pôster, não tinham consciência de que essas ideias lhes haviam sido incutidas deliberadamente.

O que isso lhe diz sobre como as pessoas são influenciadas por imagens na vida real? Evidentemente, sendo ele um ilusionista e sendo o contexto um programa de televisão, é impossível saber ao certo se podemos confiar na explicação de Brown. Além disso, a situação foi um tanto manipulada, com certo grau de controle sobre o que os publicitários veriam e do que seriam incumbidos, muito além da realidade das situações cotidianas. No entanto, a ideia de que podemos ser influenciados por imagens, mesmo sem termos consciência do processo, tem alguma base científica.

Pré-ativação

A propaganda subliminar é a lenda urbana de que os anúncios de televisão disparam palavras e imagens – rápidas demais para a percepção consciente – no intuito de influenciar os espectadores, quase hipnoticamente, a comprar seus produtos. Nas décadas de 1950 e 1960, histórias assustadoras sobre propaganda subliminar chamaram a atenção do público, por meio de livros como *The Hidden Persuaders*, de Vance Packard. As origens de muitas dessas histórias tenebrosas se revelaram *hoaxes*, ou embustes, uma espécie de *fake*, mas a ideia estimulou os receios do público.

Em 1974, um relatório das Nações Unidas declarou que a propaganda subliminar era uma "grande ameaça para os direitos humanos".[1] Embora não houvesse evidências da sua existência, a prática foi declarada ilegal. A propaganda subliminar em si não pode ser usada, mas as coisas que vemos sem prestar muita atenção consciente muitas vezes são capazes de nos influenciar.

Nossa mente não consciente é otimizada para nos dar respostas rápidas no momento. Ao decidirmos, sobretudo no caso de decisões menos importantes, somos mais propensos a considerar aspectos que fazem parte de nosso contexto imediato ou de que nos lembramos com facilidade. Não buscamos informações adicionais. É assim que a pré-ativação pode afetar nosso comportamento. A pré-ativação, como vimos no Capítulo 3, é um pouco como o cérebro do Sistema 1, não consciente, atuando como um assistente pessoal, que disponibiliza todas as informações relevantes para o executivo decidir; mas o que é considerado relevante tem forte viés para coisas que acabamos de encontrar ou vivenciar. Estudos já demonstraram que, quando as pessoas estão pré-ativadas por certo tipo de conceito – "rudeza", por exemplo – elas se tornam mais propensas a interromper o interlocutor, e quando estão

---

[1] Citado em: <http://news.bbc.co.uk/1/hi/health/8274773.stm>. Acesso em: 25 ago. 2016.

pré-ativadas por outro tipo de conceito, como velhice, elas se tornam mais tendentes a caminhar mais devagar.[2] Do mesmo modo, as pessoas pré-ativadas pelos conceitos de prodigalidade ou avareza tendem a ser mais perdulárias ou parcimoniosas, respectivamente.[3] Como na façanha de Derren Brown, na televisão, esses indivíduos foram influenciados por ideias das quais nem tinham consciência. No entanto, enquanto o truque de Brown foi mais específico (a imagem de uma sucessão de portões levando ao desenho de uma sucessão de portões), esses estudos sobre pré-ativação mostram que o processo pode ser mais genérico. Conceitos gerais, como rudeza, velhice ou magnanimidade dispararam conceitos afins na mente dos participantes e afetaram o comportamento deles. Isso mostra como a pré-ativação também evoca ideias a ela associadas: como velhice conotando andar mais devagar.

As imagens que vemos imediatamente antes ou no momento da decisão podem influenciar o comportamento, sem a necessidade de persuasão racional.

No livro *Pre-Suasion*, de Robert Cialdini (ed. bras. *Pré-Suasão: A influência começa antes mesmo da primeira palavra,* tradução de Ivo Korytowski, Sextante, 2017), o autor dá um bom exemplo de como o contexto pode nos pré-ativar a sermos receptivos a diferentes tipos de mensagens de propaganda. Ele constatou que dois de nossos impulsos mais poderosos – proteger-se e acasalar-se – podem levar em determinado momento a dois comportamentos opostos: mimetizar-se na multidão (apagar-se pela semelhança) e sobressair-se na multidão (iluminar-se pela diferença). Se fosse verdade, isso significaria que, ao nos sentirmos inseguros, poderíamos ser pré-ativados a aceitar mensagens que nos levassem a imergir na multidão, para chamar menos atenção. No sentido oposto, ao nos sentirmos românticos, poderíamos ser pré-ativados a acatar as mensagens que nos levassem a sobressair na multidão, para nos tornar mais atraentes. Ele conduziu um experimento e confirmou exatamente as suas hipóteses. Ao serem pré-ativadas a ficar assustadas depois de assistir a um filme violento, as pessoas respondiam mais favoravelmente ao anúncio de um museu

---

[2] BARGH, J. A.; CHEN, M.; BURROWS, L. Automaticity of Social Behavior: Direct Effects of Trait Construct and Stereotype Activation on Action. *Journal of Personality and Social Psychology*, v. 71, n. 2, p. 230, 1996.

[3] CHARTRAND, T. L. *et al.* Nonconscious Goals and Consumer Choice. *Journal of Consumer Research*, v. 35, n. 2, p. 189–201, 2008.

que enfatizava o convívio com a multidão, alardeando que o museu recebia mais de um milhão de visitantes por ano. Entretanto, depois de assistirem a um filme romântico, o mesmo anúncio era ineficaz, enquanto o que salientava destacar-se da multidão era eficaz (e ineficaz para quem tinha assistido ao filme que induzia medo).[4]

O subtexto das coisas também pode ser tão importante quanto a mensagem explícita. Por exemplo, estamos acostumados a prestar atenção ao tom de voz, às expressões faciais e à linguagem corporal dos interlocutores. Uma longa pausa antes de responder a uma pergunta às vezes pode comunicar mais do que o conteúdo da resposta. Ao recebermos uma mensagem, não nos limitamos a decodificá-la. Frequentemente, questionamos o formato da mensagem e o propósito do que está sendo dito. Por exemplo, um texto longo numa página de internet pode conter muitas informações que a pessoa não considera estritamente necessárias, mas o fato de alguém dar-se ao trabalho de produzi-lo pode transmitir confiança ao leitor.

A persuasão nem sempre é consciente

Um dos primeiros modelos de como a propaganda persuade as pessoas (que remonta ao século XIX) foi o AIDA, acrônimo de atenção, interesse, desejo e ação. Em outras palavras, primeiro é preciso cativar a atenção; em seguida, depois de alguém atender ao anúncio, é necessário gerar interesse. O interesse pela mensagem deve florescer em desejo e, finalmente, sob o estímulo do desejo, a pessoa parte para a ação e compra o produto. Embora envolva emoção (isto é, desejo), este é um modelo muito racional de como as pessoas se comportam. Temos, agora, uma compreensão mais sofisticada das pessoas e da mente não consciente. AIDA é um modelo bastante consciente: em cada um dos passos do AIDA, a pessoa podia, em teoria, dizer em que estágio se encontrava. No entanto, como vimos em capítulos anteriores, a persuasão pode assumir outras formas:

- **Mapeamento de destaques:** está um pouco mais perto do AIDA, no sentido de que envolve cativar a atenção. Todavia, os fatores que contribuem para esse resultado – os aspectos de *design* de baixo nível, como cores, contrastes, brilhos, etc.

---

[4] CIALDINI, R. *Pre-Suasion*. Nova York: Simon & Schuster, 2016.

– operam em grande parte abaixo do nível do conhecimento consciente, e implica pouca persuasão racional.

- **Fluência de processamento:** as pessoas podem escolher alguma coisa simplesmente por ter um *design* mais simples e fácil de processar.

- **Primeiras impressões:** a avaliação de um *design* pode ser feita muito rapidamente, em menos de um segundo. Não é, de modo algum, persuasão racional consciente.

- **Heurística do afeto:** simplesmente conferir carga emotiva a alguma coisa pode influenciar as pessoas a seu favor. Não é muito racional. Além disso, as cores ou as diferentes associações sensoriais de alguém com a mensagem pode disparar o desejo, abaixo do nível do conhecimento consciente.

Além do mais, os psicólogos agora sabem que a persuasão, no sentido de mudança de atitude, nem sempre é necessária para que alguém parta para a ação. O velho modelo é que alguém tem atitudes ou crenças sobre a marca, produto ou serviço. Elas podem ser favoráveis, caso em que o comportamento de compra se alinhará com a atitude e, nesses termos, levará à ação. Ou não são favoráveis, situação em que precisam ser persuadidos conscientemente para mudar o comportamento. Entretanto, sabemos agora que, em muitas instâncias, o comportamento não raro vem primeiro, e a atitude se manifesta em seguida. As pessoas podem agir porque alguma coisa – como as primeiras impressões ou a fluência de processamento do *design* – disparou inconscientemente o comportamento, e só depois elas alinham as atitudes com o comportamento. Gostamos de sentir que exercemos controle consciente sobre nossos comportamentos, e queremos ser consistentes. Daí serem fortes as pressões para que nossas atitudes se alinhem com a maneira como agimos, para compreendermos nossos próprios comportamentos. Quando nossos pensamentos não são consistentes com nossos comportamentos, ficamos suscetíveis a tensões e desconfortos que procuramos atenuar. É o que os psicólogos denominam *dissonância cognitiva*.

Em especial, atitudes fortes são mais preditivas de comportamentos, ao passo que atitudes fracas são mais influenciáveis pelos comportamentos. Em um estudo, os pesquisadores mediram as atitudes dos participantes em relação à filantropia do Greenpeace. Uma semana depois, pediram aos participantes para fazer doações. As contribuições dos indivíduos com atitudes fortes em grande parte corresponderam às expectativas, ao contrário do que ocorreu no caso de indivíduos com atitudes fracas que, em geral, não agiram conforme as próprias atitudes, mas que, ao doar, mudaram de atitude.[5] Quando as pessoas têm atitudes fracas em relação a alguma coisa, é difícil para elas lembrar-se das próprias atitudes, o que as torna mais propensas a decidir conforme as pressões do momento, significando que o comportamento delas pode enviesar as próprias atitudes.

O processo é semelhante à maneira como o comportamento pode mudar o ânimo. Caso você esteja se sentindo deprimido, sair para uma caminhada ou fazer exercícios pode levá-lo a se sentir melhor. Como escreveu o psicólogo William James, nos anos 1890: "Fique sentado o dia inteiro, abatido e prostrado, suspire o tempo todo, e responda a tudo com voz de desalento, e sua melancolia perdurará [...] se queremos combater tendências emocionais indesejáveis em nós mesmos, precisamos [...] praticar as manifestações externas do estado de espírito oposto, que preferimos cultivar".[6] Assim sendo, tentar prever o comportamento das pessoas com base em suas atitudes, ou submetê-las a questionários de atitudes, pode ser um método inadequado.

Atitudes são predisposições para as coisas: temos inclinações positivas ou negativas para certas marcas ou produtos, por exemplo. Grande parte do pensamento de marketing assumiu que essas atitudes são produtos do pensamento racional. Por exemplo, para conseguir que alguém tenha inclinação positiva para os seus produtos, você precisa convencê-lo dos seus benefícios. Todavia, hoje, na maioria dos mercados desenvolvidos, muitos produtos são funcionalmente idênticos aos dos concorrentes. As diferenças nas vendas não podem ser atribuídas à superioridade funcional de um produto em comparação com as alternativas. É aqui que entra o *design*: vimos o poder do *design* afetar as pessoas. Otimizar o *design* de um produto pode ser o suficiente para diferenciá-lo, mesmo que suas qualidades básicas não sejam diferentes daquelas dos produtos concorrentes. Por exemplo, acentuar o destaque visual, facilitar o processamento, e disparar as associações sensoriais e emocionais certas.

---

[5] HOLLAND, R. W.; VERPLANKEN, B.; VAN KNIPPENBERG, A. On the Nature of Attitude–Behavior Relations: The Strong Guide, The Weak Follow. *European Journal of Social Psychology*, v. 32, n. 6, p. 869–876, 2002.

[6] JAMES, W. *Principles of Psychology*. Londres: Andesite Press, 2015. v. 2, p. 463.

Outro aspecto traiçoeiro da mentalidade AIDA é considerar a persuasão em termos de "movimentar" alguma coisa no mundo real. Mudar muito a atitude de alguém para alterar significativamente seu comportamento exige enorme esforço e energia. Como se tivesse de empurrar uma pedra enorme, para o que você precisaria de muita energia. Esse equívoco pode desviar os profissionais de marketing para estratégias desnecessariamente complexas e custosas.

Por exemplo, imagine que você tenha sido contratado por uma organização sem fins lucrativos de proteção ao meio ambiente para difundir as práticas "verdes" como reciclagem. Se a perspectiva da abordagem fosse do tipo AIDA, você tentaria mudar as atitudes das pessoas. Você talvez procurasse convencê-las do impacto ambiental de não adotar comportamentos verdes. Você tentaria explicar-lhes os resultados de estudos científicos ou de modelos e projeções de futuros alternativos de degradação ambiental se as populações não mudassem seus comportamentos. Uma abordagem mais inteligente, porém, talvez fosse simplesmente procurar maneiras de promover mudanças comportamentais mais diretas, como facilitar a identificação de recipientes de lixo reciclável, acentuando seu destaque visual.

Veja o exemplo da previdência pública e privada. Nos países desenvolvidos, muitas pessoas não estão poupando tanto quanto poderiam para a aposentadoria. A solução tradicional, tipo AIDA, para o problema seria mais ou menos assim: precisamos mudar as atitudes das pessoas para convencê-las a poupar mais. Portanto, temos de mostrar-lhes os fatos e os números. Gráficos seriam úteis, pois explicam as estatísticas, os planos de investimento, os modelos de como poupar, e assim por diante. Entretanto, se encarássemos o problema sob as lentes de nossa compreensão da mente não consciente, poderíamos adotar uma abordagem radicalmente diferente. Como esse método envolve alguns conceitos que ainda não examinamos aqui, gostaria de fazer uma breve pausa e depois retornar à questão, para ver se você pode conceber melhor estratégia!

Gostar versus querer

A medida da beleza no cérebro levanta uma consideração importante: nem tudo que gostamos de olhar é necessariamente belo. Podemos reconhecer altos níveis de mérito artístico numa imagem, sem achar bela a imagem em si. Do mesmo modo, podemos gostar de olhar alguma coisa sem querer possuí-la. É o que os psicólogos denominam *interesse desinteressado*.

O cérebro tem dois sistemas separados para *gostar* e para *querer* alguma coisa que vemos. Cada sistema envolve circuitos neurais e neurotransmissores químicos distintos. Por exemplo, o sistema de querer usa dopamina; o sistema de gostar envolve opioides e endocanabinoides. Geralmente, fala-se equivocadamente sobre a dopamina como substância química do prazer, conforme supunham os neurocientistas na década de 1980. Na verdade, seu verdadeiro propósito é induzir o desejo. O sistema de *querer* (desejar ou ansiar) é ativado com mais facilidade que o sistema de *gostar* (o prazer em si). O neurocientista, doutor Kent Berridge, pioneiro das pesquisas que levaram à descoberta desses dois sistemas distintos, diz: "É fácil ativar o *querer* intenso: sistemas maciços e robustos o fazem. Pode vir com o prazer e pode vir sem o prazer, não importa. É complicado e delicado ativar o prazer. Isso talvez explique por que os prazeres intensos da vida são menos frequentes e menos duradouros do que os desejos intensos".[7]

Embora seja fácil perguntar a alguém se gosta de alguma coisa, não significa que a pessoa converterá o gostar em comprar. Por exemplo, em um estudo, numerosos adolescentes, com o cérebro monitorado em aparelho de imagem por ressonância magnética funcional, ouviram uma série de novas músicas populares que ainda não conheciam. Também foram incumbidos de avaliar, numa escala, quanto gostaram de cada faixa. Depois do lançamento das músicas e da compilação dos dados das vendas, os pesquisadores constataram que as atividades do cérebro eram indicadoras da quantidade de compras de cada música – principalmente no caso das faixas que foram fracassos comerciais – mas as avaliações do "gostar" pelos adolescentes não foram preditivas.[8]

---

[7] Disponível em: <https://www.1843magazine.com/content/features/wanting-ver-sus-liking>. Acesso em: 25 ago. 2016.

[8] BERNS, G.; MOORE, S. E. *A Neural Predictor of Cultural Popularity*. Disponível em: SSRN 1742971. 2010.

Economia comportamental: atalhos para a tomada de decisões

A economia comportamental é um campo de estudo relativamente novo, que aplica a compreensão da psicologia às escolhas econômicas. O velho modelo racional era que as pessoas procuravam maximizar os benefícios auferidos com o dinheiro e assim agiam com base em cálculos mentais, considerando os benefícios potenciais e o custo efetivo de cada produto – quase como se o consumidor tivesse um analista contábil no cérebro. Embora, às vezes, efetivamente sejamos calculistas a esse ponto, geralmente não temos tempo, nem energia suficientes para executar essa análise exaustiva das opções disponíveis. Em vez disso, recorremos a atalhos mentais, como nosso sentimento instintivo em relação a cada escolha. A economia comportamental estuda esses atalhos.

Como já mencionamos, os profissionais de marketing que adotaram a abordagem racional AIDA assumem que precisam se esforçar ao máximo para convencer alguém dos benefícios do produto ou serviço. Entretanto, a economia comportamental, ao reconhecer que frequentemente decidimos via atalhos mentais rápidos, em geral pode oferecer soluções relativamente práticas e simples.

Muitas vezes, a chave da mudança de comportamento consiste simplesmente em remover barreiras. Muitas vezes, evitamos certas coisas só porque elas exigem muito esforço. Não só esforço físico (ir para a academia de ginástica), mas também esforço mental. Muitas são as subdecisões a tomar para chegar à decisão principal. Ou numerosos são os formulários a preencher. Passos demais.

Três são os principais tipos de barreiras que geralmente impedem as pessoas de comprar algo:

1. Risco

A evolução legou-nos o cérebro com especial aversão ao risco. Para nossos ancestrais, risco podia significar perder a vida. Os custos de não evitar o risco não raro eram enormes. Somos sensíveis ao risco e, por mais que queiramos alguma coisa, podemos dispensá-la dependendo do risco.

2. Incerteza

Mesmo que mínimo, o grau de incerteza associado a uma compra pode ser um obstáculo intransponível. Se o pagamento for antecipado, será que me enviarão o recibo? E se não entregarem a mercadoria? O que fazer se o produto não corresponder às especificações?

3. Dificuldade

Como vimos no Capítulo 3, a facilidade de compreensão do *design* é técnica poderosa. As pessoas geralmente se esquivam de tarefas que parecem exigir muito esforço mental, não importa que sejam difíceis ou simplesmente envolvam várias fases. Por exemplo, eliminar as dificuldades de formular um pedido ou preencher um formulário frequentemente é o bastante para "convencer" um novo cliente.

"Li e compreendi os termos e condições" talvez seja a mentira mais repetida no mundo de hoje! Sites e aplicativos a toda hora exigem a aceitação pelo usuário de longos textos legais herméticos e esotéricos, que, na prática, são incompreensíveis para a maioria do público. Evidentemente, por motivos legais, a concordância expressa dos usuários é importante, mas, para mim, essa exigência é um exemplo significativo de situações em que a letra da lei prevalece sobre o espírito da lei e o senso comum.

O *design* de formulários é uma área fecunda para a melhoria da eficácia dos sites. A maioria dos usuários não gosta de preencher formulários: são cansativos, e as pessoas opõem diferentes níveis de resistência ao fornecimento de informações pessoais (seja por zelarem pela privacidade pessoal, seja por recearem o assédio e para preservarem a privacidade).

Outra barreira importante a derrubar é a culpa. Com tantas pessoas enfrentando dificuldades e até passando fome, qualquer gasto discricionário – como as concessões a pequenas veleidades – pode fomentar escrúpulos. Será que há como reduzir a culpa?

Uma das principais áreas de interesse da economia comportamental é descobrir os atalhos inconscientes ou as regras práticas que as pessoas usam para tomar decisões. São as chamadas heurísticas.

Exemplos de heurísticas

Disponibilidade mental

À semelhança do que já vimos quanto à pré-ativação, as informações disponíveis no momento em que escolhemos ou decidimos exercem forte influência sobre a escolha ou a decisão: por exemplo, o que vemos ao redor ou as associações que brotam em nossa mente. Embora haja quem conte o consumo de calorias, a maioria das pessoas não tem consciência da ingestão diária ou semanal de alimentos calóricos. Portanto, não dispomos dessa informação quando fazemos nossas escolhas. Até podemos encontrar essa informação se nos esforçarmos nesse intento, mas esse não é o caso de grande parte dos consumidores. No entanto, se a caixa de um supermercado ou a cesta da mercearia on-line totalizasse e informasse a quantidade de calorias (e, talvez, também o conteúdo de gordura e açúcar) em nossas compras semanais, essa informação se tornaria disponível e poderia afetar nosso comportamento, ou seja, teríamos condições de optar por uma dieta mais saudável.

A heurística da disponibilidade mental é uma das razões de sermos tão ruins em julgar e agir com base em probabilidades. Por exemplo, as pessoas em geral têm medo de morrer em desastre de avião ou em acidentes de qualquer tipo, mais do que receiam morrer de doença cardíaca, embora esta última tenha maior probabilidade estatística. E assim é porque imagens de desastres de avião e de acidentes em geral aparecem na mente com mais facilidade do que as de doenças cardíacas. Doenças cardíacas são mais abstratas e não se manifestam naturalmente na forma de imagem mental simples e clara. Quanto maior for a disponibilidade mental de uma ideia, mais alta será a probabilidade de que ela se associe a um resultado.

Muitos países – como Austrália, França e Reino Unido – adotaram controles rigorosos sobre a venda de cigarros: por exemplo, não podem ser visíveis nas lojas, devendo ficar ocultos atrás de telas, e até sem *design* específico e indicação de marca nas embalagens em si. O propósito é limitar e até eliminar a disponibilidade mental do produto cigarro. É mais fácil reconhecer a informação do que se lembrar dela. O simples *design* da marca num mostruário evoca sua existência, o que é muito mais fácil do que buscá-la e recuperá-la na memória, antes de pedi-la no balcão. Os elementos do *design* numa embalagem de cigarro também atuam como "anzóis" da memória: várias maneiras de nos lembrar da marca, como cores, formas, fontes tipográficas e nome da marca. A remoção desses indutores solapa nossa capacidade de nos lembrar da marca.

O *design* contribui para aumentar a disponibilidade mental de conceitos a serem evocados na mente dos clientes potenciais. Por exemplo:

- Ao tentar comunicar uma ideia abstrata, pense em como ela pode ser visualizada. Pode ser, literalmente, mostrando uma imagem dela que não é vista com frequência. Por exemplo, no caso de doença cardíaca, mostrar imagens reais do que entope as artérias. Recursos como cortes transversos que exibem o interior das coisas e revelam seu funcionamento interno podem ser eficazes. Ou se o conceito é de fato abstrato, será que infográficos não facilitariam a compreensão? Ou seria possível imaginar metáforas visuais que contribuiriam para esclarecer o conceito?

- Será que sua marca, produto ou serviço despertam imagens mentais? Até que ponto são visualmente memoráveis?

- Haverá condições de recorrer à integração multissensorial (ver Capítulo 5) para tornar mais inesquecíveis os diferenciais da sua marca?

- Oferecer *feedback* aos clientes pode disponibilizar informações sobre suas escolhas anteriores e afetar as decisões subsequentes. Por exemplo, informações sobre quanto economizaram comprando com você nos últimos anos ou sobre o quanto usaram determinado serviço.

Ancoragem e enquadramento

Quando estamos fazendo escolhas, geralmente temos um conjunto de decisões e opções: as alternativas que estamos considerando. Algumas das alternativas podem ser descartadas rapidamente, como no caso de serem muito caras. No entanto, o simples fato de estarem disponíveis pode mudar nossas percepções. Os comerciantes sabem há milênios que mostrar aos clientes um produto mais oneroso pode fazer com que a primeira opção pareça mais razoável:

- Forneça escolhas comparáveis relevantes e personalizadas, que mostrem como o seu produto/serviço é boa alternativa de valor.

- Você consegue incluir o seu produto/serviço dentro de um conjunto de escolhas que o faça parecer uma boa opção?

- Se o seu produto/serviço for uma das opções mais onerosas da categoria, você conseguiria mostrar que a sua oferta é uma alternativa para algo em outra categoria que é tipicamente mais dispendioso? Por exemplo, equipamentos de ginástica ou roupas esportivas podem ser comparados com mensalidades de academias e com honorários de *personal trainers*.

Descontos hiperbólicos e aversão a perdas

Descontos hiperbólicos significam simplesmente que tendemos a atribuir mais valor aos prazeres e às recompensas no momento em que os estamos desfrutando do que no futuro. Também somos propensos a valorizar mais as coisas depois que as possuímos.

Se o par de sapatos que compramos ficar apertado, mas não pudermos trocá-lo porque perdemos o recibo, vamos relutar em jogá-lo fora. Seria como se estivéssemos rasgando notas de dinheiro em valor equivalente ao que gastamos com a compra. Talvez não nos sentíssemos tão mal se o deixássemos, sem uso, no fundo do armário. Avance rápido alguns anos e descobrimos o par de sapatos no lugar onde o escondemos. Eles agora estão velhos, o valor de revenda é menor, e descartá-los já não parece tão doloroso. Contudo, quando pensamos a respeito, a saída não parece tão racional. O resultado é o mesmo, desperdiçamos a mesma quantia, mas uma opção é mais cômoda do que a outra.

Também somos mais sensíveis à possibilidade de perda do que à oportunidade de ganho. A aversão à perda é a razão por que os esquemas de experimentação gratuita são tão eficazes. Se alguém recebe um serviço ou possui um produto, experimentalmente, mesmo que por pouco tempo, é provável que a pessoa, agora, passe a valorizar mais o serviço ou produto e se torne mais propensa a adquirir o serviço ou produto.

Correlato à aversão à perda é o fato de sermos mais sensíveis a conceitos negativos do que a conceitos positivos. O professor Nilli Lavie, psicólogo da University College London, diz: "Não temos condições de esperar que a nossa consciência entre em ação se virmos alguém avançar em nossa direção com uma faca ou se estivermos dirigindo sob chuva ou nevoeiro, e percebermos um sinal de 'perigo'. Palavras negativas são mais impactantes – a mensagem 'Kill Your Speed', no sentido de 'mate a velocidade – pare de correr – não mate uma pessoa', que apareceu em campanhas de trânsito do Reino Unido durante muitos anos, é mais eficaz do que o convencional 'Slow Down' ou 'Reduza a Velocidade'".[9]

Calcule os riscos de perdas para a pessoa se ela não comprar o produto/serviço, e informe-a do resultado.

---

[9] Citado em: <http://news.bbc.co.uk/1/hi/health/8274773.stm>. Acesso em: 25 ago. 2016.

Prova social

Se vemos alguém fazendo alguma coisa, essa constatação pode diminuir imediatamente nossas preocupações com riscos e incertezas. Seguir os outros pode ser um atalho para tomar uma decisão. Ser parte da multidão é uma estratégia que temos usado desde os primórdios de nossa estratégia evolutiva para nos sentirmos mais seguros.

Dizer a alguém como outras pessoas semelhantes usaram o produto ou serviço fornece prova social e, alternativamente, informação de *feedback* sobre outra pessoa parecida com o cliente. É como dizer quantos clientes satisfeitos foram servidos na cidade no ano anterior ou falar sobre outros produtos ou serviços que outras pessoas consideraram úteis.

Justiça e reciprocidade

Nem sempre uma heurística no sentido estrito, mas sim uma característica de como aprendemos a interagir com os outros é a expectativa de que nossas interações sejam justas e equilibradas. À medida que nossos vínculos com uma empresa, ao longo do tempo, assumem as feições de um relacionamento pessoal, começamos a desenvolver em relação a ela algumas das mesmas expectativas que cultivamos em relação às pessoas. Se temos sido leais com determinada marca ou empresa, podemos ficar extremamente zangados se ela nos tratar de maneira que considerarmos injusta. Não nos parece certo recebermos o mesmo tratamento de um cliente de primeira compra ou de negócios esporádicos.

Revisitando o desafio da previdência pública e privada

Agora que examinamos algumas das técnicas da economia comportamental que facilitam as escolhas, pare um instante e pense um pouco no desafio da previdência pública e privada que já descrevemos. Reflita sobre os seguintes aspectos da maioria dos planos de previdência pública e privada:

1. Eles consistem em pagar agora por benefícios que usufruiremos daqui a muito tempo.
2. Quase todos os aspectos dos planos de previdência pública e privada envolvem muita burocracia, com o preenchimento de muitos formulários e a leitura de textos jurídicos e financeiros complexos.
3. Você contribui para a previdência e não recebe *feedback* instantâneo de que o dinheiro não entrou na sua conta. Em outras palavras, há um elemento de incerteza.

4. Fazer depósitos avulsos em sua conta de previdência pode ser um processo complexo, que envolve sucessivos passos e detalhes.

5. Finalmente, além da documentação que você provavelmente mantém arquivada em algum lugar, ou talvez no computador, os planos de aposentadoria pública e privada são invisíveis para os contribuintes na vida cotidiana. Poucas são as suas manifestações visuais.

Considerando esses aspectos, pense um pouco em como os princípios de *neurodesign* e de economia comportamental podem contribuir para atender melhor às nossas preferências inconscientes. Aqui estão minhas sugestões.

Torne o pagamento das contribuições rápido, divertido e fácil

A maioria das pessoas está acostumada a acessar serviços pelo smartphone, e esperamos que nossos aplicativos sejam simples e divertidos. Desenvolver um aplicativo de previdência pública e privada para smartphones pode ser uma boa maneira de facilitar o pagamento de contribuições. Atualmente, na maioria dos planos de previdência pública e privada, as pessoas têm muito trabalho para pagar as contribuições. Em contraste, um aplicativo para smartphones poderia fazer tudo com um ou dois toques. A outra vantagem de um aplicativo para smartphone é a maior acessibilidade. Sempre estamos com o smartphone em qualquer lugar, raramente o deixamos fora de alcance. Ver o ícone do aplicativo na tela é uma lembrança constante do serviço: não nos desligamos dele como da documentação guardada numa gaveta ou numa pasta de computador. Os aplicativos de previdência pública e privada para smartphones podem mudar nossa percepção do pagamento das contribuições. Atualmente, por causa da trabalheira, deixamos acumular valores significativos para pagar as contribuições. Com a facilidade oferecida pelos smartphones, estaríamos mais propensos a depositar valores menores, com mais frequência.

Os aplicativos para smartphones também oferecem a possibilidade de *feedback* instantâneo, confirmando que nosso pagamento foi recebido e sempre oferecendo uma maneira fácil de verificar a situação da conta de previdência. A possibilidade de obter essa informação com rapidez e facilidade elimina a insegurança advinda da incerteza.

Eis algumas outras sugestões, baseadas nos conceitos que vimos nos capítulos anteriores:

- Fluência de processamento:

– Certifique-se de que as informações legais e financeiras são traduzidas para um estilo legível (obviamente dentro das limitações impostas pelo sistema).

– Use infográficos para ilustrar os modelos financeiros das diferentes opções de previdência pública e privada, como os riscos e retornos ao longo do tempo.

- Primeiras impressões:

– Muita gente já tem muitas associações negativas com previdência pública e privada; portanto, diferencie rapidamente os seus serviços em comparação com os dos concorrentes. Os primeiros pontos de contato das pessoas com os seus serviços – em anúncios, no site ou em folhetos (como os de bancos) – devem transmitir imediatamente características notórias de simplicidade e facilidade.

– A maioria dos documentos e sites de previdência pública e privada parecem complexos e cansativos. Torne-os atraentes, mas simples.

- Destaque visual:

– A maioria dos documentos e sites de previdência pública e privada contém muitas informações; mas algumas informações são mais importantes do que outras. Ajude os usuários a identificar as informações prioritárias e as que exigem mais atenção, dando-lhes mais destaque visual.

- Estimulação multissensorial:

– Inclua diferentes tipos de percepções sensoriais em suas comunicações com os usuários. Por exemplo, um aplicativo de smartphone para facilitar o pagamento das contribuições deve incluir efeitos visuais e sonoros que confirmem o pagamento, e talvez que façam o aparelho vibrar. (A heurística do desconto hiperbólico atua contra a previdência pública e privada: devemos sacrificar o presente, renunciando a benefícios imediatos, em troca de ganhos no futuro. A inclusão de pequenos benefícios e recompensas no processo pode reduzir essa barreira.)

Alguns gestores de previdência pública e privada podem adotar algumas dessas técnicas; no momento em que estou escrevendo este texto, porém, não conheço nenhum que tenha explorado todo o potencial desses recursos. É provável que você não esteja envolvido em marketing ou em *design* de planos de aposentadoria pública e privada! No entanto, as observações acima são apenas exemplos de como o *neurodesign* e a economia comportamental podem revolucionar as interações com a previdência pública e privada.

Empurrões visuais

Empurrões são técnicas simples e rápidas para influenciar ou propiciar comportamentos. Aspecto importante do empurrão é não ser coercitiva. Não consiste simplesmente em forçar um comportamento, eliminando outras opções ou ameaçando com punições as pessoas refratárias. Em vez disso, o empurrão induz ou inclina a pessoa a se comportar da maneira desejada.

Os empurrões podem ser visuais. Por exemplo, a pasta de dentes Colgate descobriu que as campanhas tradicionais para lembrar as crianças de escovar os dentes depois de comer alimentos açucarados não eram muito eficazes. Embora seja compreendida na hora em que é recebida, a mensagem é logo esquecida. Ela já não está mentalmente disponível no momento em que é necessária (ou seja, pouco depois da ingestão alimentos açucarados). A Colgate, então, trabalhou com uma marca de sorvete para criar um empurrão visual inteligente: a haste no centro do sorvete foi desenhada para parecer uma escova de dentes[10] – atuando como lembrete, de maneira engraçada, no momento crítico em que o estímulo é mais importante.

A condução de veículos automotores é um bom exemplo de situação em que os empurrões visuais têm sido usados. Dirigir pode ser uma atividade típica do Sistema 1: muitas das nossas ações ao dirigir são quase automáticas. Os condutores precisam pensar e dirigir com rapidez, e as consequências da direção imprudente podem ser muito danosas. Os condutores usam a sinalização nas vias públicas como pistas para o Sistema 1: por exemplo, os sinais de limite de velocidade. Sinais interativos que rapidamente exibem um sorriso ou uma carranca se você estiver abaixo ou acima do limite de velocidade já se revelaram altamente eficazes como redutor da velocidade dos condutores.

---

[10] Disponível em: <https://nudges.wordpress.com/2009/03/23/nudge-for-sweet-teeth/>. Acesso em: 25 ago. 2016.

Ícones de semáforos nas embalagens de produtos alimentícios são bons empurrões visuais. Elas transformam informações nutricionais numéricas em alertas visuais coloridos, como as luzes de um sinal de trânsito luminoso. Os testes demonstraram que os *designs* com quatro cores e figuras humanas tendem a ser mais eficazes.[11]

Conceitos essenciais

Pré-ativação: a maneira como a visão ou a percepção recente de alguma coisa torna essa informação mais disponível para o cérebro e, portanto, pode influenciar nossas decisões e comportamentos.

Gostar *versus* querer: o cérebro tem processos distintos para gostar ou querer alguma coisa que vemos. O sistema de querer é mais extenso e mais suscetível à ativação.

Economia comportamental: a disciplina que estuda como tomamos decisões econômicas com base em atalhos ou heurísticas do Sistema 1.

Empurrões visuais: imagens que nos pré-ativam ou nos influenciam, sem que, necessariamente, tenhamos consciência do processo, sem nos impor alguma coisa.

Criação e teste de imagens e empurrões visuais convincentes

Na maioria dos parques públicos, os visitantes caminham pelas alamedas demarcadas. No entanto, frequentemente, você vê trilhas pisoteadas ou rasgadas na grama por pessoas que não se limitam a percorrer os caminhos convencionais. São como vias alternativas abertas pelos usuários.

Isso nos indica duas coisas. Primeiro, as pistas visuais das alamedas demarcadas são sinais poderosos que indicam os caminhos a percorrer; mas, segundo, quando os caminhos projetados não levam aos destinos almejados, as pessoas desbravam suas próprias trilhas e atalhos.

Com os métodos e os empurrões da economia comportamental, é importante testar sua eficácia. Construa os caminhos e veja se as pessoas os percorrem. On-line, isso é, obviamente, muito mais barato e rápido, na medida em que é possível aplicar testes A/B: mostra-se

---

[11] HALPERN, D. *Inside the Nudge Unit: How Small Changes Can Make A Big Difference*. Londres: Random House, 2015.

uma imagem a um grupo de pessoas e outra imagem a outro grupo de pessoas, e verifica-se qual é a mais convincente.

No entanto, embora você possa usar as heurísticas já descritas como guias para criar imagens e empurrões convincentes (e outras estão disponíveis on-line, se você pesquisar "behavioural economics heuristics", ou "heurísticas de economia comportamental", outro recurso eficaz pode observar o que os seus espectadores ou usuários gostam de fazer (quando abrem as próprias trilhas na grama), ou refletir sobre as circunstâncias em que as pessoas já adotam o comportamento a ser induzido. Que gatilhos visuais geralmente estão presentes quando os indivíduos já se comportam da maneira pretendida? A influência visual geralmente consiste mais em preparar o cenário para o comportamento do que em impor racionalmente o comportamento.

Resumo

- A persuasão nem sempre é consciente e racional. O modelo AIDA – que ainda influencia a mentalidade de muitos profissionais de marketing – está ultrapassado e não considera os atalhos inconscientes que podem levar alguém a ser persuadido.
- O fenômeno da dissonância cognitiva explica como o nosso comportamento, às vezes, pode influenciar atitudes (em vez de o contrário, que é a expectativa tradicional).
- A economia comportamental é uma disciplina que usa conhecimentos de psicologia para modelar a maneira como as pessoas fazem escolhas econômicas, geralmente via atalhos mentais inconscientes, ou heurísticas.
- Em vez de tentar convencer as pessoas racionalmente, as soluções de economia comportamental geralmente usam "empurrões": gatilhos simples que provocam o comportamento pretendido.
- Algumas das heurísticas mais importantes são: disponibilidade (a informação imediatamente à mão exerce efeito desmesurado sobre as escolhas e julgamentos); ancoragem e enquadramento (as comparações influenciam as escolhas); aversão à perda (somos mais sensíveis ao risco de perdas do que às oportunidades de ganhos); prova social (olhar para o comportamento alheio como orientação para o próprio comportamento); e reciprocidade (sentir que é justo fazer alguma coisa pelos outros que fizeram alguma coisa por nós).

DESIGN PARA TELAS   08

Figura 8.1: Média de horas que as pessoas passam por dia em cada tipo de tela

UM DOS TRUQUES de imagem mais interessantes que apareceram na internet nos últimos anos é o *split-depth gif*. São imagens animadas simples, distribuídas em três painéis, que criam efeito tridimensional incrível em telas comuns. Por exemplo, em um dos mais eficazes *split-depth gifs*, o desenho de um cão corre da esquerda para a direita, movimentando-se de um painel para o outro, depois parece correr para fora do painel direito em torno da moldura branca, por cima de um texto sobre a imagem, antes de correr de volta para outro painel.

O processo explora duas pistas visuais que usamos para julgar se estamos vendo alguma coisa em duas ou três dimensões. Primeiro, mostram objetos que saem do foco (no plano de fundo) e entram no foco, enquanto parecem mover-se em nossa direção. Evidentemente, esse processo é visto com frequência em vídeos, e em si não seria suficiente para criar efeito 3D.

O segundo truque, contudo, é mais inteligente. As imagens normalmente se dividem em três seções iguais, por linhas paralelas horizontais brancas. As linhas criam um conjunto extra de molduras em torno das imagens. O cérebro, acostumado a esperar que as imagens se mantenham dentro de uma moldura, surpreende-se, por um instante, ao ver uma imagem penetrar na moldura, daí resultando um tênue efeito tridimensional. No exemplo do cão, o efeito é reforçado pela movimentação do animal sobre a legenda embaixo da imagem. Em geral, vemos a legenda embaixo de uma imagem ou de uma animação como algo distinto, à parte, o que acentua ainda mais a impressão de que o cão saltou para fora da imagem (ver Figura 8.2 para compreender melhor como são os *split-depth gifs*).

Figura 8.2: Exemplo de *split-depth gifs*

Todos aprendemos que molduras são sinais para olharmos dentro delas. Seja a moldura de uma janela ou de uma pintura, seja a moldura de uma tela, elas sempre são pistas para olharmos o seu interior. Entretanto, também aprendemos que a maioria das molduras nos mostra algo que não é real ou que é uma simulação. Daí decorre que, embora atraiam a atenção, as molduras também podem nos fazer sentir um pouco afastados do que estamos vendo. As molduras e outras bordas (às vezes denominadas "dispositivos de sustentação") podem chamar a atenção, mas, seletivamente, um elemento de *design* que se projeta para fora do plano também pode dar-lhe um aspecto mais dinâmico, como se estivesse saltando do mundo artificial, cercado pela moldura, para a realidade do mundo exterior.

As molduras também são usadas para aumentar o destaque visual. As molduras podem acentuar o contraste de uma imagem. Por exemplo, a moldura de uma cor contra o plano de fundo de outra cor cria uma zona de contraste em torno do que você quer que seja visto. Como vimos no Capítulo 6, áreas de alto contraste têm mais destaque visual e, portanto, atraem mais o olhar, o que aumenta a probabilidade de serem observadas.

Evidentemente, o tipo de moldura visto com mais frequência no mundo de hoje é o da tela de computadores e de dispositivos móveis, que agora absorvem nossa atenção como nunca antes. Um quarto das horas em que estamos despertos, passamos diante de telas eletrônicas. Olhamos para vários formatos de tela: televisores, tablets, telefones móveis, laptops, etc. Frequentemente, nossos olhos pulam de uma tela para outra, como quando as pessoas estão navegando na internet em um dispositivo móvel, enquanto assistem a um programa de televisão.

Um estudo de 2014 pesquisou o tempo médio diário que indivíduos de 30 países desenvolvidos passam olhando para diferentes tipos de telas.[1] Em 16 deles, incluindo Reino Unido, Estados Unidos e China, o resultado foi superior a 6,5 horas – grande proporção das horas em que estão acordados. A composição média foi de, aproximadamente:

- smartphone: entre duas e três horas;
- laptop/PC: em torno de duas horas;

---

[1] Disponível em: <http://bgr.com/2014/05/29/smartphone-computer-usage-study-chart/. Acesso em: 25 ago. 2016.

- TV: entre 1,5 e duas horas;
- tablets: entre 0,5 e duas horas.

A TV, antes a rainha das telas, agora foi relegada a papel mais secundário em nossa vida. Mesmo enquanto assiste TV, muita gente agora também olha para outras telas – como de smartphone ou de tablet – simultaneamente.

A maioria do nosso tempo de tela hoje é dedicado a dispositivos interativos, em vez de à atividade mais passiva de ver TV. Assim, nosso relacionamento com telas é principalmente do tipo ativo, em que assumimos o controle, quase sempre escolhendo o que queremos ver, como na internet, e rapidamente clicando para longe do que não nos atrai.

Frequentemente esse controle se manifesta como a capacidade de nos afastarmos rapidamente de qualquer coisa que não capture de imediato nosso interesse, e se amplia pelo fato de só uma tela já não ser suficiente para nos engajar: frequentemente movimentamos os olhos entre duas telas, como a da TV e a de um dispositivo móvel. Se os usuários de internet já têm limiar de atenção breve, o problema é agravado pela multiplicidade de telas. Usar mais de uma tela ao mesmo tempo reduz ainda mais nosso limiar de atenção. Os psicólogos chamam o limiar de atenção de *memória de trabalho*, que se limita a de três a cinco informações.[2] Se deslocarmos a atenção entre telas, fragmentamos ainda mais o limiar de atenção, o que pressiona as imagens a serem tão envolventes e imersivas quanto possível.

O *design* para telas também tem suas próprias idiossincrasias. Mas como será que as percepções e as interações através de telas podem ser diferentes das percepções e interações no mundo real? Lemos de maneira diferente nas telas, estamos menos sujeitos a inibições sociais diante de telas, e nosso limiar de atenção para o que vemos nas telas depende da forma de apresentação.

A leitura é mais difícil em telas

Há décadas, os especialistas preveem o advento do escritório sem papel. À medida que as telas eletrônicas tornam-se maiores, melhores e mais baratas, as pessoas não quereriam, nem precisariam imprimir

---

[2] COWAN, N. The Magical Mystery Four: How Is Working Memory Capacity Limited, and Why? *Current Directions in Psychological Science*, v. 19, n. 1, p. 51–57, 2010.

tantos documentos. Ou assim se esperava. No entanto, embora as telas tornem-se cada vez mais comuns, o papel não foi embora.

Mesmo quando usam tablets, muita gente ainda gosta de imprimir documentos e ler no papel. E não são poucas as pessoas que preferem livros de papel a livros eletrônicos, ou e-books, por exemplo. O interessante é que essa preferência por papel pode não ser apenas nostalgia pelo charme da palavra impressa: há evidências de que absorvemos informações com mais facilidade quando lemos no papel, não em telas.[3]

A definição e a qualidade das imagens nas telas obviamente têm melhorado muito. Muitas telas hoje oferecem qualidade de imagem e texto sem precedentes, e formatos e-ink em leitores de e-books se aproximam cada vez mais da impressão em papel. Todavia, o papel ainda oferece vantagens em comparação com as telas de alta definição.

Ver e ler em telas pode ser mais dispersivo do que em papel. Primeiramente, há a tentação óbvia, sempre premente, na maioria dos dispositivos, de navegar para outro lugar na internet, ou de abrir um jogo ou aplicativo. Ler em livro de papel, por outro lado, pode ser atividade mais focada. O meio impresso é mais adequado para a leitura profunda: concentrar-se em seguir uma sucessão de aspectos e argumentos, e refletir cuidadosamente sobre cada um e o conjunto.

Além disso, ler uma página de internet ou um documento no computador exige rolar a tela constantemente. Precisamos manusear o mouse ou pressionar as teclas de rolagem e, à medida que a página desce, o texto se movimenta, o que exige reajustarmos os olhos. Tudo isso parece fácil e simples, mas consome recursos mentais. O psicólogo Erik Wästlund, que estudou comportamentos de leitura em telas, acredita que essas interrupções intermitentes podem prejudicar a leitura, ao interromper o fluxo de informações em nossa memória de curto prazo.[4] Enquanto lemos, precisamos, para compreender o

---

[3]   MANGEN, A.; WALGERMO, B. R.; BRØNNICK, K. Reading Linear Texts on Paper versus Computer Screen: Effects on Reading Comprehension. *International Journal of Educational Research*, v. 58, p. 61–68, 2013. Ver também: DILLON, A. Reading From Paper versus Screens: A Critical Review of the Empirical Literature. *Ergonomics*, v. 35, n. 10, p. 1297–1326, 1992; GOULD, J. D. *et al*. Reading Is Slower from CRT Displays than from Paper: Attempts to Isolate a Single-Variable Explanation. *Human Factors: The Journal of the Human Factors and Ergonomics Society*, v. 29, n. 3, p. 269–299, 1987.

[4]   Disponível em: <http://www.wired.com/2014/05/reading-on-screen-versus-paper/>. Acesso em: 25 ago. 2016.

fluxo de ideias, mantê-las parcialmente na memória de curto prazo, para interligá-las umas com as outras. Precisamos compreender cada período e conectá-lo com o significado do período anterior, e dos parágrafos antecedentes, integrando a estrutura geral.

O processo de leitura é mais interrompido quando se rola a tela do que quando se viram as páginas de um livro. Mesmo com os e-readers, perdemos o *feedback* táctil que recebemos quando seguramos um livro, e percebemos onde estamos fisicamente dentro do livro. A barra de progresso nos e-readers tenta compensar essa deficiência, mas ela não é tão intuitiva, táctil e aleatória. As telas são mais compatíveis com a leitura superficial do que com a leitura profunda e reflexiva.

Considerando que ler em tela é mais difícil do que ler em papel e que, como usuários de internet, somos inconstantes e impacientes, não admira que grande parte dos textos em páginas de internet sejam completamente ignorados. A empresa de analítica de internet, Chartbeat, acumulou muita experiência medindo até que ponto as pessoas rolam as reportagens e artigos on-line.[5] O padrão é cada quatro pessoas em dez abandonar a página quase imediatamente, enquanto a maioria só rolará até cerca de 60% da matéria.

Curiosamente, eles concluíram que ler apenas parte de um artigo não é obstáculo para compartilhá-lo: não se constatou relação entre os artigos mais lidos e os mais tuitados. Muita gente compartilhou artigos sem os ler na íntegra. E, tanto quanto se supõe, os destinatários que clicaram no link compartilhado tampouco leram todo o artigo!

Isso não é razão para apenas e sempre escrever textos breves – serve somente para alertar quanto à importância crescente de conquistar a atenção e de transmitir informações relevantes o mais cedo possível. *Design* e imagens podem compensar esse enfraquecimento da atenção. É importante transmitir tanta informação quanto possível, da maneira mais intuitiva e fácil possível. Lembre-se que os leitores de telas geralmente dividem a atenção e varrem os textos, escumando a superfície. As técnicas descritas no Capítulo 3 podem ser úteis aqui.

Entretanto, em alguns casos, pode ser vantajoso, em termos de economia comportamental, incluir longos textos. O subtexto é que o esforço foi grande, aumentando a confiança. Por essa razão, as listagens do eBay, com muito texto, são eficazes, mesmo que nem sempre necessárias.

---

[5] Disponível em: <http://www.slate.com/articles/technology/technology/2013/06/how_people_read_online_why_you_won_t_finish_this_article.html>. Acesso em: 25 ago. 2016.

Maneiras de aumentar a legibilidade dos textos

Há também padrões de como as pessoas reagem a diferentes *layouts* de texto. As pesquisas mostram que as pessoas leem mais rápido quando há mais palavras por linha (cerca de 100 caracteres por linha é o melhor), mas elas preferem textos com menos caracteres por linha (45 a 72).[6] Quando as pessoas estão motivadas e você precisa transmitir muitas informações, 100 caracteres por linha talvez seja preferível. Para estimular as pessoas a ler o texto, mantê-lo conciso – entre 45 e 72 caracteres por linha – é provavelmente o mais recomendado.

Considerando que as pessoas, em geral, só tiram a espuma dos textos on-line, é importante polir a clareza do texto. Uma ferramenta que pode contribuir para esse polimento é a fórmula de legibilidade Flesch-Kincaid. Ela testa a facilidade de leitura do texto, considerando a extensão dos períodos (quanto mais longos forem os períodos, mais difícil será a leitura) e o número de sílabas de suas palavras (quanto mais extensas forem as palavras, menos fluente será a leitura). É possível encontrar versões dessa ferramenta on-line, como, por exemplo, em: http://www.readabilityformulas. com/free-readability-formula-tests.php.

Talvez seja óbvio, mas, em especial para sites que serão acessados em dispositivos móveis, a escolha de uma fonte que pareça tão grande quanto possível é uma boa ideia. Essa recomendação nem sempre significa aumentar o tamanho pontual da fonte em uso. Algumas fontes em si parecem maiores que outras, mesmo com o mesmo tamanho pontual. Experimente quão diferentes parecem as fontes em dispositivos móveis.

Difícil de ler = difícil de fazer

Os *designers* hoje contam com variedade quase infinita de fontes à sua disposição. Evidentemente, a fonte pode ser escolhida pelo apelo estético ou pelo sentimento mais amplo por ela conotada: por exemplo, fonte básica para conotar o sentimento de seriedade; fonte altamente estilizada para conotar o sentimento de legado ancestral; ou fonte desenhada para conotar descontração e jovialidade. Há até um documentário popular dedicado exclusivamente à influência da fonte Helvética (intitulado simplesmente *Helvética*).

---

[6] DYSON, M. C. How Physical Text Layout Affects Reading From Screen. *Behaviour & Information Technology*, v. 23, n. 6, p. 377–393, 2004.

No entanto, o princípio da fluência de processamento, que vimos no Capítulo 3, aplica-se tanto a fontes quanto a imagens. Os textos que acompanham *designs*, como títulos e descrições, podem ajudar ou prejudicar o sentimento geral de fluência de um *design*, conforme o grau de legibilidade da fonte. Um estudo apresentou aos participantes um conjunto de instruções escritas sobre como executar determinado exercício de rotina. Metade dos participantes viu as instruções numa fonte muito clara (Arial), enquanto a outra metade as viu numa fonte mais difícil de ler.[7] Pediu-se, então, a eles que estimassem quanto tempo levariam para fazer o exercício, a dificuldade com que o executariam e a probabilidade de virem a experimentá-lo. Os participantes que leram as instruções na fonte mais legível estimaram menor duração, mais facilidade e maior probabilidade de fazer o exercício em comparação com os que leram as instruções na fonte mais difícil. Esses indivíduos estavam usando, inconscientemente, um atalho do tipo Sistema 1, considerando o próprio sentimento de facilidade ou dificuldade na leitura das instruções como indicador da facilidade ou dificuldade na execução do exercício! Isso tem implicações óbvias para o *design* não só de instruções, mas também de descrições de produtos e serviços.

O mais curioso, porém, é que há um benefício surpreendente em fontes menos fluentes: elas aumentam a probabilidade de compreendermos a informação. Pesquisas em laboratórios e salas de aula mostraram que a simples iniciativa de tornar uma fonte um pouco mais difícil de ler melhora a retenção do material apresentado.[8] Isso ocorre provavelmente porque lemos com mais cuidado e atenção fontes mais difíceis. Essa leitura mais cuidadosa e atenta propicia processamento mais profundo e completo da informação.

Um mito que remonta ao século XIX afirma que palavras em caixa-alta são mais difíceis de ler do que palavras em caixa-baixa, uma vez que as letras em caixa-baixa têm mais variedade de formas e, portanto, propiciam aparência mais singular a cada palavra, o que facilita seu

---

[7] SONG, H.; SCHWARZ, N. If It's Hard To Read, It's Hard To Do: Processing Fluency Affects Effort Prediction and Motivation. *Psychological Science*, v. 19, n. 10, p. 986–988, 2008.

[8] DIEMAND-YAUMAN, C.; OPPENHEIMER, D. M.; VAUGHAN, E. B. Fortune Favors the Bold (and the Italicized): Effects of Disfluency on Educational Outcomes. *Cognition*, v. 118, n. 1, p. 111–115, 2011.

reconhecimento. Novas evidências demonstram que essa suposição não é verdadeira.[9] Realmente lemos mais devagar palavras em caixa-alta, simplesmente porque estamos menos acostumados a esse formato.

Anúncios de vídeo e memória

Você alguma vez entrou num quarto para apanhar alguma coisa e, ao passar pela porta, não mais se lembrava do que iria buscar? É possível que isso não seja apenas má memória, mas consequência de como processamos informações. À medida que avançamos ao longo do dia, tendemos a agrupar os eventos em nacos. Por exemplo, você está vendo TV num quarto e o telefone toca em outro quarto. Você sai, atende o telefone e conversa com um amigo. Depois, você vai para a cozinha e toma uma xícara de café. Seu cérebro se lembrará desses três eventos separados. Os psicólogos denominam esse processo *segmentação de eventos*. É um pouco como o cérebro dividir suas percepções em cenas como de cinema, com cortes intermediários. O cérebro constrói um pequeno modelo da cena para rastrear o que está acontecendo. O modelo pode incluir elementos como o *layout* físico do quarto, os principais objetos existentes no quarto e as inter-relações entre os personagens que estão interagindo.

O momento em que uma cena em curso está terminando e uma nova cena está começando é chamado *fronteira de evento*, e as informações recebidas nessas fronteiras são lembradas depois com mais facilidade do que outras. Entretanto, enquanto transpomos a fronteira de um evento, as informações sobre as cenas anteriores saem de nosso campo de atenção imediato e tornam-se mais difíceis de lembrar. O cérebro, temporariamente, descarta o velho modelo da cena anterior para construir o novo modelo da cena seguinte.

Denominado "efeito umbral", ele ajuda a explicar por que frequentemente nos esquecemos do motivo de termos ido para outro quarto no momento em que passamos pela porta.[10] Isso

---

[9] RAYNER, K. Eye Movements in Reading and Information Processing: 20 Years of Research. *Psychological Bulletin*, v. 124, n. 3, p. 372, 1998.

[10] Disponível em: <http://www.scientificamerican.com/article/why-walking-through-doorwaymakes-you-forget/>. Acesso em: 25 ago. 2016.

também acontece quando estamos lendo. As implicações para os *designers* são que, quando você tem um fluxo de narrativa, como num vídeo, e está contando uma história por escrito, as informações que estão no começo ou no fim de uma cena têm mais probabilidade de serem armazenadas na memória de longo prazo.[11]

Nos vídeos, as informações no começo ou no fim de uma cena tendem a ser lembradas com mais facilidade. Mas se a pessoa já percebeu que a cena terminou, qualquer informação apresentada antes da próxima cena pode "cair nas frestas" e ser menos lembrada. Essa característica salienta o problema potencial decorrente da maneira como, normalmente, são estruturados os anúncios de vídeo. As marcas nos anúncios geralmente se destacam nos últimos momentos. Quando, porém, as pessoas sentem que a história da cena já terminou, o cérebro se distrai no processamento da cena em curso, à espera da próxima. Essa dispersão no fim da cena reduz a probabilidade de a marca ser lembrada depois. Outra abordagem que pode oferecer uma solução para esse problema é chamada "pulsação da marca". Em vez de concentrar a informação sobre a marca somente no final do anúncio, a pulsação da marca distribui a marca por todo o anúncio. O processo não precisa ser muito ostensivo e pesado; pequenas aparições dispersas podem ser suficientes. Talvez até seja eficaz incluir elementos que lembrem às pessoas da marca durante todo o anúncio, como formas ou cores que se associam à marca.

Do mesmo modo, nós nos lembramos de cenas em vídeos de acordo com a maneira como o cérebro as corta. A fronteira de um evento em um vídeo não é disparada, geralmente, por um corte de edição, mas por uma mudança no plano de fundo ou na cena em si.[12] Isso se relaciona com outras peculiaridades da memória: o "efeito Zeigarnik" e a "regra fim de pique".

---

[11] SWALLOW, K. M.; ZACKS, J. M.; ABRAMS, R. A. Event Boundaries in Perception Affect Memory Encoding and Updating. *Journal of Experimental Psychology: General*, v. 138, n. 2, p. 236, 2009.

[12] SCHWAN, S.; GARSOFFKY, B.; HESSE, F. W. Do Film Cuts Facilitate the Perceptual and Cognitive Organization of Activity Sequences? *Memory & Cognition*, v. 28, n. 2, p. 214–223, 2000.

O efeito Zeigarnik é a tendência de nos lembrarmos com mais facilidade de situações inconclusas do que de situações consumadas. As tarefas incompletas, por exemplo, atuam na mente até as concluirmos e as esquecermos. Os garçons tendem a se lembrar do pedido de uma mesa se ele ainda não foi pago. O efeito Zeigarnik mostra que deixar informações incompletas para que o espectador preencha as lacunas pode ajudá-los a se lembrar com mais facilidade.

A regra fim de pique significa que, ao falarem sobre uma experiência passada, a avaliação das pessoas é mais influenciada pela maneira como se sentiram no fim do pique emocional da experiência do que na conclusão da experiência em si. Ao desenhar experiências, vale pensar sobre como construir um momento de pique emocional, ou clímax, e deixar a pessoa em êxtase no anticlímax subsequente.

Efeito desinibição

Muitas de nossas tarefas diárias que envolviam interações presenciais hoje são conduzidas via telas. Isso acarreta um forte sentimento de anonimato e suscita o que os psicólogos denominam "efeito desinibição", ou a tendência de as pessoas on-line se sentirem menos inibidas pelas restrições sociais do que quando em interações ao vivo com outras pessoas. Por exemplo, somos mais honestos ao responder a questionários on-line do que quando alguém nos faz as perguntas face a face.[13]

As telas removem o sentimento de constrangimento, embaraço ou vergonha, que sempre se manifesta nas interações presenciais com outras pessoas. Evidentemente, o lado mais repulsivo desse efeito é a maneira às vezes agressiva e antissocial das interações on-line. No entanto, daí podem decorrer outros efeitos. As pessoas podem se comportar com mais honestidade on-line, tornando-se mais propensas a dar opiniões honestas (por exemplo, nas avaliações de serviços e produtos).

Outra consequência é, nas compras on-line, considerar maior variedade de produtos do que nas compras presenciais, em lojas

---

[13] LIND, L. H. *et al.* Why Do Survey Respondents Disclose More When Computers Ask The Questions? *Public Opinion Quarterly*, v. 77, n. 4, p. 888–935, 2013.

físicas. Por exemplo, um estudo sueco mostrou que as pessoas eram mais propensas a escolher bebidas alcóolicas, com nomes difíceis de pronunciar, nas compras on-line do que diante de um balcão, com um vendedor no outro lado. (Seja como for, sob a perspectiva da neurociência, dar a um produto um nome difícil de pronunciar quase sempre é má ideia! Além da resistência em mencioná-los, para não errar na pronúncia, esses termos são menos fluentes, o que pode fazê-los parecer, intuitivamente, menos "bons" para os consumidores.)

As pesquisas também mostram que, ao encomendar pizzas on-line, as pessoas escolhem maior variedade de coberturas e se importam menos com as calorias do que ao pedi-las à mesa ou no balcão. As compras on-line afastam o estigma social de ser considerado negligente ou relapso em relação à saúde e à forma física.[14] Assim como o efeito desinibição, as pessoas tendem a se sentir mais à vontade ao fazer pedidos complexos on-line, quando podem conferir o pedido com facilidade, do que ao serem atendidas por outra pessoa – quando existe o risco de cometer erros e de não ser compreendida.

Nas transações que envolvam informações embaraçosas, que as pessoas hesitam em transmitir em público ou em interações pessoais, o site pode ser o lugar ideal. E, com a acessibilidade em qualquer lugar e em tempo integral, a comunicação pessoal e a troca de informações a qualquer momento são cada vez mais fáceis.

Telas móveis

Com mais de 2 bilhões de pessoas com smartphone, a internet móvel é o maior mercado consumidor da história da humanidade.

As telas móveis são obviamente mais versáteis do que os laptops, desktops e TVs. O fato de estarem quase sempre à mão significa que são vistas com mais frequência e em mais lugares do que qualquer outra tela. Por exemplo, quando a pessoa tem tempo disponível, como quando está esperando numa fila, ou quando precisa de informação "just in time", ou imediata, como para chamar um táxi ou para reservar uma mesa num restaurante.

---

[14] GOLDFARB, A. *et al*. The Effect of Social Interaction on Economic Transactions: Evidence from Changes in Two Retail Formats. *Management Science*, v. 61, n. 12, p. 2963–2981, 2015.

Quando as pessoas passam a comprar em smartphones, elas acabam gastando mais e com mais frequência, talvez simplesmente porque agora têm mais oportunidades de comprar. Os smartphones permitem comprar em qualquer lugar, aumentando a conveniência.[15]

Os sites de compras no varejo podem ganhar com as *touchscreens* (telas sensíveis ao toque). Ao tocar no produto, mesmo numa *touchscreen*, a sensação é de estar mais perto de possuí-lo na vida real do que simplesmente ao clicá-lo ou ao percorrê-lo com o cursor na tela de um computador.[16] Embora a experiência de tocar na imagem de um produto na *touchscreen* de um smartphone ou de um tablet obviamente não seja tão rica quanto tocar no produto real – não se tem a sensação de peso e textura – ela já é mais imersiva e próxima da vida real. É algo semelhante aos *split-depth gifs* mencionados no começo deste capítulo.

O tamanho da tela também afeta a maneira como os dispositivos são capazes de nos convencer. Por exemplo, telas de smartphones maiores são obviamente melhores para ver vídeos do que telas de smartphones menores. Pesquisas compararam as respostas dos usuários que viram anúncios de internet em telas grandes (5,3 polegadas) e em telas pequenas (3,7 polegadas), constatando que os dois grupos reagiam de maneira diferente.[17] Em primeiro lugar, os anúncios de vídeo inspiravam mais confiança quando vistos em telas grandes e os anúncios de texto produziam o mesmo efeito em telas pequenas (os anúncios de texto também foram eficazes em telas maiores). A confiança é fator importante para induzir a intenção de compra, em especial quando as pessoas não conhecem a empresa ou nela não compraram antes. O efeito, porém, não se limitou ao grau de confiança, mas afetou também o tipo de confiança. Nas telas maiores, os anúncios de vídeo se mostraram melhores em gerar confiança emocional. Nas telas menores, os anúncios de texto foram mais eficazes em gerar confiança racional.

---

[15] WANG, R. J. H.; MALTHOUSE, E. C.; KRISHNAMURTHI, L. On The Go: How Mobile Shopping Affects Customer Purchase Behavior. *Journal of Retailing*, v. 91, n. 2, p. 217–234, 2015.

[16] BRASEL, S. A.; GIPS, J. Tablets, Touchscreens, and Touchpads: How Varying Touch Interfaces Trigger Psychological Ownership and Endowment. *Journal of Consumer Psychology*, v. 24, n. 2, p. 226–233, 2014.

[17] KIM, K. J.; SUNDAR, S. S. Mobile Persuasion: Can Screen Size and Presentation Mode Make a Difference to Trust? *Human Communication Research*, v. 42, n. 1, p. 45–70, 2016.

Confiança emocional envolve a sensação de segurança afetiva e outros sentimentos positivos em relação a ser cliente de uma empresa. Confiança racional proporciona mais tranquilidade quanto à competência e credibilidade de uma pessoa ou organização.[18]

Os pesquisadores descobriram que isso se explica pelas diferentes maneiras de os participantes processarem informações em telas de dois tamanhos. As telas maiores geravam mais respostas do tipo Sistema 1, ou seja, as pessoas faziam julgamentos intuitivos mais rapidamente. Assim era, porque ver um vídeo em tela maior propiciava experiência mais imersiva e disparava sensação de envolvimento multissensorial mais intenso, mais semelhante à de "estar lá", do que a de ver o mesmo vídeo em tela menor. Eles também especularam que, como o cérebro estava mais ocupado com o processamento de informações visuais e sonoras mais complexas, era mais provável que recorresse ao modo de economia de energia do Sistema 1. Em contraste, com anúncios de texto nas telas menores, as pessoas eram mais propensas ao pensamento racional e crítico, no modo de maior potência do Sistema 2, sobre os anúncios que estavam lendo.

Se você quiser que o usuário se sinta bem em fazer negócios com você e se imbua de um sentimento geral de segurança, use vídeo ou abuse de imagens. Personalizar a página, nela incluindo o nome da pessoa ou outros detalhes, pode ajudar a fazer com que ela pareça mais imersiva, assim como permitir que o usuário entre com informações pelo microfone do dispositivo, ou incluir na página elementos de toque mais sofisticados, ou explorar o recurso de vibração, de modo a acrescentar *feedback* táctil. Caso seja conveniente tranquilizar o usuário quanto à sua competência e credibilidade, use muito texto. Evidentemente, a combinação de vídeo e imagem com texto pode reforçar os dois tipos de confiança, mas com o breve limiar de atenção dos consumidores, sobretudo se estiverem usando um dispositivo móvel em paralelo a outras atividades, talvez seja necessário focar em recursos visuais ou em recursos textuais.

À medida que smartphones mais sofisticados tornam-se populares, talvez seja possível induzir sentimentos mais imersivos de "estar lá", em páginas de internet e em anúncios on-line, estimulando o senso

---

[18] JOHNSON, D.; GRAYSON, K. Cognitive and Affective Trust in Service Relationships. *Journal of Business Research*, v. 58, n. 4, p. 500–507, 2005. (Na literatura sobre pesquisas, a confiança emocional e a confiança racional são denominadas *confiança afetiva* e *confiança cognitiva* – só mudei os termos a bem da simplicidade e da clareza.)

de toque dos usuários, por meio de efeitos como interação mais intensa e fluida com os produtos em *touchscreens* – como girar imagens de alta definição em 3D.

Além de propiciar experiências mais imersivas em telas, também é importante compreender nossos vieses intrínsecos referentes aos pontos de atração dos olhos nas telas.

Gamificação

Os jogos de computador e smartphone usam várias técnicas para engajar as pessoas em tarefas que não raro podem ser muito difíceis. Nós os jogamos pelo prazer de jogar (ou seja, jogos que não envolvem apostas e não oferecem possíveis recompensas financeiras), porque são divertidos e geram um senso de realização. Gamificação é a prática de explorar os atributos dos jogos em outras áreas não lúdicas, que não envolvem jogos em si, como incluir animações divertidas e efeitos sonoros emocionantes e engajadores ou permitir aos usuários o acúmulo de pontos ou recompensas mediante competições.

A gamificação pode ser muito útil para estimular as pessoas a manter um comportamento ao longo do tempo. Pode ser usada para recompensar a lealdade ou para estimular a persistência e o progresso em programas de fitness, por exemplo.

Viés de fixação central

Na Idade Média, pouco depois da invenção da prensa móvel por Gutenberg, o método de composição das páginas impressas era considerado segredo comercial. No entanto, eles consistiam basicamente em criar uma área de impressão com as mesmas proporções da página, semelhante aos efeitos de autossimilaridade que examinamos no Capítulo 3, o que contribuía para que as páginas parecessem intuitivamente mais atraentes.

Hoje, a internet também tem seus padrões ocultos, que influenciam o grau de intuitividade de uma página para o observador. Ao serem expostas a conjuntos de imagens – como numa página de internet ou nas prateleiras de um supermercado –, as pessoas tendem a olhar para o centro e escolher o meio, em vez de olhar para os lados e escolher as bordas. Também são propensas a olhar para o canto superior esquerdo.[19] É o que os psicólogos denominam *viés de fixação central*.

Diferentes fatores podem interferir no viés de fixação central. Por exemplo, em telas ou em *designs* de embalagens, a expectativa dos observadores é encontrar mais informações no meio, por ser o que aprenderam com a experiência (ver a seção sobre "prototipicidade", no Capítulo 4). Sabemos que os olhos se fixam onde esperam encontrar mais informações significativas (ao contrário, por exemplo, de áreas onde meramente se concentram mais detalhes). Ao se desviarem para outro ponto, também tendem a voltar para essas áreas, em vez de se fixarem em novas áreas.[20]

Do mesmo modo, no mundo real, onde os olhos percorrem todo o campo visual, podemos desenvolver o hábito de ver as coisas em que estamos mais interessados no centro do campo visual simplesmente porque nos posicionamos para vê-las melhor. Também é possível que haja razões evolutivas por trás de nossa rejeição pelas bordas: é possível que, na luta pela vida e a sobrevivência do mais apto, tenhamos desenvolvido o medo inconsciente de estar nos limites da multidão, onde estamos mais sujeitos a ataques de predadores.

O viés de fixação central parece ser um fenômeno geral, não importa para onde se esteja olhando. Por exemplo, num estudo de radiologistas procurando nódulos em imagens de tomografia computadorizada de pulmões, mais de 80% deles não perceberam a imagem de um gorila que havia sido inserida no canto superior direito das imagens,[21] apesar de a imagem do gorila ser 50 vezes maior do que um nódulo médio de pulmão. Se até observadores treinados, como radiologistas, deixam de perceber certos objetos, o visitante comum de sites de internet por certo está sujeito à mesma tendência.

A inclinação para o centro ou para o canto superior esquerdo depende da clareza dessas áreas no conjunto. Por exemplo, em um conjunto de imagens três por três, há uma imagem no centro, e há

---

[19] FALK, R.; FALK, R.; AYTON, P. Subjective Patterns of Randomness and Choice: Some Consequences of Collective Responses. *Journal of Experimental Psychology: Human Perception and Performance*, v. 35, n. 1, p. 203, 2009.

[20] KAPOULA, Z. *et al.* Effect of Title on Eye-Movement Exploration of Cubist Paintings by Fernand Léger. *Perception*, v. 38, n. 4, p. 479–491, 2009.

[21] DREW, T.; VÕ, M. L. H.; WOLFE, J. M. The Invisible Gorilla Strikes Again: Sustained Inattentional Blindness In Expert Observers. *Psychological Science*, v. 24, n. 9, p. 1848–1853, 2013.

evidências de que a maioria das pessoas olhará para essa imagem mais do que para as outras imagens. Entretanto, num conjunto quatro por quatro, não há imagem no meio. Em vez disso, o centro é composto por quatro imagens. Nesse caso, o canto superior esquerdo é o que atrai mais olhares (ver Figura 8.3). Do mesmo modo, quando o conjunto é dois por dois, de novo não há imagem no centro, e a imagem no canto superior esquerdo é a que chama mais atenção.

Figura 8.3: Quando os itens estão em forma de grade, quando há uma posição central (como na grade à esquerda), tendemos a olhar para esse ponto primeiro. Se não há uma posição central (como na grade à direita), tendemos a olhar primeiro para a posição no canto superior esquerdo

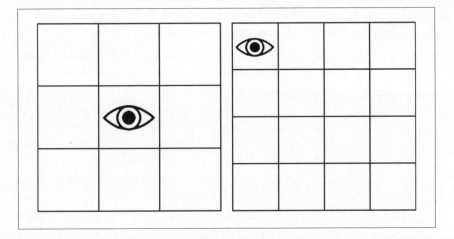

Esses vieses visuais também se manifestam em como as pessoas tomam decisões. Da mesma maneira como as pessoas são mais propensas a escolher itens com mais destaque visual, os itens posicionados no centro são mais ostensivos ou conspícuos e têm mais probabilidade de serem considerados.

Esses vieses são importantes nas páginas de internet, onde as imagens frequentemente são apresentadas em conjuntos, às vezes no formato de menu. As imagens a serem vistas primeiro ou a atraírem mais atenção devem ser colocadas no canto superior esquerdo, quando não há posição central, ou no centro, quando existente. O efeito é semelhante ao do destaque visual, inclinando os olhares para essas posições. A combinação das duas estratégias – acentuar o destaque visual e posicioná-las no centro ou no canto superior esquerdo de um conjunto, quando adequada – pode dar um impulso extra na atenção.

Proporções de telas

Até cerca de 2003, a maioria das telas de computador tinha mais ou menos as mesmas proporções das velhas telas de TV: 4 x 3 – quase um quadrado. Então, durante poucos anos, a indústria evoluiu quase para uma proporção áurea de 16 x 10, tornando as telas mais atraentes e mais intuitivas. Por volta de 2010, mudou de novo, mas de maneira menos drástica, com a proporção 16 x 9, que é melhor para ver filmes. No entanto, o tamanho da tela é medido pelo comprimento da diagonal de um canto superior para o canto inferior oposto. Portanto, uma tela de 28 polegadas com proporção 4 x 3 efetivamente tem maior área de visualização (250 polegadas quadradas) do que uma tela de 28 polegadas com proporção 16 x 9 (226 polegadas quadradas).[22]

Viés de visualização horizontal

As pessoas também têm o viés de visualização horizontal em relação às telas. Achamos mais fácil varrer a tela com os olhos da esquerda para a direita (ou vice-versa) do que de cima para baixo.

Ao visualizar imagens de todos os tipos, as pessoas tendem a olhar primeiro para a esquerda da imagem e depois avançar para a direita. Isso significa – como vimos no fenômeno da pseudonegligência, no Capítulo 3 – que o lado esquerdo das imagens é mais visto, e que as informações à esquerda da imagem se destacam mais no cérebro que as informações à direita da imagem. Também significa que somos mais propensos a olhar da esquerda para a direita do que de cima para baixo. Essas tendências têm implicações para aspectos como *design* do menu na tela. O menu horizontal tende a ser, em geral, melhor do que o menu vertical.

As evidências também mostram que adotamos padrões de fixação mais horizontais do que verticais.[23] Sob uma perspectiva evolucionista, isso faz sentido. Temos dois olhos, posicionados horizontalmente, um ao lado do outro. Nossa maneira de ver as coisas é mais otimizada

---

[22] BARROW, J. D. *100 Essential Things You Didn't Know You Didn't Know about Math and the Arts.* Londres: WW Norton & Company, 2014.

[23] OSSANDON, J. P.; ONAT, S.; KOENIG, P. Spatial Biases in Viewing Behavior. *Journal of Vision*, v. 14, n. 2, p. 20, 2014.

por um olhar horizontal do que vertical. Nossos ancestrais precisavam olhar mais para a esquerda e para a direita do que para baixo e para cima. Por exemplo, ao caminhar, eles certamente vasculhavam a paisagem com os olhos movimentando-se mais na horizontal, de um lado paras o outro, do que na vertical, do solo para o céu. *Designs* que nos levam a olhar para os lados provavelmente nos parecem mais fluentes do que os *designs* que nos fazem olhar para baixo e para cima. Isso talvez ajude a explicar a preferência por retângulos horizontais, que apresentam informações da maneira como preferimos vê-las.[24]

Também vale notar que isso representa uma desvantagem para as pessoas que veem o mundo em smartphones. A tela retangular dos smartphones são tipicamente orientadas na vertical (retrato), em vez de na horizontal (paisagem), por ser esta a maneira mais natural de segurá-los.

Para apresentar informações no lado direito da tela, ou mais na vertical do que na horizontal, e se quiser destacá-la, há um recurso para compensar os vieses para o sentido esquerda-direita e para a disposição na horizontal: colocar as imagens ou textos dentro de uma caixa ou moldura ajudará a atrair o olhar das pessoas.[25]

Estudo de caso: Netflix

Compreender como as pessoas reagem a imagens em telas é fundamental para o sucesso da Netflix, serviço de *streaming* on-line para filmes e programas de televisão. O que leva as pessoas a ver filmes ou programas de televisão? A Netflix passou vários anos pesquisando para responder a essa pergunta. Como plataforma interativa on-line, ela tem excelentes condições para rastrear o que as pessoas olham e buscam e a que efetivamente assistem.[26] A primeira descoberta interessante é que 82% da navegação dos usuários era mais direcionada por imagens do que por textos, confirmando que as pessoas, geralmente, confiam mais em imagens do que em palavras quando navegam na internet

---

[24] Disponível em: <http://www.independent.co.uk/news/science/why-some-shapes-are-morepleasing-to-the-eye-than-others-1847122.html>. Acesso em: 25 ago. 2016.

[25] Disponívelem:<http://www.sciencedirect.com/science/article/pii/S0042698912 003914>. Acesso em: 25 ago. 2016.

[26] Disponível em: <http://www.fastcompany.com/3059450/netflix-knows-which-pictures-youll-click-on-and-why>. Acesso em: 25 ago. 2016.

e quando tomam decisões. A qualidade das imagens também era importante para convencer os usuários a ver alguma coisa.

As pesquisas da Netflix revelaram vários aspectos importantes de como as pessoas reagem a imagens:

1. Imagens de três ou menos pessoas

Embora o aspecto mais alardeado de muitos filmes e programas de televisão seja o tamanho e a fama do elenco, os usuários, ao navegar, preferem imagens com apenas três ou menos pessoas. É algo semelhante ao princípio da subitização perceptiva, que examinamos no Capítulo 3: nossa capacidade de processar um pequeno número de itens automaticamente; portanto, quando há mais de quatro ou cinco itens – como pessoas – numa imagem, temos de processá-los uma a uma.

2. Emoções faciais complexas

Vimos no Capítulo 5 como as imagens de rostos são importantes para engajar as pessoas. O que a Netflix descobriu foi que expressões fisionômicas complexas e sutis eram especialmente eficazes em atrair o interesse dos usuários. Como somos muito hábeis em decodificar emoções e intenções no rosto das pessoas, é possível conotar muitas ideias e emoções diferentes a serem representadas em filmes ou programas de televisão meramente por meio de fisionomias.

3. Mostrar o vilão

Talvez o mais surpreendente, mostrar o vilão, revelou-se mais eficaz do que mostrar o herói. A constatação foi confirmada tanto em filmes ou programas para crianças quanto em filmes de ação comuns. Mostrar o vilão provavelmente oferece aos espectadores melhor percepção do conflito que será apresentado.

Embora as telas não apresentem as vantagens do papel para leituras profundas, elas oferecem muitas oportunidades para a transmissão de informações. As telas não fornecem o *feedback* táctil intuitivo do papel e dos livros convencionais, mas podem proporcionar mais imersão, por meio de imagens, vídeos, e efeitos de toque e vibração (nos dispositivos móveis). Ao usar algumas das técnicas descritas no Capítulo 3 para tornar os *designs* mais intuitivos, é possível superar o breve limiar de atenção dos espectadores.

Com a maioria dos *designs* sendo vistos on-line, agora também é muito mais fácil testá-los. Os testes A/B on-line talvez sejam a maneira mais fácil de analisar os efeitos das imagens. Em qualquer página de internet, duas ou mais versões de uma imagem podem ser usadas para diferentes usuários, e é possível medir as diferenças em taxas de cliques ou tempo de visualização entre as diferentes imagens.

Resumo

- Ler textos é mais difícil on-line do que no papel, e lemos com menos profundidade em telas.

- Ao ver narrativas em vídeo ou ler narrativas em textos, nós as processamos mentalmente em termos de eventos ou cenas diferentes. A informação tende a ser mais lembrada se for apresentada no começo ou no fim de uma cena, mas cuidado ao incluir informações importantes entre cenas, pela menor probabilidade de serem arquivadas na memória.

- Em geral, use fontes nítidas, fáceis de ler. No entanto, se for necessário apresentar informações que atraiam atenção concentrada e sejam lembradas depois, use fontes mais estilizadas e um pouco mais difíceis de ler.

- Tendemos a nos sentir menos inibidos por julgamentos sociais on-line – fenômeno denominado *efeito desinibição*. Portanto, é possível que compremos on-line o que hesitaríamos em comprar pessoalmente, numa loja física, na presença de outras pessoas, ou considerando a variedade mais ampla de produtos (em especial, os com nomes difíceis de pronunciar).

- Quando as imagens são arrumadas em grupos ou em grades, temos a inclinação de ver primeiro a imagem central, ou, na falta de um centro absoluto, aquelas situadas no canto superior esquerdo da imagem.

- Também temos o viés de olhar primeiro para a esquerda e depois para a direita numa tela, e de achar mais fácil varrer a tela na horizontal do que na vertical. Esses efeitos podem ser superados colocando as imagens ou textos numa caixa ou moldura.

DESIGNS VIRAIS 09

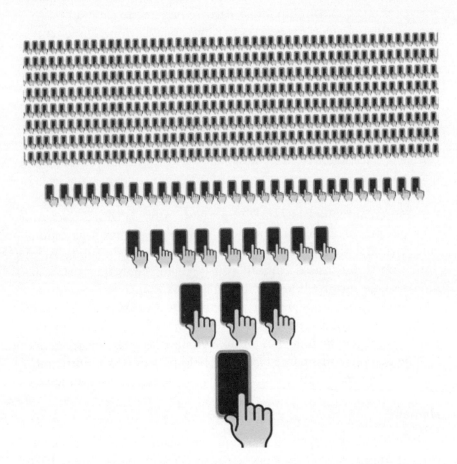

Figura 9.1: As imagens contagiam on-line da mesma maneira como os vírus contaminam a natureza

DURANTE A PRIMEIRA GUERRA MUNDIAL, uma imagem curiosa começou a aparecer nas paredes de bases da Força Aérea e nas laterais dos vagões ferroviários. Membros das Forças Armadas australianas estavam grafitando inscrições "Foo was here"– exemplo espontâneo do que agora poderíamos chamar "propaganda viral", a não ser pelo fato de ninguém estar anunciando nada, mas apenas dizendo que um militar esteve naquele local. Essas imagens virais se espalharam ainda mais durante a Segunda Guerra Mundial, com os americanos alardeando "Kilroy was here", e os britânicos propalando "Chad was here" (A versão brasileira seria algo do tipo "O Moita esteve aqui"). A inscrição era acompanhada do desenho de um homem careca, espiando furtivamente atrás de um muro, com um longo nariz se projetando além do muro.

Curiosamente, o nariz de Foo/Kilroy/Chad/Moita é uma curva clotoide, ou espiral de Cornu. As curvas clotoide são como Us estendidos. Aparecem em *designs* tão variados quanto montanhas-russas e rampas de saída em rodovias, que permitem aos motoristas retornar na direção oposta. Também são muito comuns em desenhos ao acaso. Esse tipo de curva aparece nesses três exemplos, e em muitos outros, porque é o percurso mais espontâneo de um objeto que se move em velocidade constante – como um trem de montanha russa, um automóvel ou a mão que conduz um lápis.[1] As curvas clotoide são simplesmente as mais fáceis de desenhar; elas têm fluência de processamento para quem as traça.

No entanto, o ponto mais importante sobre o Moita é ser um exemplo precursor de imagem viral. O desenho se propaga espontaneamente, sem nenhuma pessoa ou organização o dirigindo. Além disso, tem alguns traços comuns com imagens virais que vemos na internet hoje: envolve humor e rostos. Todavia, enquanto em capítulos anteriores examinamos atributos que tornam as imagens atraentes ou esteticamente agradáveis, veremos que as curvas clotoide podem prejudicar a imagem quando a intenção é viralizá-las. Esse personagem é fácil de desenhar, mas não é fácil, nem belo para os olhos. Entretanto, isso não importa muito quando se trata de espalhá-lo como meme.

Memes

Em geral, as imagens e ideias que viralizam passam a ser conhecidas como memes. O conceito de meme foi introduzido em 1976

---

[1] BARROW, J. D. *100 Essential Things You Didn't Know You Didn't Know about Math and the Arts.* Londres: Norton, 2014.

pelo biólogo Richard Dawkins, no livro *The Selfish Gene* (ed. bras. *O gene egoísta*, tradução de Rejane Rubino, Companhia das Letras, 2017).[2] Enquanto gene e um conjunto de informações biológicas que se multiplica na reprodução de organismos vivos, meme é, por analogia, uma ideia que evolui e se propaga através da cultura humana. Ampliando a analogia: da mesma maneira como os desafios do meio ambiente pressionam as espécies a evoluir, os memes evoluem na medida em que são úteis em termos culturais. Essa utilidade pode consistir simplesmente em nos divertir, ajudar a nos comunicar e nos interligar socialmente. Esse conceito de meme nos inspirou até no campo acadêmico com a disciplina memética, que estuda como os memes se espalham, conforme padrões evolutivos e outros modelos científicos.

A essência do meme é adaptar-se e se reproduzir. Nem todas as ideias se tornam memes. Um mito antigo que sobrevive há milênios é um bom exemplo de meme. Compreender como os genes se propagam exige o estudo de biologia; compreender como os memes se espalham requer o estudo da mente. Os memes visuais são, portanto, tema importante para o *neurodesign*.

Analisar os memes e o que os torna eficazes pode oferecer *insights* sobre como popularizar *designs* que se difundam por conta própria. As pessoas querem que suas imagens se tornem virais. O marketing viral pode ser turbinado on-line, assim como as imagens mais contagiosas podem se reproduzir e se alastrar como vírus reais, sem nenhum dos custos associados à propaganda (até algum tempo atrás a única maneira efetiva de promover a visualização em massa).

O futurólogo Alvin Toffler, em seu livro de 1980, *The Third Wave* (ed. bras. *A terceira onda*, tradução de João Távora, Record, 2014), cunhou o termo "prosumer" (prossumidor), para descrever a mistura dos papéis de consumidor e produtor.[3] Décadas depois, vemos como a internet está confirmando a previsão. Centenas de milhões de pessoas em todo o mundo fazem o *upload* do seu próprio conteúdo visual, alguns totalmente originais, outros, uma mescla de imagens ou vídeos em circulação. Quase 2 bilhões de imagens são lançadas na rede todo santo dia.[4] Os memes visuais são um fenômeno de prossumidores. Podem surgir como imagens de cultura popular, como fotos de celebridades,

---

[2] DAWKINS, R. *The Selfish Gene*. Oxford: Oxford University Press, 1976.

[3] TOFFLER, A. *The Third Wave*. London: Pan, 1981.

[4] KELLY, K. *The Inevitable*. Nova York: Viking, 2016.

mas depois são adaptadas, ampliadas ou simplificadas. Centenas de horas de vídeo são carregadas a cada minuto só no YouTube, grande parte produzida ou mesclada pelo próprio usuário.

A vantagem viral das imagens mescladas é que já chegam com reconhecimento implícito e com o apelo da familiaridade. Também se espalham com mais eficácia se forem introduzidas numa rede já consolidada de fãs e de pessoas interessadas. Por exemplo, acrescentar uma citação engraçada a uma imagem de *Jornada nas Estrelas* é compartilhada com muita frequência nas mídias sociais por fãs desse universo ficcional. Ou se alastram, por explorarem alguma coisa com apelo difuso, como a graciosidade de gatos e bebês.

Portanto, as imagens virais on-line que fazem grande sucesso têm dois componentes: social e visual. As influências sociais decorrem de aspectos como quantidade de seguidores da pessoa ou organização que posta a imagem ou vídeo, até que ponto são alvos de apreciação e confiança, e outros. Também há o efeito da imagem em si: se ela atrai pessoas. Da conjugação desses dois efeitos, talvez resultem visuais virais, difíceis de estudar de maneira controlada. Por exemplo, uma imagem pode tornar-se sucesso viral (a) por ter sido concebida, em si, para disparar o sentimento de compartilhamento com os outros, ou (b) por ter tido a sorte de ser compartilhada por pessoas com grande quantidade de seguidores nas mídias sociais. Da mesma maneira, uma imagem pode ser compartilhada caso se relacione com alguma coisa que tem sido mencionada com frequência na empresa ou que conte com o apoio de alguma celebridade. Os tipos de imagem em que estamos interessados aqui são aquelas que se tornam virais por força do *design* em si, não em virtude de seu conteúdo social. Precisamos olhar mais para o mundo real para compreender o que faz uma imagem compartilhada com sucesso.

Memes de internet

O que Barack Obama, o astrofísico Neil deGrasse Tyson, o músico Freddie Mercury e os atores Jackie Chan, Patrick Stewart e Nicolas Cage têm em comum? A resposta é que cartuns do rosto deles se transformaram em memes populares on-line. Cada desenho capta com perfeição um sentimento ou um momento social com que todos nos relacionamos. Essas imagens, então, podem ser postadas em fóruns de discussão, seções de comentários de sites e em mídias sociais, como maneira abreviada de responder a um tópico em discussão. São um pouco como emoções:

maneira muito usada de expressar sentimentos graficamente. Essas celebridades, em especial, provavelmente tornaram-se populares como memes por serem altamente reconhecíveis entre os homens jovens que predominam nos anárquicos fóruns de discussão on-line, como Reddit e 4Chan, onde muitos desses memes se originaram e se espalharam.

Figura 9.2: Memes virais na internet

Esses memes tipicamente retratam um sentimento que não tem um termo próprio ou que não se descreve com uma única palavra. São semelhantes a uma nova forma linguística que se tornou popular com a ascensão das mídias sociais: "No momento em que..." É um novo tipo de construção, que surgiu espontaneamente para ajudar as pessoas a comunicar sentimentos geralmente típicos de determinada ocasião ou evento, a qual, pela simples descrição de um momento único, leva os circunstantes a sorrir e acenar em reconhecimento. Por exemplo: "*no momento em que* você percebe que esqueceu as chaves", ou "*no momento em que* você não consegue parar de rir ao contar uma piada e, ao terminar, percebe que nenhum de seus amigos riu". Os linguistas a denominam *oração subordinada* – não é um período completo e exige o preenchimento de uma lacuna, como num quebra-cabeça. Em outras palavras, omitem uma oração principal do tipo "Lembra de como é quando..." *no momento em que...* ou "Sabe o que você sente" *no momento em que...*.

Como já vimos, o cérebro adora enigmas simples, pois temos um breve surto de prazer ao resolvê-los. Os enigmas que nos desafiam a preencher lacunas estão usando o efeito Zeigarnik: as coisas incompletas geram uma tensão que as deixam em aberto na mente até encontrarmos a solução. É difícil ler uma oração subordinada sem acrescentar automaticamente a oração principal omitida. As orações subordinadas também conotam a premissa implícita de que o sentimento a que se referem é universal. Ao dizer: "No momento em que...", sem definir explicitamente o sentimento, você está confiante em que os outros também conhecem o sentimento. É uma forma de expressão eminentemente social.

Embora "meme", de início, designasse de maneira mais geral ideias que se difundem e evoluem, o termo agora assumiu este significado mais específico: cartuns ou fotos de humor que tipicamente captam um sentimento facilmente reconhecível. Às vezes, tendências mais gerais, como certos tipos de vídeos do YouTube ou hashtags de mídias sociais, são descritas como memes, mas o verdadeiro meme é a imagem humorística que ilustra sentimentos.

Os usuários geralmente adaptam esses memes a temas atuais, acrescentando texto. Por exemplo, ao comentarem como reagiram a uma notícia em curso sobre uma celebridade, ou simplesmente ao contarem uma história abreviada de alguma coisa interessante ou engraçada que fizeram. Isso ajuda o meme visual a se espalhar, tornando-o bastante versátil para se ajustar a diferentes situações; ele se torna adaptável. Como genes biológicos reais, eles podem mudar, e essas mutações podem ajudá-los a se propagar ainda mais.

As imagens mais virais da internet

Quando esta página foi escrita, as 20 imagens on-line mais virais de todos os tempos apresentavam, predominantemente, rostos, humanos (13) ou animais (7). Doze delas podem ser consideradas cômicas; e apenas três representam celebridades ou pessoas famosas. Animais com aparência estranhamente associável a humanos se destacam em seis das imagens (por exemplo, um gato com fisionomia rabugenta). Animais *Photobombing* – que se intrometem no enquadramento da foto – aparecem em duas das imagens, como uma arraia manta que desponta atrás de um grupo de mulheres na água, como se as estivesse abraçando, e um esquilo que irrompe na foto de um casal em meio à imensidão, olhando direto para a câmera. Como os animais com expressões associáveis a humanos, os que despontam em fotos são fontes de humor e de familiaridade inesperada em atividades que normalmente relacionamos com humanos. Embora os profissionais de marketing geralmente assumam que beleza e atração física são os indutores mais poderosos de imagens populares, apenas duas das 20 imagens virais focam explicitamente no fascínio do personagem central.[5]

Memes e *neurodesign*

Os memes de internet podem ser o cúmulo da forma em *neurodesign*. Eles aplicam numerosos princípios de *neurodesign* que analisamos nos capítulos anteriores:

- **Efeito mudança de pique** (ver Capítulo 2)

  Muitos memes são como caricaturas. Por exemplo, os baseados em pessoas reais, apesar de serem com frequência desenhos simples, são reconhecíveis na hora. Embora não apresentem os traços exagerados das caricaturas típicas, captam a essência – ou *rasa* – da pessoa, inclusive fisionomia ou postura muito típica do indivíduo.

- **Minimalismo** (ver Capítulo 3)

  Os memes são muito simples e facilmente compreensíveis. Eles tendem a evoluir e a se tornar mais simples com o passar do tempo. Por exemplo, fotos se convertem em desenhos de linha. Ao mesmo tempo em que acentua o efeito mudança de pique, a conversão da foto em desenho de linha também a torna minimalista. Esse minimalismo não só confere à imagem um apelo neural, mas também lhe transmite uma vantagem técnica: é eficaz em variedade mais ampla de formatos de tela, mesmo em resoluções mais baixas.

- **Familiaridade inesperada** (ver Capítulo 3)

  Memes de animais exploram o poder da familiaridade inesperada. Um meme popular no Reddit apresenta a foto de uma foca

---

[5] Disponível em: <http://www.worldwideinterweb.com/8355-most-viral-photos-of-all-time-according-to-google/>. Acesso em: 25 ago. 2016.

inclinando a cabeça para trás com a face congelada em notória expressão de pânico embaraçoso – o tipo de sentimento que se tem ao perceber que fez alguma coisa errada ou cometeu uma gafe e receia que alguém a tenha percebido. Esse tipo de antecipação receosa é algo com que todos nos associamos, mas não esperamos ver no rosto de um animal, o que lhe imprime o apelo da familiaridade inesperada.

Além disso, os sentimentos captados por esses memes geralmente não têm um nome. Em outras palavras, para descrevê-los é necessário construir todo um período sintático, ao passo que mostrar uma imagem que capte o sentimento de maneira facilmente compreensível parece muito mais fluente.

• **Prototipicidade** (ver Capítulo 4)

As imagens meméticas geralmente são a versão concentrada bruta de um sentimento. Na vida real, a maioria das pessoas frequentemente tem sentimentos que não se manifestam no rosto ou que se revelam apenas através de alterações mínimas na expressão facial total. Além disso, muitas vezes temos sentimentos mistos que não se manifestam na fisionomia como versões puras dessas emoções. Os memes são expressões autênticas desses sentimentos típicos de todas as pessoas.

• **Apelo emocional** (ver Capítulo 5)

Quase todos os memes transmitem sentimentos. Em especial, os memes parecem usar com intensidade emoções sociais, como embaraço, incredulidade e admiração. As emoções sociais são essencialmente compartilháveis. Como o humor, têm compartilhabilidade (*shareability*) implícita: se ouvimos, lemos ou pensamos em alguma coisa engraçada, naturalmente sentimos a premência de compartilhá-la. Ao fazê-lo, nós nos relacionamos com os outros e ganhamos pontos sociais.

• **Destaque visual** (ver Capítulo 6)

Ao analisarem a popularidade de mais de 2 milhões de imagens do site Flickr, os pesquisadores descobriram que até as cores das imagens produziam efeitos.[6] Em geral, as imagens com

---

[6] KHOSLA, A.; DAS SARMA, A.; HAMID, R. What Makes an Image Popular? In: PROCEEDINGS OF THE 23RD INTERNATIONAL CONFERENCE ON WORLD WIDE WEB, 2014, Seul (KOR). p. 867–876.

mais azul e verde eram menos populares que as imagens com mais vermelho. A ideia é que essa preferência decorre da maior probabilidade de cores mais intensas, como as avermelhadas, atraírem a atenção – em outras palavras, terem mais destaque visual. À medida que as pessoas rolam, percorrem e varrem redes sociais, não admira que as imagens com mais destaque visual tendam a levar vantagem.

- **Prova social** (ver Capítulo 7)

Ser parte da "in-crowd" (claque) foi provavelmente indutor de importância vital para os nossos ancestrais. Para sobreviver e proliferar, precisamos manter vínculos com grupos cooperativos, família e tribo. Ser alienígena ou desterrado facilmente pode significar a morte. O compartilhamento de memes é uma forma de vinculação. Conota que você é parte do endogrupo porque está compartilhando a piada. Os outros, em geral, estão familiarizados com o sentimento expresso pelo meme, provavelmente com o meme em si – e, se representa uma celebridade, também com a pessoa em si.

Desejo mimético

Além de simplesmente espalhar ideias, os desejos e as vontades também podem se propagar. Alguns neurocientistas os denominaram *desejos miméticos*. Em um estudo, os participantes foram escaneados em aparelho de imagem por ressonância magnética funcional enquanto assistiam a uma série de vídeos.[7] Os vídeos mostravam dois objetos idênticos – como brinquedos, roupas, ferramentas ou alimentos – que se distinguiam apenas pelas cores diferentes, e nos vídeos aparecia alguém selecionando e escolhendo um dos itens do par. Depois, pedia-se aos participantes que avaliassem quanto gostaram de cada objeto. Os resultados mostraram que, ao verem alguém escolher um objeto, não importa a categoria, as pessoas se tornavam mais propensas a escolher o mesmo objeto.

Os dados do escaneamento do cérebro revelaram que dois sistemas cerebrais, em especial, eram ativados ao mesmo tempo quando os

---

[7] Disponível em: <http://blogs.scientificamerican.com/scicurious-brain/you-want-that-well-i-want-it-too-the-neuroscience-of-mimetic-desire/>. Acesso em: 25 ago. 2016.

participantes assistiam aos vídeos. Primeiro, algo chamado *sistema de neurônios-espelhos*, ou áreas do cérebro que são ativadas quando a pessoa não só se prepara para fazer um movimento (como apanhar alguma coisa), mas também quando vê alguém executar o mesmo movimento. Em outras palavras, simplesmente ver alguém praticar uma ação – como pegar um item – pode levar o cérebro a espelhar essa atividade. A segunda área que se tornou ativa foi o sistema que antecipa recompensas. A neurociência interpreta a ativação dessas duas áreas ao mesmo tempo como marcador de desejo mimético. Curiosamente, como o efeito mera exposição que vimos no Capítulo 3, apenas ver alguém apanhar alguma coisa foi suficiente para disparar o desejo mimético. Também é semelhante ao efeito dotação ou posse, que vimos no Capítulo 7, ao nos referirmos aos esquemas de experimentação gratuita. Esse efeito ocorre quando valorizamos mais alguma coisa que possuímos; o desejo mimético, porém, é querer algo com mais intensidade depois de ver alguém que recebeu o serviço ou comprou o produto. É como crianças pequenas que brincam juntas. Quando uma pega um brinquedo, geralmente as outras querem o mesmo brinquedo!

Emoções e conteúdo viral

As emoções desempenham um papel importante na viralização do conteúdo on-line. As pessoas são mais propensas a compartilhar links quando se sentem comovidas de alguma maneira. Por exemplo, a empresa de internet Buzzsumo analisou a popularidade de 100 milhões de artigos on-line e constatou algumas tendências interessantes.[8] Primeiro, como seria de esperar, a presença de uma imagem aumentou a probabilidade de que o artigo fosse compartilhado (a probabilidade de compartilhamento dos artigos com imagem se mostrou duas vezes superior à dos artigos sem imagem). Eles também analisaram o conteúdo emocional dos posts e descobriram que certas emoções eram mais tendentes a induzir compartilhamentos. Essas emoções eram espanto, humor/riso, e alegria; raiva e tristeza foram menos compartilhadas.

Espanto é um sentimento interessante, do ponto de vista de *neurodesign*. Embora, geralmente, seja ignorado pelos profissionais de marketing, as imagens que evocam espanto podem ser muito populares

---

[8] Disponível em: <http://www.huffingtonpost.com/noah-kagan/why-content-goes-viral-wh_b_5492767.html>. Acesso em: 25 ago. 2016.

on-line. Tipicamente, o espanto é provocado por uma combinação de beleza e grandeza. Por exemplo, cenários naturais que atraem pela imensidão e esplendor, como fotos maravilhosas do Grand Canyon. Há algo no sentimento de espanto que nos faz querer compartilhá-lo com os outros.

Outra descoberta foi que os infográficos eram altamente compartilhados, o que também é previsível sob a perspectiva de *neurodesign*. Como descrevi no Capítulo 3, os infográficos podem ser boa maneira de despertar o apelo "mais simples do que o esperado". São ricos de novidade e informação, além de, se bem desenhados, fáceis e intuitivos de ingerir.

Outro estudo examinou a viralidade de aproximadamente 7.000 artigos do *New York Times*, considerando o conteúdo emocional deles.[9] Em geral, concluiu-se que o conteúdo emocional era mais viral do que o conteúdo não emocional, e que as emoções positivas eram mais virais que as emoções negativas. Mais uma vez, constatou-se que o sentimento de espanto era altamente compartilhável. Além disso, sentimentos positivos, mas pouco instigantes, como satisfação e descontração, não são suficientes para impulsionar a viralidade. A emoção deve ser mais instigante para comover as pessoas e as impelir a compartilhar o conteúdo.

Exceções quanto às emoções negativas, foram artigos que despertavam raiva e ansiedade. Quem se sente enfurecido com uma notícia quer compartilhá-la para arregimentar resistência e oposição entre os amigos e outras pessoas com inclinações políticas semelhantes, por exemplo. Se algo provoca ansiedade, compartilhá-lo com os outros pode reduzir a ansiedade. No entanto, artigos que evocam tristeza dificilmente tornam-se virais.

Imagens arquetípicas

O psicanalista suíço Carl Gustav Jung acreditava que certas imagens tinham repercussão universal, profunda e inconsciente entre as pessoas, por atiçarem nossos instintos. Ele denominou essas imagens de *arquétipos* e as descreveu como "imagens primordiais que refletem padrões básicos comuns a todos nós e

---

[9] BERGER, J.; MILKMAN, K. L. Emotion and Virality: What Makes Online Content Go Viral? *GfK Marketing Intelligence Review*, v. 5, n. 1, p. 18–23, 2013.

que são universais desde a aurora dos tempos".[10] Essas imagens não são os instintos em si, mas uma expressão deles, e, portanto, ressoam profundamente em nosso íntimo. A forma exata dessas imagens pode mudar e evoluir com o tempo, mas elas ainda sondam e traduzem os mesmos arquétipos subjacentes. Como os arquétipos são universais e inerentes à mente humana, a imagem que os evoca é compreendida com rapidez e facilidade pelos observadores. Os arquétipos podem ser tipos de personalidade ou caráter, como mágico, trapaceiro, herói ou cuidador. Também podem ser seres não humanos, como o monstro ou a floresta. Os arquétipos não são realmente um conceito de neurociência (por exemplo, não sabemos como essas formas instintivas podem ser herdadas e armazenadas no cérebro, muito menos disparadas por imagens), mas elas fornecem um modelo interessante para especular sobre o sucesso e a prevalência de certos tipos de imagens.

Um computador pode prever se uma imagem se tornará viral?

Se o conteúdo de uma imagem (e não só até que ponto é atual, interessante, relevante e oportuno no momento ou se recebeu o impulso inicial de ser lançado por uma celebridade de internet) pode influenciar seu poder de contágio e alastramento, deve ser possível programar um computador para prever sua viralidade. Isso é exatamente o que um grupo de pesquisadores realizou. Eles montaram um banco de dados com cerca de 10.000 imagens que tinham sido postadas no Reddit e, para cada imagem, coletaram dados sobre quanto eram populares (isto é, quantos *upvotes*, ou aprovações, haviam recebido, e com que frequência tinham sido compartilhados.[11] Assim, criaram coleções de imagens (a) que tinham sido altamente virais, (b) que não tinham sido virais e (c) que ficaram no meio-termo. Mostraram, então, aos participantes, uma seleção de diferentes tipos de imagens e

---

[10] JUNG, C. G. *The Archetypes and the Collective Unconscious*. Londres: Routledge, 1991. (Collected Works of C. G. Jung.)

[11] DEZA, A.; PARIKH, D. Understanding Image Virality. In: PROCEEDINGS OF THE IEEE CONFERENCE ON COMPUTER VISION AND PATTERN RECOGNITION, 2015, Graz (AUT). p. 1818–1826

lhes pediram para prever o grau de viralidade de cada uma. Também pediram aos participantes que classificassem as imagens com base em 52 atributos, como tipos de emoções que evocavam. E dessa maneira constataram a existência de padrões nítidos de conteúdo nas imagens virais. As 15 principais características de conteúdo são:

1. Sintético (fotochopado)
2. Cartunizado
3. Engraçado
4. De animais
5. Explícito
6. Dinâmico
7. Artificial
8. Gracioso
9. Sexual
10. Machista
11. Bizarro
12. Assustado
13. Assustador
14. Velho
15. Desconfiado

Os conteúdos de imagens menos tendentes a viralizar incluíam:

1. Descontraído
2. Grandioso
3. Maravilhoso
4. Tranquilo
5. Cansado
6. Sereno
7. De objetos
8. Sonolento
9. Deprimido
10. Positivo
11. Centrado
12. Satisfeito
13. Frustrado
14. Agrupado
15. Colorido

Curiosamente, as imagens simétricas também eram menos tendentes a viralizar – exemplo de quando uma imagem pode ser bela e esteticamente agradável, mas não evoca o desejo de compartilhar. A lista de conteúdo de imagens não virais mostra que as imagens belas ou que transmitem emoções prazerosas de baixa intensidade (como tranquilidade ou serenidade) podem ser aprazíveis, mas não são compartilháveis. O sucesso de imagens sintéticas ou fotochopadas mostra o valor de imagens mescladas. As imagens que podem ser alteradas pelos destinatários tornam-se mais tópicas, ou seja, atuais, interessantes, relevantes e oportunas (por exemplo, com o acréscimo de textos que a relacionem com o tema em discussão ou no noticiário), ou engraçadas (por exemplo, imagens de caras trocadas, como a foto de um adulto e de um bebê, com o rosto um do outro). O sucesso desse tipo de imagem pode ser explicado por evocarem familiaridade inesperada (ver Capítulo 3). Em outras palavras, mostra alguma coisa familiar, mas de maneira inesperada. As imagens com mais de uma das características virais (por exemplo, fotochopadas, mostrando um animal) tinham ainda maior probabilidade de viralizar.

E se, no entanto, o *designer* precisar criar uma imagem viral maravilhosa ou com baixa intensidade emocional? Em outras palavras, será que imagens intrinsecamente não virais podem viralizar? A resposta é sim. Os pesquisadores descobriram que até imagens com conteúdo não viral podiam viralizar, com o acréscimo dos elementos virais.

Evidentemente, alguns dos tipos de conteúdo que tornam a imagem viral no Reddit talvez não sejam os mesmos de outras redes e contextos. O Reddit é muito enviesado para uma demografia de homens jovens, e o fato de ser possível postar no anonimato torna o conteúdo mais agressivo ou anárquico e mais compartilhável. As descobertas, porém, são compatíveis, de um modo geral, com as de outras pesquisas. Humor, graciosidade, simplicidade (por exemplo, cartuns) e emoções de alta intensidade (como susto) são mais virais, ao passo que imagens maravilhosas e tranquilas não são.

Os pesquisadores também descobriram que era possível prever a viralidade de uma imagem além das taxas de acerto ao acaso (cerca de 65% de exatidão), mesmo que não a tivessem visto antes. A exatidão melhorava quando se mostravam aos participantes pares de imagens, uma das quais tinha viralizado e a outra, não; e se pedia que adivinhassem a que viralizou (com mais ou menos 70% de exatidão). Entretanto, a exatidão diminuiu quando os pares incluíam uma imagem de viralidade intermediária (em torno de 60% de exatidão). Em seguida, os pesquisadores prepararam um computador para analisar imagens com base nos 52 atributos, e o computador previu as imagens virais melhor do que os humanos (65% de exatidão!). Evidentemente, o computador tinha acesso ao conhecimento oculto do que torna uma imagem viral, mas ainda assim o desempenho é impressionante.

Os principais sites de imagens virais

As redes sociais são as maiores sementeiras de imagens virais. Cada uma das principais mídias sociais tem suas próprias características, e diferentes tipos de conteúdo podem ser mais adequados para diferentes redes:

• **Facebook** (mais de 1,5 bilhão de usuários ativos)

É a maior rede social. As imagens do Facebook podem promover bom engajamento (pessoas comentando-as e discutindo-as) e compartilhamento (usuários repostando-as em suas próprias contas). O marketing viral no Facebook é possível via numerosas mídias visuais diferentes: imagens, gifs animados, vídeos ou jogos simples. O Facebook é usado basicamente por pessoas que se mantêm em contato com o que os amigos e familiares estão fazendo, e, portanto, estão pré-ativadas para consumir e compartilhar conteúdo com um toque pessoal. Conteúdo inspirador, engraçado ou novo, que conte histórias de pessoas reais pode ter boa receptividade no Facebook. Do mesmo modo, na medida em que as pessoas verificam com regularidade suas contas no Facebook para percorrê-las ou para postar fotos ao longo do dia, de qualquer lugar, também o marketing viral local pode ser eficaz. Por exemplo, se o seu negócio tiver presença física, será que você consegue criar algo inovador ou engraçado com que as pessoas queiram tirar fotos para postar no Facebook? Um exemplo disso é a proliferação de bares, cafés e restaurantes que escrevem coisas engraçadas em seus quadros de avisos na entrada. Os frequentadores podem fotografá-lo e lançar as fotos no Facebook, chamando a atenção para o estabelecimento.

• **Instagram** (mais de 400 milhões de usuários ativos)

O Instagram é ainda mais focado em imagens que o Facebook. Em especial, é usado para exibir fotos de alta qualidade. A variedade de filtros próprios significa que logo de cara os usuários tentam melhorar ou sofisticar suas imagens antes de postá-las. Como é mais aberto que o Facebook (as imagens são compartilhadas com qualquer pessoa, com mais rapidez, não só com as redes fechadas de amigos e familiares), há mais chances de que os usuários descubram imagens que lhes interessem, de produtos, lugares, eventos ou atividades, o que salienta a importância de imagens rotuladas no Instagram. As pesquisas mostram que rostos são indutor poderoso de engajamento no Instagram.[12] Fotos com rostos têm um terço a mais de probabilidade de serem aprovadas e comentadas.

- **Twitter** (mais de 300 milhões de usuários ativos)

Como o Twitter só permite postagens curtas, com até 140 caracteres, as imagens ajudam a espremer muita informação. O Twitter é uma corrente de conscientização em tempo real. As postagens aparecem instantaneamente nos *feeds* das pessoas, mas, em seguida, logo desaparecem, à medida que são substituídas por outros. Portanto, as postagens são mais eficazes no momento, o que aumenta a importância de imagens relacionadas com eventos em curso e tópicos de discussão ao vivo, como esportes e notícias. Além disso, pedir às pessoas para retuitar a sua postagem (por exemplo, "Favor retuitar", ou "Favor RT") ajuda a aumentar o compartilhamento, da mesma maneira como incluir um link (salientando a importância de compartilhar mais informações, além do canal estreito propiciado pelo Twitter, de somente 140 caracteres).[13]

- **Pinterest** (mais de 100 milhões de usuários ativos)

Foi a rede social com crescimento mais acelerado e a primeira a alcançar 100 milhões de usuários.[14] É um veículo de descoberta visual. Em vez do compartilhamento de atividades e opiniões em tempo real do Twitter, e ao contrário da comunidade de amigos e familiares do Facebook, os usuários do Pinterest estão ansiosos por descobrir coisas graciosas, úteis e desejáveis (diferentemente dos de outras redes sociais, onde fotos e faces

---

[12] BAKHSHI, S.; SHAMMA, D. A.; GILBERT, E. Faces Engage Us: Fotos with Faces Attract More Likes and Comments on Instagram. In: PROCEEDINGS OF THE SIGCHI CONFERENCE ON HUMAN FACTORS IN COMPUTING SYSTEMS, 2014, Toronto (CAN). p. 965–974.

[13] Disponível em: <https://www.shopify.com/blog/9511075-the-science-of-retweets-10-steps-to-going-viral-on-twitter>. Acesso em: 25 ago. 2016.

[14] GILBERT, E. *et al*. I Need To Try This?: A Statistical Overview of Pinterest. In: PROCEEDINGS OF THE SIGCHI CONFERENCE ON HUMAN FACTORS IN COMPUTING SYSTEMS, 2013, Paris (FRA). p. 2427–2436.

de pessoas são mais predominantes). A comunidade Pinterest é quase 80% feminina. O Pinterest também é mais pictórico do que verbal. A maioria dos usuários pina ou repina imagens ou navega pelo site, em vez de escrever comentários. As categorias populares de imagens no Pinterest incluem: artes e ofícios, moda, alimentação, feriados e férias, e produtos.

Embora envolvam muitos dos princípios de *neurodesign* que vimos nos capítulos anteriores, as imagens virais são de um tipo diferente. Precisam atrair pessoas de maneira diferente daquelas cujo propósito é serem meramente atraentes, desejáveis ou esteticamente agradáveis. Os critérios de avaliação do sucesso das imagens virais são muito objetivos: os compartilhamentos podem ser medidos diretamente on-line. Já no caso de imagens concebidas para serem meramente atraentes, desejáveis ou esteticamente agradáveis, só é possível avaliar o sucesso por meio de testes de pesquisa exclusivos. À medida que os computadores ficam cada vez melhores na análise de imagens – tanto do conteúdo quanto do estilo –, compreenderemos com sofisticação crescente e cada vez melhor o que faz uma imagem viral.

Resumo

- Os memes visuais são desenhos ou fotos que são compartilhados on-line milhares ou milhões de vezes, por explorarem coisas apreciadas pelo cérebro humano.
- Desenhar imagens para serem virais é diferente de desenhar imagens para serem esteticamente agradáveis. Viralidade e beleza são atributos diferentes, e belas imagens podem não ser virais.
- As imagens que são geradas ou alteradas de maneira sintética, que são cartuns engraçados ou que contêm animais tendem a ser mais virais.
- O conteúdo emocional tem mais probabilidade de viralizar do que o conteúdo não emocional.
- Emoções de alta intensidade são mais virais do que emoções de baixa intensidade.

DESIGN DE *SLIDES* PARA APRESENTAÇÕES

10

Figura 10.1: Bob começou a perceber que só teria conquistado o investimento de US$ 1 milhão se não tivesse usado Comic Sans...

EM MEADOS DA DÉCADA DE 1980, um jovem cineasta canadense participou de um *pitch-meeting* (reunião de apresentação) em um estúdio de Hollywood e convenceu os executivos a financiar sua ideia para um filme, desenhando duas linhas numa lousa. O cineasta era James Cameron, e ele havia escrito a continuação do filme de ficção científica de terror *Alien, o oitavo passageiro*, de 1979. O problema era que, embora tenha sido muito aclamado pela crítica, o original não foi dos mais lucrativos e o estúdio não estava muito disposto a financiar o segundo filme. Os executivos do estúdio esperavam que Cameron chegasse com os *slides* típicos de apresentações, em que detalharia seus planos. Em vez disso, ele apareceu sem nenhum *slide*, nem mesmo uma folha de papel. Caminhou até a lousa e escreveu a palavra "AlienS", e, em seguida, sobrepôs duas perpendiculares paralelas ao "S", para convertê-lo num cifrão: "Alien$", sinalizando que o plano era de uma continuação que seria lucrativa. A reunião terminou com a aprovação do filme.[1]

A apresentação minimalista de Cameron contrasta com a maioria dos eventos desse tipo, em que se projetam-se *slides* complexos, com muitos elementos diferentes. Desde o lançamento dos primeiros softwares de apresentação, no fim da década de 1980, todos passamos a ter acesso às ferramentas para criar ricas apresentações multimídia. Estima-se que ocorrem de 20 a 30 milhões de apresentações em PowerPoint por dia.[2] Palavras, fotos, vídeos, clip-art, diagramas, formas, e uma aquarela de cores, todo esse aparato está prontamente disponível. O resultado, porém, são *slides* abarrotados, convencionais e cansativos, estigmatizados pela mesmice. Abusamos das opções disponíveis. O problema é agravado, frequentemente, pela mistura de exposição de proposta com prestação de contas. Daí resultam *slides* congestionados, a serem lidos como textos, que dispersam a atenção, em vez de servirem como elementos de apoio, a serem comentados e acompanhados durante a exposição. Se possível, é melhor criar duas versões: uma minimalista, para a apresentação de ideias, e outra mais minuciosa, para posterior distribuição aos participantes.

---

[1] Essa história foi relatada por Gordon Carroll, produtor executivo de *Aliens*, em: OBST, L. *Hello, He Lied: And Other Truths from the Hollywood Trenches*. Nova York: Broadway Books, 1997.

[2] ALLEY, M.; NEELEY, K. A. Rethinking the Design of Presentation Slides: A Case for Sentence Headlines and Visual Evidence. *Technical Communication*, v. 52, n. 4, p. 417–426, 2005.

O PowerPoint – o software de apresentação de *slides* mais popular – impõe restrições invisíveis na forma e na estrutura das apresentações. Obriga o usuário a fragmentar a exposição em quadros sequenciais e estimula o uso de listas ordenadas, com marcadores. Omite ou negligencia a complexidade e a interação das informações, isolando fatores integrados. Obriga os participantes a focar apenas nos elementos de cada *slide*, comprometendo a comparação e a integração do conteúdo das diferentes telas.

Estamos tão familiarizados com esse formato de *design* que não o estranhamos, nem o questionamos. Não sobra muito espaço para que a estrutura da mensagem em si determine a estrutura do *design*. Nos textos convencionais, há muito menos hierarquia e muito mais integração, com as informações distribuídas em títulos, subtítulos, parágrafos e períodos sintáticos. Esse problema específico de estrutura organizacional não se manifesta em todas as apresentações. Por exemplo, o software Prezi, em vez de usar uma sequência linear de *slides*, apresenta uma grande imagem "mestre", que abrange todas as informações a serem focadas e ampliadas, uma de cada vez, ao longo da exposição.

Em 16 de janeiro de 2003, quando a nave espacial *Columbia*, da NASA, foi lançada do Kennedy Space Center, na Flórida, um pedaço de espuma do tamanho de uma maleta executiva se soltou e atingiu uma das asas. Afora isso, o lançamento foi bem-sucedido e a nave iniciou sua missão em órbita, mas os especialistas da equipe de terra logo descobriram o acidente ao reverem as imagens do lançamento. A questão era calcular o grau de risco resultante dos danos. Os engenheiros logo produziram 28 *slides* em PowerPoint, expondo a avaliação do risco, na forma de tópicos com marcadores escalonados, para sintetizar as ideias. No entanto, as incertezas e dúvidas se concentraram mais nos marcadores de nível mais baixo, enquanto os marcadores de nível mais alto e os resumos executivos pareciam mostrar uma avaliação mais otimista. Os oficiais em nível executivo da NASA se sentiram tranquilos e concluíram que a missão era segura – não insistindo no aprofundamento das investigações. Em primeiro de fevereiro, no retorno da missão, os danos na asa, sob a pressão crescente da atmosfera, destruíram a nave e mataram os sete astronautas a bordo.

Como participante da investigação do acidente, Edward Tufte, especialista em *design* de informação, analisou os *slides* em PowerPoint e mostrou como eles talvez tenham levado a conclusões equivocadas.

A Junta de Investigação, em seu relatório, concluiu: "O uso endêmico de *slides* em PowerPoint, em vez de relatórios técnicos, é um exemplo dos métodos problemáticos de comunicação técnica na NASA".[3]

Evidentemente, a maioria das apresentações em PowerPoint não envolve decisões de vida ou morte. No entanto, com 20 a 30 milhões de apresentações por dia, em âmbito global, é provável que muitas decisões importantes estejam sendo tomadas e recursos vultosos estejam sendo alocados por meio desse modelo de comunicação. Os marcadores escalonados do PowerPoint podem obscurecer as mensagens, ao enfatizar alguns pontos e negligenciar outros. Tufte acredita que o PowerPoint se presta sobretudo para apresentações de imagens e vídeos de baixa resolução, mas adverte quanto ao uso de padrões implícitos, que pré-estruturam a informação e hierarquizam os tópicos.[4]

Permitindo que o público siga a sua mensagem

As apresentações, geralmente, precisam fazer várias coisas: engajar o público, convencer os participantes e transmitir-lhes informações de forma a facilitar a retenção. Tudo isso, porém, deve ser feito com exatidão, sem confundir, nem desorientar os destinatários. Bons *slides* de apresentação, desenhados de maneira ótima, em termos da maneira como o cérebro processa as informações, podem efetivamente contribuir para a eficácia da comunicação.

As apresentações com *slides* ganham com a preparação cuidadosa. *Slides* malfeitos podem ser meio de comunicação ineficiente e ineficaz. Por exemplo, ao ler um livro, os leitores avançam no próprio ritmo. Se não compreendem ou se esquecem de alguma coisa, podem interromper a leitura e retroceder no livro. Isso nem sempre é possível quando se assiste a uma apresentação. Do mesmo modo, nem sempre é fácil para os participantes de apresentações interromper o expositor e lhe pedir para explicar um ponto que não ficou claro. Os participantes são forçados a processar a informação no ritmo do expositor. Portanto, é importante desenhar *slides* de maneira a ajudar as pessoas a seguir a mensagem.

Para que o público siga a mensagem, vários são os requisitos: prestar atenção às informações mais importantes, compreender como

---

[3] COLUMBIA Accident Investigation Board, Report, v. 1, p. 191 ago. 2003.
[4] THE Cognitive Style of PowerPoint. Disponível em: <http://users.ha.uth.gr/tgd/pt0501/09/Tufte.pdf>. Acesso em: 25 ago. 2016.

se associam os tópicos de cada *slide* e promover a integração das informações entre os *slides*. Para atender a cada uma dessas exigências, alguns princípios de *neurodesign* podem ajudar, como se vê abaixo.

1. Prestar atenção às informações mais importantes

Os *slides* podem conter muitas informações. Para que os participantes as compreendam, é importante indicar as que são mais importantes. Aqui é que o destaque visual pode ser útil. Defina que elementos do *slide* são mais importantes para serem vistos e considerados primeiro – e dê-lhe o mais alto destaque visual, o que pode ser feito:

- aumentando-lhe o tamanho;
- separando-os dos demais com muito espaço;
- cercando-os com uma moldura de alto contraste;
- usando cores que o sobressaiam contra o fundo e contra o resto do *slide*.

Se você usar uma cor de fundo, cuidado para que ela não sobressaia demais, de modo a não ofuscar os outros elementos visuais do *slide*.

A maneira ideal de salientar a importância de um elemento é com o destaque e com o tamanho. Usamos o tamanho para definir a ordem de importância, com os elementos maiores predominando sobre os elementos menores. Portanto, os elementos maiores são, ao mesmo tempo, mais tendentes a serem vistos primeiro e a serem considerados mais importantes.

Isolar visualmente um elemento também ajuda a chamar a atenção sobre ele. O efeito von Restorff é a tendência de os elementos mais distinguíveis de um *design* ou de uma lista de itens serem os mais lembrados. Isolar um elemento o salienta por ser diferente e, portanto, como algo a que se deve prestar atenção.

Finalmente, apresente a ideia mais importante primeiro. Se você tiver alguma ideia essencial da qual o público deve se lembrar depois de sair da sua apresentação, valorize-a como tema do seu primeiro *slide*. Essa primazia a ajudará a ser a mais memorável.

2. Compreender como se associam a diferentes informações de cada *slide*

Os participantes compreenderão com mais facilidade as associações entre as informações de cada *slide* se elas estiverem próximas umas das outras em vez de conectadas de alguma outra maneira (como pela mesma cor ou forma).Veja se é possível posicionar as palavras em torno do *slide* para mostrar seu relacionamento (ou seja, em vez de apenas incluir uma lista de palavras numa coluna vertical, elas poderiam ser arrumadas ou agrupadas?)

Bom design *de gráficos*

Os gráficos podem ser boa maneira de transmitir informações visualmente. Temos boa apreensão intuitiva da maneira como o tamanho e a importância se relacionam com aspectos visuais, como tamanho e altura. Barras mais altas são mais significativas; setores maiores de um gráfico circular são mais importantes; seta para cima significa aumento. Os gráficos são metáforas que transmitem informações, mas eles representam com tanta proximidade a maneira como percebemos tamanho, quantidade, aumento e redução no mundo real que os interpretamos e compreendemos por intuição.

Muitas apresentações de *slides* incluem gráficos, que são muito fáceis de produzir em softwares como o Microsoft Office. Todavia, a facilidade com que podem ser criados às vezes prejudica sua capacidade de transmitir informações de maneira adequada. Escolha o gráfico que representa com mais clareza as informações a serem ilustradas.

É importante considerar se os dados a serem representados são contínuos ou discretos. Dados contínuos são medidas do que está mudando no espaço ou no tempo, como as variações da temperatura durante um ano. Dados discretos são medidas isoladas de coisas diversas, como vendas de diferentes produtos:

- **Gráficos de linha:** use-os para mostrar uma tendência num contínuo, como no tempo. O cruzamento de linhas num gráfico de linhas é a maneira ideal de representar interações ou medições.

- **Gráficos de barras ou colunas:** use-os para mostrar comparações específicas entre pontuações discretas. A altura das barras efetivamente transmite a magnitude de diferentes quantidades. Se houver "meta" quantitativa a alcançar, como um escore máximo ou um objetivo de vendas, considere uma sequência crescente de barras, da esquerda para a direita, que gera a percepção de corrida, com as barras de valor mais alto na frente, mais perto da linha de chegada.

- **Gráficos circulares:** são mais adequados para mostrar as partes que compõem o todo, como uma série de porcentagens que perfazem 100%.

Outra boa prática no *design* de gráficos talvez seja primeiro ordenar ou classificar os dados antes de mapeá-los: por exemplo, ordenar escores do mais alto para o mais baixo num gráfico de barras. Isso pode tornar mais intuitiva a interpretação dos dados.

Finalmente, não há evidências inequívocas das vantagens dos gráficos 3D sobre os gráficos 2D. Talvez, em geral, seja preferível ficar com os gráficos 2D.[5]

Melhore a fluência de processamento dos *slides*. Ao desenhar *slides* os mais simples possíveis, você consumirá o mínimo de esforço mental dos participantes, facilitando para eles a compreensão e a retenção de sua apresentação. Em especial, tente reduzir o texto ao mínimo. Quanto mais texto houver, mais os participantes se esforçarão para lê-lo e se distrairão do que está sendo dito. Ainda pior é a hipótese de eles sentirem a necessidade de fazer anotações, caso em que se dispersarão completamente da exposição oral.

Tente fazer com que os elementos do *slide* se apoiem uns aos outros, assegurando a coesão do conjunto: cada elemento deve integrar-se no todo e reforçar a mesma mensagem. Por exemplo, use fontes adequadas ao tema em questão. Se for uma apresentação engraçada ou descontraída, use uma fonte mais jocosa ou lúdica; mas se o propósito da apresentação for impressionar com uma mensagem mais fecunda, cuidado com a escolha da fonte. Quando os cientistas do Organização Europeia para a Pesquisa Nuclear (CERN) anunciaram a descoberta do Bóson de Higgs, os apresentadores foram criticados por usar a

---

[5] TVERSKY, B.; MORRISON, J. B.; BETRANCOURT, M. Animation: Can It Facilitate? *International Journal of Human-Computer Studies*, v. 57, n. 4, p. 247–262, 2002.

fonte Comic Sans nos *slides*.[6] Essa fonte parece infantil, incompatível com a importância da mensagem.

Em um estudo que examinou dez fontes populares, os pesquisadores recomendam o uso de Gill Sans para apresentações de *slides*.[7] Eles pediram aos participantes para avaliar cada fonte quanto ao conforto da leitura e quanto à aparência profissional, interessante e atraente. No todo, não se constatou diferença significativa entre Serif e Sans Serif com relação à facilidade de leitura, ao interesse e à atratividade. As fontes Sans Serif, porém, tenderam a obter classificações mais altas pela aparência profissional (embora induzidas pelas classificações mais baixas de duas das cinco fontes Serif: Garamond e Lubalin Graph Bk). Todavia, a fonte que obteve a mais alta classificação quanto à aparência profissional foi uma Serif: Times New Roman (com a Sans Serif Tahoma recebendo a segunda classificação mais alta). Considerando todas as quatro medidas, Gill Sans foi a de melhor desempenho, daí a sua recomendação.

Facilite a leitura do texto para qualquer participante daltônico, evitando vermelho sobre verde e azul sobre amarelo. Quanto maior for o público, maior a probabilidade de que haja algum daltônico.

3. Referir-se às informações dos *slides* anteriores para facilitar a interligação das ideias entre os *slides*

Embora as apresentações contem uma história ou desenvolvam um argumento, elas se fragmentam em vários *slides* que os participantes veem em sequência. Assim que aparece um novo *slide,* o anterior desaparece. Em consequência, os participantes precisam memorizar as informações dos *slides* anteriores, para relacioná-las com as informações do que está sendo exposto. O expositor, por suas próprias condições, compreende a ligação entre as informações de cada *slide* – uma vez que tem uma visão geral de toda a apresentação. Entretanto, essa integração nem sempre é assim tão clara para os participantes, daí a importância de ajudá-los a estabelecer e a acompanhar essas conexões.

Como já vimos, nossa memória de curto prazo é limitada. Só conseguimos reter na mente, ao mesmo tempo, uma breve lista de ideias. Se muitas ideias novas são acrescentadas à lista, as mais antigas são

---

[6] Disponível em: <http://www.theverge.com/2012/7/4/3136652/cern-scientists-comic-sans-higgs-boson>. Acesso em: 25 ago. 2016.

[7] MACKIEWICZ, J. Audience Perceptions of Fonts in Projected PowerPoint Text Slides. *Technical Communication*, v. 54, n. 3, p. 295–307, 2007.

descartadas. Há, basicamente, duas maneiras de ajudar os participantes a superar esse problema. Primeiro, dar-lhes um lembrete visual das informações de *slides* anteriores, de modo que ainda seja fácil se lembrar delas. Para tanto, uma das alternativas é inserir uma miniatura do *slide* anterior no canto inferior de cada *slide*. Essa solução, porém, realmente só funciona se a ideia central do *slide* precedente for claramente visível em tamanho reduzido. Textos podem não ficar muito claros, mas imagens ou diagramas talvez sejam compreensíveis. Essa estratégia pode ser usada em todos os *slides* ou apenas em alguns, que expuserem conceitos de difícil compreensão pelos participantes, sem referência ou consulta ao *slide* anterior. A outra maneira de ajudar a memória de curto prazo dos participantes é agregar itens afins. Embora as pessoas só retenham na memória um punhado de itens ao mesmo tempo, esses poucos itens podem ser "cachos" de itens estreitamente correlatos. Ao agrupar conceitos, é possível maximizar a capacidade das pessoas de reter informações, e, portanto, de compreender sua apresentação. Por isso, não componha listas com marcadores que tenham aproximadamente mais de quatro itens, e não incluía mais de duas linhas por item.

Além disso, não faça mudanças arbitrárias no estilo. Supõe-se que mudanças no estilo – como cor da fonte, cor do fundo ou tipo de fonte – conotem mudanças no significado. Alterações ao acaso, portanto, podem confundir os participantes.

O efeito umbral pode ocorrer nas transições de um *slide* para outro. No Capítulo 8, examinamos o efeito umbral na memória: a tendência de as mudanças de cena (como quando se passa de uma sala para outra) dificultarem a lembrança de informações de cenas anteriores. A passagem para o *slide* seguinte pode dificultar a retenção de informações dos *slides* precedentes, que agora já não estão visíveis.

O corolário disso é que, quando se muda de assunto numa apresentação, é possível usar o efeito umbral para fechar o tópico anterior, antes de abrir o novo. Faça uma pausa, tanto na exposição verbal quanto na visual: por exemplo, incluindo um *slide* que resuma o tópico anterior, ou um *slide* quase todo em branco, que só contenha o título do próximo tópico.

Numa enquete entre pessoas que frequentemente assistem a apresentações, o aspecto negativo mais citado foi o excesso de informações em cada *slide*.[8] Em estudo complementar, os pesquisadores mostraram

---

[8] KOSSLYN, S. M. *et al*. PowerPoint® Presentation Flaws and Failures: A Psychological Analysis. *Frontiers in Psychology*, v. 3, p. 230, 2012.

aos participantes pares de *slides* em que o *design* de um era melhor que o *design* do outro, de acordo com os princípios de *neurodesign*, e testaram se os participantes podiam identificar o melhor *slide* e explicar por que o haviam escolhido. A probabilidade de identificação era mais alta quando um dos *slides*, o considerado pior, continha informações demais, e era mais baixa quando se tratava de incompatibilidades entre as escolhas do *design* e a informação a ser transmitida. Por exemplo, quando se escolhia o estilo de gráfico errado. Os participantes também tinham dificuldade em identificar o erro de *slides* com mau destaque visual. Isso é interessante porque, embora se saiba que o destaque visual tem efeito mensurável, esse resultado sugere que os participantes nem sempre têm consciência do impacto negativo do mau destaque visual. Os autores do estudo concluíram: "mesmo que os participantes não percebam a transgressão (de um princípio de *neurodesign*), eles ainda podem ser afetados por sua influência negativa".

Eis algumas dicas extras para minimizar o esforço mental necessário para decodificar os *slides*, de modo a facilitar o acompanhamento da apresentação:

- Imagem à esquerda, texto à direita

  Como vimos no Capítulo 3, há evidências de que as pessoas preferem *designs* com o texto à direita das imagens, uma vez que assim se processam melhor os dois aspectos visuais, o que confere ao *design* melhor fluência de processamento. Em outras palavras, fica um pouco mais fácil para os participantes compreender as informações.

  Outro efeito correlato que vimos no Capítulo 3 é a pseudonegligência: o fato de superestimarmos naturalmente os aspectos visuais apresentados à esquerda do nosso olhar em comparação com os situados à direita. O lado esquerdo dos *slides* receberá maior atenção visual. É o lugar natural das imagens. O texto à direita não requer muita atenção visual, uma vez que, geralmente, apenas repete algumas palavras já ditas na exposição oral.

- O público não pode ler e ouvir ao mesmo tempo

  Se seus *slides* estiverem cheios de palavras, os participantes lerão os *slides* e ignorarão o que você diz ou ouvirão o que você diz e ignorarão os *slides*. Não podemos fazer as duas coisas ao mesmo tempo. Processamos um fluxo de palavras de cada vez, não dois. Por exemplo, é mais fácil ouvir música instrumental e ler ao mesmo tempo do que ouvir uma conversa e ler ao mesmo tempo. Se tivermos de ouvir e ler simultaneamente, o que de fato fazemos é alternar rapidamente nossa atenção entre as duas atividades. É o que os psicólogos denominam *atenção dividida*, que realmente é mais fraca do que quando se concentra a atenção em um único "fluxo" de informação.

É possível, porém, olhar para uma imagem e processá-la e, ao mesmo tempo, ouvir o que está sendo dito – mais uma razão por que é melhor usar os canais paralelos de imagem e fala.

• A regra dos 10 minutos

As evidências sugerem que é possível assistir a uma apresentação durante 7 a 10 minutos, antes que a atenção comece a divagar. As apresentações podem ser relativamente de "baixa estimulação" em comparação com televisão e cinema, razão pela qual o desafio é manter as pessoas engajadas durante longos períodos de tempo.

Portanto, se sua apresentação for além de 10 minutos, é bom incluir alguma novidade, depois de 10 minutos, e a cada 10 minutos subsequentes, para evitar a dispersão da atenção. Isso pode ser feito de várias maneiras:

- mostrar um vídeo;

- envolver o público em algo interativo;

- mostrar uma imagem surpreendente.

Qualquer coisa que ajude a mudar o ritmo ou a inserir alguma variedade a cada 10 minutos pode ser útil.

• Branco pode não ser a melhor cor de fundo

Muitas apresentações, talvez a maioria, usam *slides* com fundo branco. Se o seu projetor ou tela for muito poderoso e a sala for escura, branco pode não ser a melhor cor de fundo, porque grandes áreas de fundo brilhante podem fatigar os olhos das pessoas.

Aprendizado visual

Nossa compreensão de mensagens visuais é anterior à linguagem. Sonhos, produzidos pelo inconsciente, são mais visuais do que linguísticos. As pesquisas demonstram que se aprende melhor com imagens do que com textos. O processamento de imagens pelo cérebro é mais direto. O processamento de palavras envolve, primeiro, o reconhecimento visual de cada letra; depois, a integração das letras em palavras; e, por fim, a conversão do fluxo de palavras em significados. "A alma", disse Aristóteles, "nunca pensa sem imagens".

Todos estamos familiarizados com as maneiras como os olhos fornecem um canal de informação paralelo ao dos ouvidos. Mesmo quando ouvimos alguém falar, muitas das informações que coletamos decorrem da postura, da expressão facial, do movimento dos olhos, e assim por diante. O próprio significado do que está sendo dito pode ser confirmado ou alterado, dependendo desses fatores visuais. Se pudermos ver sinais que suportam e reforçam o fluxo de informação verbal, nossa experiência é mais rica e profunda. Do mesmo modo, em histórias gráficas, com a combinação de texto e desenho, como cartuns e quadrinhos, podemos ler o texto, mas a imagem simultânea agrega uma camada distinta de significado, que pode tornar a narrativa mais clara. Numa história gráfica bem desenhada, os aspectos visuais complementam o texto, não se limitando a dizer a mesma coisa. Em muitas apresentações, os *slides* podem ser redundantes, na medida em que o apresentador simplesmente lê o texto dos *slides*. *Slides* só com texto são ineficientes, pois dispersam a atenção, mas não enriquecem o significado, nem facilitam a compreensão.

Por exemplo, um estudo disparou mais de 2.000 imagens para voluntários, com permanência de apenas 10 segundos por imagem. Mesmo depois de um ano, os participantes as reconheciam, com exatidão em torno de 60%.[9]

O problema de tratar as apresentações como comunicação linguística é que os *slides* não podem conter tanto texto quanto as páginas de um livro ou relatório, de modo que os textos são condensados e, em geral, sucintos demais, a ponto de prejudicar a compreensão. Os elementos visuais possibilitam a compressão de ideias mais complexas em formato compatível com *slides*. Como vimos no Capítulo 3, as imagens podem conotar muitas ideias diferentes, mesmo que sejam graficamente muito simples (ou seja, imagens com alta "densidade proposicional"). Isso as torna fáceis de ver, mas ricas em significado.

---

[9] MEDINA, J. *Brain Rules*. Seattle: Pear Press, 2014.

As pesquisas sobre memória também mostram que quanto maior for a profundidade com que processamos as informações, maior será a probabilidade de nos lembrarmos delas. Ao usarmos os dois canais – visual e linguístico –, aumentamos as chances de o processamento das informações ser mais profundo.

Outras pesquisas mostram que processamos o fluxo de imagens nos painéis das histórias em quadrinhos de maneira semelhante a como processamos os períodos sintáticos de um texto.[10] As histórias gráficas são cada vez mais populares em todo o mundo, talvez como indicação de que as pessoas preferem receber informações por meios visuais, ou pelo menos por vias visuais e linguísticas.

Acrescentar elementos visuais aos textos, sobretudo se adicionarem uma nova camada de informações e *insights*, ajuda a tornar a mensagem mais memorável. Desde a Roma Antiga, as pessoas usam imagens para tornar as informações inesquecíveis. Campeões de torneios de memória usam técnicas que consistem em converter informações secas em imagens. Por exemplo, na memorização de longas sequências de algarismos em pi (π), os campeões convertem esses números em imagens visuais e os interligam numa história. O cérebro humano evoluiu para processar sequências de imagens com facilidade.

Há evidências em apoio à ideia de que adicionar gráficos torna as informações mais evocativas. Em um estudo, os participantes foram divididos em dois grupos. Um leu uma seção de um livro-texto sobre gestão de negócios. O outro grupo leu uma história gráfica com o mesmo conteúdo, mas que incluía imagens e textos. Os que leram a história gráfica foram mais capazes de se lembrar de citações do material em cotejo do que os que leram a versão só em texto.[11]

Steve Jobs, em suas famosas apresentações na Apple, de divulgação e lançamento de novos produtos, usava alguns desses princípios de *neurodesign*. Ele reduzia ao mínimo a quantidade de palavras num *slide*, facilitando para os participantes acompanhar o que ele estava dizendo. Além disso, as frases usadas nos *slides* eram buriladas para serem contundentes, luminosas e memoráveis, prontas para se converterem

---

[10] Disponível em: <http://discovermagazine.com/2012/dec/29-the-charlie-brown-effect>. Acesso em: 25 ago. 2016.

[11] SHORT, J. C.; RANDOLPH-SENG, B.; MCKENNY, A. F. Graphic Presentation: An Empirical Examination of the Graphic Novel Approach to Communicate Business Concepts. *Business Communication Quarterly*, v. 76, n. 3, p. 273–303, 2013.

em títulos e tuítes. Em outras palavras, os jornalistas e espectadores podiam aproveitar essas frases, diretamente, em seus títulos e tuítes, para resumir a mensagem-chave de cada apresentação. Mais uma vez, esse estilo minimizava o esforço dos participantes para dar prosseguimento à informação que era apresentada: nesse caso, lembrar-se dela e escrever sobre ela.

A maneira como os *slides* são desenhados pode fazer a diferença entre a boa e a má apresentação. É também uma forma de cortesia com o público esmerar-se na preparação para facilitar tanto quanto possível a compreensão e a absorção dos *slides*. Também pode garantir que suas mensagens transmitam o pretendido, e não gerem mal-entendidos.

O poder das histórias visuais em apresentações

Christopher John Payne é consultor de marketing que ajuda ampla variedade de clientes, de contadores a coaches de namoro, para melhorar a maneira como esses profissionais transmitem o que sabem. Diz ele:

> Webnários – apresentações on-line – tornaram-se a principal maneira de vender, e o que realmente define as apresentações bem-sucedidas, diferentemente das que são meramente razoáveis, é ter muitas histórias visuais. Tornei-me catequista que tenta postar histórias pessoais todos os dias, ilustradas por fotos que as animam e lhes dão vida. Os psicólogos evolucionistas confirmam o poder das histórias sobre a mente. Durante milênios, nossos ancestrais contaram histórias uns aos outros ao redor da fogueira. As histórias ajudam a tornar as mensagens mais interessantes, memoráveis e convincentes. Todos temos mais histórias para contar do que percebemos; por isso, o hábito de registrá-las, junto com fotos ilustrativas, é inestimável, quando se trata de montar um conjunto de *slides* de apresentação. Inclua uma foto no *slide* para enriquecer a narrativa, e o engajamento do público se intensificará exponencialmente. Com efeito, estou tão empenhado em captar fotos para histórias que, quando, recentemente, fui levado, com urgência, para um hospital numa ambulância, dei meu telefone a um dos paramédicos que me acompanhava para tirar uma foto de mim na maca, enquanto avançávamos pela estrada. Eu sabia que um dia aquela foto seria útil numa futura apresentação!

Resumo

- Pense duas vezes antes de usar em apresentações estruturas escalonadas de marcadores aninhados, sobretudo as destinadas a ajudar os participantes a tomar decisões importantes. Esse formato pode ser traiçoeiro.

- As ideias de *neurodesign* podem ajudar no *design* de *slides* que atraiam a atenção para os elementos mais importantes, de modo a facilitar a compreensão e a retenção da mensagem.

- O principal problema da maioria das apresentações são *slides* com excesso de informações. O público tende a prestar mais atenção, a seguir a sua mensagem e a reter a sua essência se você desenhar os *slides* com o mínimo de texto.

- Combinar imagens e textos em todos os *slides* pode transmitir mais informações e facilitar a compreensão pelos participantes.

- Ao aplicar os princípios de *neurodesign*, é possível minimizar o esforço dos participantes para seguir a sua mensagem, facilitando para eles a conexão dos pontos entre os *slides*.

PESQUISANDO *NEURODESIGN* 11

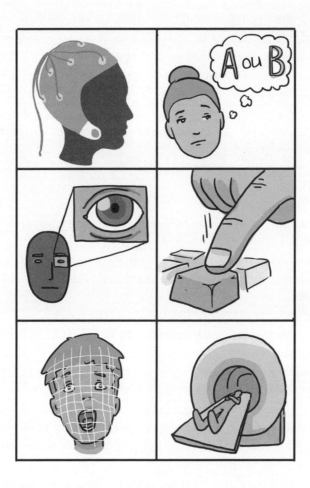

Figura 11.1: Algumas das principais ferramentas de pesquisa em *neurodesign* (de cima para baixo, da esquerda para a direita: EEG, teste A/B, rastreamento de olhos, resposta implícita, codificação de ação facial)

DILBERT É UMA DAS MAIS FAMOSAS tiras em quadrinhos do mundo, publicada em 2.000 jornais de 65 países. Mais de 20 milhões de livros e calendários de Dilbert já foram vendidos. O cartum apresenta o personagem homônimo, que representa o trabalhador típico do Vale do Silício, e oferece observações satíricas sobre alguns dos aspectos mais absurdos e irracionais do ambiente de trabalho contemporâneo. Apareceu pela primeira vez em 1989, em alguns jornais, mas só começou a decolar em 1993, quando Scott Adams, seu criador, acrescentou um pequeno detalhe na parte inferior de cada tira: seu endereço de e-mail. Até então, ele só tinha recebido *feedback* direto sobre Dilbert de amigos e colegas, mas, ao incluir seu endereço de e-mail e permitir que os leitores o procurassem diretamente (algo incomum na época), ele de repente passou a receber carradas de *feedback* de seus verdadeiros consumidores finais. Enquanto os amigos e colegas persistiam no *feedback* positivo, seus leitores, via e-mail, não tinham medo de dizer do que não gostavam. O maior *insight* foi que a maioria dos leitores preferia ver Dilbert no escritório, em vez de em casa. Quando Adams implementou esse *feedback*, a popularidade de Dilbert começou a disparar.[1]

É óbvio que simplesmente convidar os usuários para comentar sobre um site ou produto nem sempre é suficiente. No caso de tiras em quadrinhos, o *design* em si é o produto. Quando bem feitos, são altamente engajadores e se tornam objetos de conversa. Portanto, acrescentar o endereço de e-mail do artista em tiras em quadrinhos talvez tenha mais probabilidade de gerar respostas do que na maioria dos outros *designs*. Seja como for, a ideia de testar e receber *feedback* sobre os seus *designs* é excelente.

Como já vimos, os *designers* nem sempre reagem aos *designs* como o público. Muitos *designers* passaram anos estudando arte e *design*, e dedicaram ainda mais tempo e esforço, no dia a dia, observando e julgando *designs*. Talvez tenham sido atraídos para trabalhar como *designer* por terem "olho" muito bom para *design*. Esse "olhar" sobre o próprio trabalho de *design*, à medida que o desenvolvem, é tremendamente útil, e a própria intuição do *designer* ainda é o motor da criatividade que impulsiona o bom *design*. Todavia, o que pode ser esteticamente agradável para o *designer* pode não ser o *design* ótimo para o público, que talvez seja menos sofisticado em termos visuais e artísticos. Igualmente, nem

---

[1] ADAMS, S. *How to Fail at Almost Everything and Still Win Big: Kind of the Story of My Life*. London: Penguin, 2013.

sempre se sabe o que disparará nos observadores as reações desejadas. Sem testar e pesquisar, pode ser difícil saber, por exemplo, o que num *design* de embalagem será o gatilho para alguém escolhê-la e comprá-la. Podemos prever aspectos que contribuirão para que ela seja percebida (destaque visual), ou que a tornarão atraente (fluência de processamento). Contudo, os consumidores podem priorizar diferentes atributos do produto, ao decidir comprá-lo. No caso de um produto alimentício, pode ser o sabor, a textura, a percepção de qualidade, e assim por diante. Sem saber a ordem de prioridade desses atributos, é possível criar um *design* de embalagem que seja belo e atraente, mas que não seja tão eficaz quanto se esperava em atiçar o desejo do consumidor. Mesmo que você de fato tenha uma ideia razoável de quais são os gatilhos mais importantes, escolher o melhor conteúdo ou tema para induzir a resposta almejada talvez seja um desafio em que a pesquisa pode ser muito útil.

Esse posicionamento não significa subestimar a importância dos princípios de *neurodesign* que abordamos até agora neste livro, mas sim afirmar que a maneira mais eficaz de otimizar o *design* é aplicar esses princípios e testar o *design*. Como mencionamos no Capítulo 1, o *neurodesign*, inclusive o teste do *neurodesign*, funciona melhor para alavancar a intuição dos *designers*, não para substituí-la. Portanto, o mix ótimo é:

> criatividade do *designer* + princípios de *neurodesign* + testes do *design*

Evidentemente, em grande parte dos *designs*, nem sempre se dispõe de tempo ou dinheiro para executar testes. Há, porém, certas maneiras baratas e rápidas de testar. Nem é necessário esperar até a conclusão do *design*, pois é possível fazer as verificações durante o processo.

Os benefícios de efetivamente testar os *designs* são semelhantes aos de testar novos medicamentos. Um medicamento pode ser eficaz, em tese – a bioquímica da fórmula pode fazer sentido no nível teórico – e talvez até pareça funcionar ao ser testado em poucas pessoas. No entanto, só quando submetido a um teste clínico controlado, em grande escala, é que sabemos ao certo. É possível que o medicamento – aparentemente eficaz quando testado em poucas pessoas – produza efeitos colaterais inesperados quando verificado em mais pessoas.

O primeiro princípio dos testes de *neurodesign* é que as pessoas só podem reagir ao que está diante delas. Elas não podem fazer o trabalho criativo para você e lhe dizer como deve ser o *design* ideal. Os princípios de *neurodesign* que governam grande parte de nossas reações ao *design* são em grande parte inconscientes. Portanto, não podemos senti-los em processamento no cérebro e relatá-los aos pesquisadores. Do mesmo modo, os consumidores não são profissionais de criação. Não é trabalho deles propor conceitos de criatividade e sugerir a composição dos *designs*. Assim sendo, geralmente é melhor ter mais de uma opção de *design* a ser apresentada às pessoas para teste. Dessa maneira, é possível comparar reações às alternativas, em vez de especular sobre qual seria a melhor ideia.

Talvez o recurso mais adequado seja um teste A/B, mais realista, em que pelo menos duas opções de *design* são lançadas no mundo real (por exemplo, um site), para que grupos compostos ao acaso vejam uma e outra. A principal vantagem desse método é que os resultados são realistas. A principal desvantagem é que, mesmo quando você descobre um vencedor inequívoco entre os seus *designs*, não é possível saber exatamente que fatores levaram a esse resultado. Você pode dar palpites, mas nem sempre consegue gerar novos *insights* sobre que fatores são eficazes com os clientes. Outro ponto fraco dos testes A/B é nem sempre serem factíveis. Embora seja possível realizá-los on-line, a baixo custo, no mundo real dos *designs* físicos os custos de produção e os cronogramas de execução podem impossibilitá-los.

Resultados médios *versus* polarizados

Ao considerar os resultados dos testes, geralmente é boa ideia olhar para a dispersão – ou distribuição – dos resultados, assim como para a média. Uma resposta média que seja ligeiramente positiva deve ser composta de grande parte das pessoas dando respostas moderadamente favoráveis ao *design*, ou por algumas pessoas o amando, e outras não. Nem todo *design* precisa atrair o mercado de massa, agradar a todos. Talvez seja melhor para o *design* obter respostas intensamente positivas de uma minoria selecionada do que conseguir um simples "OK" da maioria.

Controlando outros fatores

Em qualquer pesquisa científica, é importante tentar identificar o que gerou os resultados. Ao testar as diferentes reações provocadas pelas diversas opções de *design* de uma página de internet, de uma embalagem ou de um produto, é preciso ter certeza de que só o *design* mudou entre os testes, do contrário você não saberá se foi algum outro fator que provocou as diferentes reações. Eis alguns dos principais fatores a serem controlados:

Quem são os participantes do teste

A regra principal é testar todas as imagens ou vídeos a serem comparados com o mesmo grupo de pessoas. Se não for possível mostrar todas as imagens exatamente às mesmas pessoas, em outras palavras, se for necessário recrutar mais de um grupo, empenhe-se para que os grupos não difiram de maneira que possa gerar respostas diferentes. Por exemplo, geralmente, em testes de pesquisa de mercado, os pesquisadores usam um questionário de triagem para qualificar os participantes do teste. As perguntas podem abranger características demográficas das pessoas recrutadas, mas também aspectos como se, atualmente, compram a sua marca/produto ou usam o seu site. Esses são os principais fatores que podem afetar as reações aos *designs*. Faça as mesmas perguntas na seleção de quaisquer grupos a serem constituídos para os mesmos testes.

O conteúdo dos *designs*

Se você estiver testando o *design* de duas páginas de internet diferentes, com conteúdos também diferentes, você acabará não sabendo ao certo se foi o *design* ou o conteúdo que provocou as reações. Do mesmo modo, se você estiver testando *designs* de embalagens de diferentes alimentos ou bebidas cujos sabores também forem diferentes, você ficará em dúvida sobre se as reações foram provocadas pelo *design* ou pelo sabor. Mantenha o mesmo conteúdo nos diversos *designs*.

A maneira de executar o teste

Se você estiver comparando resultados de diferentes testes e os testes tiverem sido executados de maneiras diferentes, mais uma vez você não saberá com certeza se foi o *design* ou o método do teste que induziu as respostas. Mantenha exatamente os mesmos procedimentos em todos os testes destinados a comparar as reações.

A importância do contexto

No mundo real, reagimos a *designs* em determinados contextos, como em compras on-line ou em supermercados, folheando uma revista ou vendo um anúncio na rua. O mesmo *design* pode apresentar desempenhos diferentes, dependendo do contexto. Por exemplo, um *design* de embalagem num supermercado compete com muitas outras embalagens, pela atração do olhar e pela decisão de compra.

Três são as principais maneiras de considerar o contexto do material que está sendo testado:

- o que você diz aos participantes no começo do teste;
- o mix de imagens que cada participante vê;
- como os participantes veem as imagens.

O que você diz aos participantes no começo do teste

O que você diz aos participantes antes de mostrar-lhes os seus *designs* pode influenciar a reação deles. Geralmente, é melhor não dizer nada, a não ser pedir-lhes para olhar os *designs*. No entanto, se, de alguma maneira, os *designs* forem ambíguos, talvez você queira explicar o que eles significam. Por exemplo, se os *designs* forem para um novo produto ou para um site inovador, talvez seja o caso de explicá-los.

O mix de imagens que cada participante vê

Se você estiver mostrando aos participantes do estudo uma variedade de imagens, eles sem dúvida as compararão entre si. Em consequência, é importante, primeiro, definir, ao acaso, a ordem em que as pessoas verão as imagens, para que a ordem ou sequência das imagens não influencie os resultados totais. Além disso, também vale considerar como o mix de imagens vistas pode afetar os resultados. Por exemplo, se houver um conjunto de imagens a serem testadas por dois ou mais grupos (porque as imagens são muito numerosas para serem mostradas a apenas um grupo), a maneira de organizar os lotes de cada grupo merece alguma consideração. Se você estiver testando *designs* de embalagem para dois diferentes sabores de alimentos, tente reunir no lote para um grupo todas as embalagens de um sabor, e no lote para o outro grupo, todas as embalagens do outro sabor. Do mesmo modo, tente evitar o efeito "estranho no ninho" com as imagens, ou seja, não teste um lote de imagens muito semelhantes, misturadas com outra que é muito diferente. A imagem diferente pode receber resposta inusitada, só porque se destaca entre as demais.

Como eles veem as imagens

Nos testes, você pode exibir os *designs* isolados ou num contexto. No primeiro caso, aparece só o *design*, no vazio da moldura ou contra um fundo liso. No segundo caso, aparece, por exemplo, o *design* de uma embalagem numa prateleira (talvez entre embalagens concorrentes) ou o *design* de um cartaz de rua, como parte da foto de outros cartazes de rua. Talvez pareça que testar *designs* no contexto seja a melhor técnica. Afinal, é como serão vistos no mundo real. No entanto, o desafio é que qualquer imagem ou representação de um contexto mostra uma situação muito específica do mundo real. Por exemplo, nem todas as prateleiras têm a mesma aparência nos supermercados. Os resultados podem ser influenciados pela colocação de duas embalagens específicas uma perto da outra, mas, em muitos supermercados, elas talvez não sejam vistas juntas. Ou se você insere o *design* do seu cartaz na foto de um outdoor de rua, talvez haja outros elementos nesse contexto externo específico que afetem as respostas das pessoas.

Uma solução para esse problema é fornecer "pistas" visuais do contexto, cortando a imagem com pouco espaço em torno do *design*, ou seja, com o contexto de fundo aparecendo muito pouco além das bordas do *design*. Outra hipótese é obscurecer os detalhes de fundo aplicando algum tipo de filtro (em tons de cinza ou desfocados), de modo que as pessoas tenham uma impressão geral do plano de fundo, mas não percebam os detalhes com tanta clareza quanto veem o *design*.

As novas ferramentas de pesquisa

Nas pesquisas, a combinação das ferramentas certas com a pergunta certa é importante. Dispõe-se hoje de um conjunto de serviços de neuropesquisa que podem ser contratados para testar as suas imagens. Muitos deles funcionam on-line e, portanto, são mais rápidos e baratos do que reunir os participantes num local especial para a execução dos testes. Alguns até oferecem opções de "autosserviço", em que você faz a assinatura de um portal on-line e aplica os testes por conta própria (geralmente depois de receber algum treinamento do provedor).

Eis abaixo alguns dos principais métodos disponíveis.

Rastreamento de olhos on-line

A tecnologia de rastreamento de olhos foca câmeras nos olhos das pessoas enquanto elas estão olhando para uma tela ou mostrador, para monitorar os movimentos dos olhos e, portanto, o que estão olhando, a cada segundo. A tecnologia existe há décadas, mas, em geral, exigia instalações de laboratório exclusivas, ou, pelo menos, a presença dos voluntários em algum lugar onde as câmeras estivessem montadas. Nos últimos anos, tornou-se possível fazer o rastreamento dos olhos on-line, usando *webcams* dos usuários. O rastreamento de olhos on-line tem a vantagem de ser mais barato e mais rápido. É mais caro pagar às pessoas para que se desloquem fisicamente até o local específico onde a câmera de rastreamento de olhos está instalada do que remunerá-las para que façam um rápido teste on-line em casa, no próprio computador.

O rastreamento de olhos on-line é muito simples. Os participantes são recrutados on-line para participar do teste e recebem um link. Lá se explica a eles que precisarão de uma *webcam* em funcionamento e pede-se a permissão deles para acessá-la. É preciso deixar acesa a luz do recinto e manter a cabeça imóvel enquanto olham para a tela, movimentando apenas os olhos. Eles, então, executam um teste de calibração, para ajudar o sistema a rastrear para onde estão olhando na tela. Por exemplo, pode haver um ponto em movimento que se move sistematicamente para diferentes posições da tela, enquanto a pessoa o acompanha com os olhos. O sistema, então, correlaciona os diferentes movimentos dos olhos da pessoa, captados pelo vídeo da *webcam*, com a localização do ponto em cada momento. Finalmente, as imagens que o pesquisador quer testar são exibidas na tela, em ordem aleatória, para garantir que as reações do grupo, como um todo, não se associem à ordem em que as imagens são exibidas, normalmente com a duração de apenas 5 a 10 segundos por imagem.

Para um estudo de rastreamento de olhos, geralmente precisa-se de 20 a 30 gravações. Boa gravação é aquela em que a pessoa mantém a cabeça relativamente imóvel, as condições de iluminação são adequadas, e, em especial, o rosto da pessoa está pelo menos razoavelmente bem iluminado. Num laboratório ou em ambiente adequado, é mais fácil controlar esses fatores do que quando o teste é executado pelos próprios participantes, no próprio computador. Em consequência, no rastreamento de olhos on-line, geralmente se precisa de quatro ou cinco testes para cada um com resultados confiáveis. Mesmo assim é mais barato, muito mais barato, recrutar participantes on-line do que aplicar testes presenciais, em locais predeterminados.

Os benefícios do rastreamento de olhos como metodologia

Não é invasivo: a pessoa não precisa estar em ambiente especial ou artificial; ela apenas se senta em frente a uma tela. Não fica conectada a sensores ou a qualquer outro equipamento.

A compreensão do processo é muito intuitiva. Os resultados mostram para onde a pessoa olhou na tela, o que pode ser visualizado de duas maneiras também muito intuitivas. Primeiro, um *gaze-plot* (mapa ou traçado de olhares), que mostra uma série de círculos (ou de quadrados ou retângulos) sobrepostos na imagem, um círculo sobre cada elemento da imagem que atraiu muita atenção. Geralmente, o tamanho do círculo representa a quantidade de atenção que a área recebeu. A ordem em que cada elemento foi olhado pode ser representada pela numeração sequencial dos círculos e pela interligação dos círculos com linhas ou setas. Esse gráfico dá algumas pistas sobre a duração e a prioridade da atenção dos participantes a cada elemento do *design*.

Segundo, *heat maps* (mapas de calor), ou sua versão reversa, *fog maps* (mapas de névoa), que se trata de uma sobreposição de cores à imagem original, em que as áreas que estão recebendo informação ficam encobertas por uma nuvem de cores quentes. As cores mais usuais são tons de amarelo ou laranja sobre as áreas que recebem menos atenção, e vermelho sobre as áreas que recebem mais atenção. Em outras palavras, quanto mais quente a cor, maior a atenção. O aspecto negativo dessa visualização é que se a imagem em si já tiver amarelo, laranja ou vermelho, pode ser difícil dizer que cores são parte da imagem e que cores são parte do mapa de calor. O problema é resolvido com o oposto do mapa de calor: o mapa de névoa, que obscurece com tons de cinza mais escuros as áreas da imagem que receberam menos atenção e com tons de cinza mais claros, ou sem névoa, as áreas que receberam mais atenção. Isso mostra de maneira instantânea e intuitiva as partes da imagem que foram mais aquecidas ou menos aquecidas pelos olhares.

Dúvidas de *design* a serem esclarecidas pelo rastreamento de olhos

- Determinado elemento do *design* está sendo visto?
- O que as pessoas olham primeiro?
- O que as pessoas olham mais?
- O padrão de olhares sobre o *design* parece confuso?

Medidas de resposta implícita

As medidas de resposta implícita são um grupo de testes por computação que medem a associação entre imagem e conceito, ideia ou sentimento. Por exemplo, se você quiser testar vários *designs* possíveis, para ver qual é o mais capaz de provocar determinada reação, essa seria uma boa técnica.

Ela se baseia no conceito de pré-ativação. Sempre que vemos alguma coisa, mesmo que por uma fração de segundo, todas as associações por ela evocadas ficam disponíveis no cérebro. Em outras palavras, somos pré-ativados para reconhecer todas essas associações com mais rapidez.

Os testes podem ser estruturados de maneiras diferentes, mas todas consistem em medir a velocidade de reação das pessoas ao apertar uma tecla ou ao pressionar ou arrastar o dedo na tela. Pede-se aos participantes para executar uma tarefa de classificação simples, em que palavras ou imagens despontam na tela, uma depois da outra, para que os participantes as coloquem em um ou dois "baldes". Por exemplo, as palavras podem ter carga emocional positiva ou negativa, e a tarefa consiste em apertar uma tecla se a palavra for positiva e outra tecla se a palavra for negativa. É como um videogame muito simples. No entanto, cada palavra ou imagem que aparece na tela será precedida por um breve lampejo de outra palavra ou imagem. Cada lampejo é um gatilho ou pré-ativador, pois dispara ou pré-ativa uma associação. No exemplo da tarefa de categorizar palavras positivas e negativas, se a imagem de uma praia paradisíaca lampejar na tela por um instante antes da exibição de uma palavra positiva, a associação positiva pré-ativada ou predisposta pela imagem da praia provavelmente acelerará ou apressará a capacidade da pessoa de classificar a palavra positiva que aparece imediatamente em seguida ao lampejo da imagem da praia, mas pode desacelerar ou retardar a classificação de uma palavra negativa, uma vez que ocorreria um choque momentâneo de conceitos na mente da pessoa. No sentido oposto, se a palavra positiva for precedida de uma imagem com conotação negativa, como um túmulo, o efeito provável será desacelerar ou retardar a categorização da palavra positiva subsequente e acelerar ou apressar a categorização de uma palavra negativa subsequente. Segue-se, então, a análise da rapidez das reações comparáveis de cada par "gatilho-palavra", para identificar as associações mais estreitas na mente das pessoas.

Aspecto importante dos testes implícitos é que as medidas das reações são indiretas. Não perguntam expressamente: "Até que ponto você associa esta imagem com sentimento positivo?". Nem lhe pedem explicitamente para classificar a imagem, como se faria no questionário de uma enquete tradicional. Em vez disso, a tarefa de categorização tem respostas objetivas certas e erradas. Se alguém dá a resposta errada, o sistema pode pedir que a pessoa tente mais uma vez. Em consequência, a pessoa é forçada a manter o foco na tarefa. Não pode "enganar", pressionando sempre a mesma tecla ou dando sempre a mesma resposta, como seria possível numa enquete on-line comum.

Como no rastreamento de olhos, as medidas de respostas implícitas podem ser feitas on-line. De fato, é possível combinar os dois testes, um depois do outro, dentro da mesma sessão de testes on-line.

Uma limitação desses testes é a impossibilidade de fazer leituras em tempo real de experiências, como assistir a um vídeo ou percorrer um site. O que se obtém é uma leitura única da experiência.

Dúvidas de *design* a serem esclarecidas pelas medidas de resposta implícita

- Este *design* induz as emoções desejadas?
- A reação intuitiva a este *design* é positiva ou negativa?
- Quais são as diferentes associações que as imagens despertam nas pessoas?

Designers *que usam* neurodesign

A Saddington Baynes, com sede em Londres, é uma empresa de produções criativas que adotou pesquisas e práticas de *neurodesign* na criação de imagens.

Ao fazer o *design* de anúncios de carros para revistas ou cartazes, eles descobriram que pequenos detalhes podem exercer grande impacto sobre as conotações da imagem. Por exemplo, mudar a iluminação, as cores, as lentes ou os ângulos da câmera, os locais de plano de fundo ou o posicionamento dos carros, tudo pode mudar as percepções.

Meu colega Thom Noble e eu os ajudamos a instalar recursos regulares de neurotestes, que eles incluíram no processo de produção de *design*. Começando na fase de pesquisa e desenvolvimento, nós os ajudamos a compreender o impacto dessas mudanças no *design*, testando sistematicamente diferentes conjuntos de imagens de carros. Sempre, em cada conjunto, só mudávamos um elemento (como a cor do carro ou o ângulo da tomada), e medíamos os efeitos dessa mudança sobre o apelo emocional da imagem e sobre os tipos de atributos que os observadores associavam à imagem (como sua capacidade de conotar estilo ou entusiasmo). Daí resultavam uma série de hipóteses que os orientavam em como compor as imagens futuras, com base nos efeitos que queriam alcançar com cada imagem.

O sistema agora foi refinado para funcionar como ferramenta prática de teste e aprendizado para os *designers*. Se eles quiserem fazer um *double-check* para confirmar que o *design* está funcionando bem, ou verificar qual de vários *designs* será mais eficaz para os objetivos de uma campanha, é possível submeter as imagens ao sistema, que as testa com várias centenas de pessoas on-line, usando um método de neuropesquisa denominado *teste de resposta implícita*.

Codificação de ação facial

Seis expressões faciais de emoções parecem ser inatas em todas as pessoas, não importa onde nasceram: felicidade, surpresa, tristeza, medo, desgosto e raiva. Pesquisas em diferentes culturas – mesmo as que não estão expostas a mídias como televisão, em que as pessoas podem ter aprendido a associar diferentes expressões faciais a diferentes emoções–mostram que elas são inerentes aos humanos. Sabemos ao certo que pelo menos algumas manifestações fisionômicas de emoções não são assimiladas por observação, uma vez que também são comuns em pessoas cegas.[2]

A codificação de ação facial – ou FAC (*Facial Action Coding*) – pode reconhecer a expressão de qualquer dessas emoções, em tempo real, rodando vídeos de um rosto e identificando os movimentos musculares que controlam a manifestação de cada emoção diferente.

Uma desvantagem da FAC é estar limitada às emoções universais. Muitas imagens e vídeos tentam evocar emoções diferentes. Entretanto, se você realmente tiver uma imagem ou vídeo destinado

---

[2] Disponível em: <http://www.science20.com/news_releases/blind_people_use_same_emotional_expressions_because_they_are_innate_not_learned_study>. Acesso em: 25 ago. 2016.

a despertar uma dessas emoções, em especial se ela for bastante forte para imprimir reações faciais, esta pode ser uma boa medida. Ela pode ser sobremodo útil para medir reações a vídeos.

Como o rastreamento de olhos on-line, a codificação de ação facial agora pode ser feita pela internet, com as *webcams* dos computadores dos usuários – mais uma vez, com o benefício de custos mais baixos, em comparação com os custos de levar as pessoas para laboratórios ou instalações de pesquisas.

Dúvidas de *design* a serem esclarecidas pela FAC

- As pessoas estão sorrindo por causa de uma piada em seu anúncio de vídeo?
- O momento de surpresa em seu vídeo está realmente surpreendendo os espectadores?
- O trailer de um filme de terror assustador de fato inspira medo nos espectadores?

EEG/fMRI

EEG e fMRI são técnicas mais complexas, especializadas e dispendiosas, que usam equipamentos sofisticados para medir diretamente a atividade cerebral.

O aparelho de fMRI – ou de imagem por ressonância magnética funcional – é um grande tubo em que as pessoas entram e se deitam enquanto a máquina escaneia a circulação sanguínea no cérebro, como medida das regiões cerebrais que estão "ativas". Com base nesses dados, os analistas podem deduzir as reações das pessoas a coisas como imagens e vídeos. Muitas das principais descobertas da neuroestética acadêmica são produtos de pesquisas com fMRI.

EEG – ou eletroencefalograma – consiste na colocação de uma série de sensores em torno da cabeça da pessoa (às vezes com uma camada de gel sobre a pele), geralmente instalados numa touca ou gorro, para medir os padrões da atividade elétrica na área superior do cérebro – o córtex cerebral. O EEG pode ser usado para medir numerosos tipos de respostas, por exemplo:

- Atenção: EEG é especialmente bom em medir a quantidade de atenção que se dispensa ao que se está olhando. Os olhos podem olhar para uma imagem ou vídeo, mas eles estão realmente engajados no que estão vendo? O EEG pode dizer.

- Carga cognitiva: similar à atenção, a carga cognitiva é medida da intensidade com que o cérebro está trabalhando para decodificar o que está vendo.
- Motivação emocional: a pessoa sente-se emocionalmente atraída ou repelida pelo que está olhando? O EEG pode responder, monitorando diferentes padrões de atividade nos hemisférios esquerdo e direito do córtex cerebral.

Uma versão alternativa do EEG é o SST – ou *Steady-State Topography* (topografia do estado estável –TEE). Trata-se de um melhoramento do EEG comum. A pessoa usa um gorro com sensores EEG, mas o gorro também projeta no cérebro uma luz tênue e oscilante, que nele ativa, como reação, frequências específicas previsíveis – como alguém que cantarola ao som de uma melodia. Então, quando diferentes áreas do cérebro se tornam ativas, ou mais ocupadas, em resposta ao que estão vendo, essa frequência de acompanhamento começa a se desviar (como a atenuação do cantarolar, à medida que a pessoa se concentra em outra coisa).

fMRI e EEG são técnicas dispendiosas e, portanto, mais adequadas para projetos com grandes orçamentos. Os métodos de pesquisa também podem ser combinados. Por exemplo, o rastreamento de olhos pode ser feito ao mesmo tempo em que se medem as respostas faciais com FAC, ou as respostas cerebrais com EEG.

Dúvidas de pesquisa a serem esclarecidas por EEG, SST e fMRI

- A que partes do vídeo os espectadores prestam mais atenção?
- Como reeditar o vídeo para melhorá-lo?
- Até que ponto o vídeo desperta emoções engajadoras?

Acompanhando as novas descobertas de pesquisas

Trabalhos acadêmicos de psicologia e neurociência podem ser incompreensíveis. Geralmente são escritos no que parece ser "jargão" esotérico, cheio de estatísticas complexas. Todavia, se você estiver motivado e se dispuser a lê-los com cuidado, é possível compreendê-los, mesmo para aqueles que carecem de formação na área. Eis algumas dicas.

Primeiramente, é bom saber como os trabalhos sobre neurociência são estruturados. A maioria deles adota estruturas semelhantes; conhecer as principais partes dessa estrutura facilita a compreensão:

- Resumo (Sinopse)

  A maioria dos trabalhos começa com uma seção denominada *resumo* ou *sinopse*. Trata-se da síntese, condensação ou epítome, em apenas um ou dois parágrafos, que apresenta as principais questões da pesquisa, como foi executada, o que se descobriu e qual foi a conclusão. Depois da leitura dessa seção, é possível concluir se o trabalho é relevante para os seus propósitos.

- Palavras-chave

  Imediatamente depois do resumo ou sinopse, incluem-se as palavras-chave do tema do trabalho. Geralmente são rótulos descritivos que definem o tópico. Podem ser úteis na medida em que apresentam os termos científicos que os autores estão usando. Se você quiser estudar determinada área de *design*, é preciso conhecer o jargão interno. É possível que você esteja usando termos diferentes da comunidade acadêmica e de pesquisa. Por exemplo, talvez você queira encontrar pesquisas sobre destaque visual. Se você não souber que o termo "destaque visual" é o padrão entre os neurocientistas, você não encontrará os trabalhos bons sobre o tema.

- Introdução

  Em seguida, vem a introdução. Ela descreve o estado da arte, ou os conhecimentos mais atuais e as pesquisas mais relevantes sobre o tema, e por que os autores o estão estudando. Pode oferecer uma visão geral dos conhecimentos e pesquisas sobre o tópico, embora, evidentemente, quanto mais recente for o trabalho, mais atualizada tende a ser essa descrição.

- Metodologia ou procedimento

  A seção seguinte é sobre como a pesquisa foi feita. Trata-se aqui da equipe de pesquisa, dos materiais usados, e de como o trabalho foi executado. Em geral, essa é a parte mais técnica, em especial se analisar os métodos estatísticos usados para análise e apresentação dos dados. Duas são as razões dessa seção. Primeiro, para que outras pessoas possam repetir a pesquisa, se quiserem confirmar que chegam aos mesmos resultados (boa ideia, em teoria, mas quase nunca realizada). Segundo, para que os interessados disponham, em tese, de todas as informações necessárias para confirmar que os pesquisadores aplicaram testes imparciais e que as conclusões são razoáveis.

• Conclusões

Finalmente, o trabalho descreve os resultados e as conclusões da pesquisa. Depois do resumo ou sinopse e da introdução, essa é em geral a parte mais útil do trabalho. Se você quiser uma visão geral rápida do trabalho, recomendo ler primeiro o resumo ou sinopse e as conclusões, e depois a introdução.

Um tipo de trabalho especialmente útil e informativo é a revista científica. As revistas científicas são resumos de muitos experimentos sobre um tema. Elas sintetizam o que foi encontrado sobre determinada questão. São úteis porque, em geral, as descobertas de um trabalho de pesquisa nem sempre são mencionadas em outros trabalhos de pesquisa. Certos detalhes da metodologia podem levar aos resultados obtidos. Muda-se a metodologia e chega-se a resultados diferentes. É a chamada *replicabilidade* ou *repetitividade dos resultados*.

Uma das características úteis dos trabalhos científicos é se referirem a outros trabalhos relevantes. Em outras palavras, podem ser um meio para a descoberta de outras pesquisas.

Caso você encontre neste livro referência a determinado trabalho que seja do seu interesse ou que tenha relevância para a solução de uma dúvida ou problema, é possível descobrir se há alguma pesquisa semelhante mais recente. Vá para Google Scholar (Google Acadêmico) (https://scholar.google.co.uk/), e cole nele o título exato do trabalho mencionado neste livro, entre aspas. O trabalho deve aparecer nos resultados da busca. Na parte inferior da tela, deve aparecer o link "Cited by" e um número. É a quantidade de trabalhos de pesquisa que fizeram referência ao trabalho citado neste livro e colado no Google Scholar do Reino Unido. Clique nesse link para obter uma lista de todos esses trabalhos. Em seguida, para encontrar os mais recentes, procure no lado esquerdo da tela o *time range* (faixa de tempo) a ser abrangido pela pesquisa. No alto, diz "Custom range" e, abaixo, será possível buscar trabalhos que foram publicados depois de determinado ano recente. Na parte inferior do menu situado no lado esquerdo, há também a opção "create alert" (criar alerta) – o que o levará a receber um e-mail automático quando for publicado novo trabalho que mencione o trabalho em que você está interessado.

Limitações das pesquisas publicadas

O simples fato de um trabalho ter sido publicado não significa que ele seja impecável. É possível que haja erros de lógica, que os experimentadores talvez não tenham controlado outros fatores que podem ter afetado os resultados, ou simplesmente que exageraram em suas pretensões. O processo de avaliar os trabalhos apresentados para publicação se destina a eliminar parte desses problemas, mas não é perfeito. Além disso, a maioria das pesquisas não é testada, nem replicada. As pesquisas podem ser dispendiosas e demoradas, e ficamos mais seguros em relação a resultados que foram replicados por outra equipe de pesquisadores. Seja como for, os trabalhos publicados são recursos inestimáveis quando lidos com cuidado e quando se consideram essas possíveis fragilidades.

Também vale mencionar que a maioria das pesquisas sobre *neurodesign* comercial nunca é publicada em periódicos acadêmicos. Muitas pesquisas sobre *design* agora são conduzidas por empresas comerciais, para usos práticos delas mesmas. Elas, geralmente, não têm tempo, nem disposição para publicar suas descobertas.

Descobertas descritivas *versus* prescritivas

Há uma diferença entre descobertas descritivas e prescritivas. Às vezes, as pesquisas mostram uma relação entre duas variáveis – ou seja, determinados tipos de *design* produzem determinados efeitos nos espectadores – mas sem explicar por quê. Tudo o que fizeram foi descrever determinado efeito. Essa é uma descoberta descritiva.

É melhor quando os resultados da pesquisa confirmam uma previsão teórica: em outras palavras, os pesquisadores são capazes de mostrar *o que* aconteceu e explicar *por que* acham que aconteceu. Esse tipo de pesquisa nos dá mais confiança em que podemos aplicar a mesma técnica de *design* e obter resultados previsíveis. Essa é uma descoberta prescritiva.

O tipo mais eficaz de descoberta de pesquisa é a que produz esse suporte teórico e também foi replicada: mais de um estudo obteve resultados comparáveis. Ao combinar esses dois fatores, podemos formular uma boa regra prática para avaliar qualquer ideia específica de *neurodesign* (ver Figura 11.2).

Figura 11.2: Combinando suporte teórico e experimental

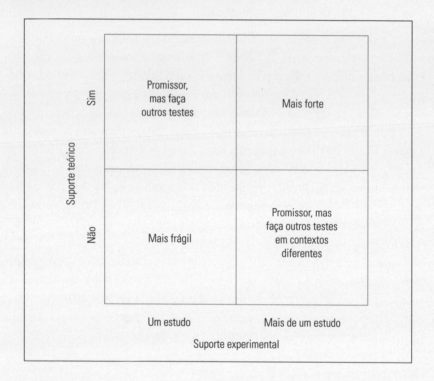

A maioria dos resultados de *neurodesign* são tendências, não fatos absolutos

Os seres humanos não são máquinas mecânicas com botões a serem pressionados para obter respostas previsíveis. A maioria das pesquisas em psicologia e neurociência sobre como respondemos a estímulos visuais apresentam tendências, não fatos absolutos. Em outras palavras, um estudo pode concluir que a maioria das pessoas responde de determinada maneira, ou que mais pessoas respondem de determinada maneira ao *design* A do que ao *design* B. Nem todas responderão exatamente da mesma maneira. Na maioria dos casos de técnicas de *design*, a melhor expectativa é que a maioria das pessoas responderá positivamente.

O benefício de usar técnicas de *neurodesign* é melhorar um *design*, ou aumentar as chances de obter o efeito desejado, mas elas não garantirão que todos os espectadores adorarão o *design*.

Conclusão

O teste de imagens pode ser muito útil, mas também é preciso mantê-lo em perspectiva. O Google submeteu a testes A/B 40 diferentes tons de azul nos links de seus textos de propaganda para descobrir o mais adequado. Alegadamente, o resultado aumentou em US$ 200 milhões a receita de propaganda.[3] O alcance do Google – sua capacidade de aplicar testes A/B entre os milhões de usuários –, porém, talvez pareça excessivo para alguns *designers*. Por exemplo, o ex-chefe de *design* visual do Google, Douglas Bowman, pediu demissão, cansado dessa abordagem de testar os mínimos detalhes de *design*. Depois, ele escreveu: "Recentemente, participei de um debate sobre se uma borda deveria ter três, quatro ou cinco pixels de largura, e me pediram para comprovar a minha opinião. Não consigo trabalhar nesse tipo de ambiente. Estou cansado de discutir sobre detalhes mínimos de *design*. Há problemas de *design* mais empolgantes a enfrentar neste mundo".[4]

"Os testes podem levá-lo apenas até certo ponto", escreveu o jornalista de tecnologia Cliff Kuang, "e, geralmente, servem apenas para mostrar que as pessoas só gostam do que for semelhante ao que já viram antes. As soluções de *design* mais brilhantes, porém, são as que convertem as pessoas com o passar do tempo, pois são, ao mesmo tempo, sutis e desbravadoras".[5]

Os testes podem contribuir para a evolução incremental, ampliando um caminho já explorado para torná-lo mais fácil de percorrer. No entanto, não dizem se, para começar, esse é o caminho certo a escolher. Os participantes fazem os testes com ideias preconcebidas sobre os *designs* com que estão familiarizados. Testar *designs* que se assemelham àqueles com que estão acostumados dá-lhes uma vantagem inicial em relação às ideias mais radicais. Não se prevê tempo numa sessão de testes

---

[3] Disponível em: <https://www.theguardian.com/technology/2014/feb/05/why-google-engineers-designers>. Acesso em: 25 ago. 2016.

[4] Disponível em: <http://stopdesign.com/archive/2009/03/20/goodbye-google.html>. Acesso em: 25 ago. 2016.

[5] Disponível em: <http://www.fastcodesign.com/1662273/google-equates-design-with-endless-testing-theyre-wrong>. Acesso em: 25 ago. 2016.

para habituar os participantes a uma ideia mais radical, daí o risco de os testes sempre favorecerem as ideias convencionais em prejuízo das novas abordagens. Ainda que pareça paternalista, às vezes os *designers* talvez devam ser categóricos: "Pensei a fundo para vocês, e descobri um *design* que, a princípio, talvez lhe pareça estranho, mas esteja certo de que você o achará muito melhor daqui a algum tempo".

Resumo

- Embora possa ser útil perguntar às pessoas o que acharam do seu *design*, é preciso conhecer as limitações dessa técnica e ter consciência de como ela pode ser traiçoeira.
- O teste A/B é uma técnica de pesquisa poderosa e pouco onerosa. Funciona bem em sites de internet e para verificar ações (por exemplo, se os usuários clicam num link, se se inscrevem para obter mais informações ou se compram um produto).
- Dispõe-se hoje de várias técnicas de pesquisa de neurociência para projetos de pesquisa com orçamentos entre médios e altos.
- O rastreamento de olhos é bom para mostrar o que as pessoas olham, que elementos de *design* as atraem (e os que não as atraem), em que ordem e por quanto tempo. Todavia, não mede o que as pessoas acham ou sentem sobre o *design*.
- A codificação de ação facial é eficaz para medir as seis expressões faciais de emoções consideradas universais, em especial sob estímulos variáveis, como assistir a vídeos ou navegar em sites.
- O teste de resposta implícita é eficaz para medir as associações evocadas pelo *design*. Funciona melhor com imagens estáticas do que com vídeos.
- Os testes de EEG/SST e fMRI são mais dispendiosos, e são eficazes para medir manifestações como níveis de atenção, com base diretamente no nível de atividade cerebral.

CONCLUSÃO

12

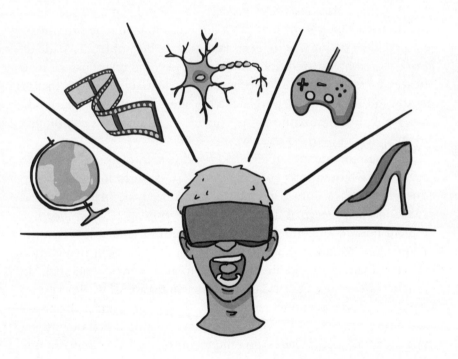

Figura 12.1: No futuro, as ideias de *neurodesign* poderão ser aplicadas a áreas como educação, cinema, arquitetura, videogames e modas

THE GLASS BEAD GAME, romance de Hermann Hesse (ed. bras. *O jogo das contas de vidro*, tradução de Lavinia Abranches Viotti e Flávio Vieira de Souza, Bestbolso, 2007), que se passa no século XXV, descreve em termos vívidos como a sociedade do futuro poderá mesclar arte e ciência.[1] O romance trata de um jogo, mais complexo que o xadrez, que possibilita aos jogadores conjugar o conhecimento das artes e das ciências. O biólogo E. O. Wilson descreveu algo semelhante, a que deu o nome "consiliência", considerada a integração das humanidades com as ciências.[2] Essas duas áreas são consideradas esferas distintas de estudo e atividade. No entanto, artistas e *designers* frequentemente recorrem a outras áreas de conhecimento como matemática, engenharia ou computação. O *neurodesign* oferece a perspectiva de – pelo menos em parte – conjugar arte e *design* com psicologia e neurociência.

A inclusão das ideias de *neurodesign* pode aumentar o engajamento emocional, a captação da atenção e a memorabilidade de produtos e serviços. Como vimos neste livro, já dispomos de ampla variedade de *insights* dos laboratórios de neurociência sobre como criar imagens mais eficazes, e esse *corpus* de conhecimento tende a aumentar no futuro. Neste capítulo, descrevo por que acho que o *neurodesign* será usado cada vez mais nos próximos anos, com a adoção de novas tecnologias e com aplicações em novas áreas.

Primeiramente, por meio do *neurodesign*, as organizações serão capazes de se comunicar com mais eficácia, criando imagens que as conectam melhor com o público e ajudando as pessoas a valorizar o papel do *neurodesign*. A adoção de novas abordagens de *neurodesign* também pode contribuir para aumentar a importância do *design* nas organizações. Muitas organizações em que as decisões acabam seguindo critérios financeiros adotam tradicionalmente modelos racionais do comportamento dos consumidores, semelhantes ao AIDA, descrito no Capítulo 1. Elas já reconhecem que o *design* tem um papel a desempenhar em seu sucesso, mas, como até agora tem sido difícil quantificar essa contribuição, o *design* inspira menos autoridade e respeito do que outras atividades de negócios que podem ser rastreadas numa planilha. Ao se demonstrar sua influência quantificável, o *design* talvez seja mais reconhecido pelos tomadores de decisões.

---

[1] HESSE, H. *The Glass Bead Game*. Londres: Random House, 2000.

[2] WILSON, E. O. *Consilience: The Unity of Knowledge*. Londres: Abacus, 1999.

As empresas precisam abandonar o pressuposto obsoleto de que os consumidores são totalmente racionais. Aquelas que compreendem melhor os efeitos de fatores não racionais como pré-ativação, destaque visual, primeiras impressões ou empurrões de economia não comportamental tendem a ser mais competitivas do que aquelas que ainda seguem um modelo racional totalmente baseado na mente do Sistema 2. Suas comunicações serão mais compatíveis com a maneira como os consumidores realmente recebem e reagem às informações. Até agora, ao avaliar imagens, temos confiado meramente em opiniões. Hoje, temos todo um conjunto de ferramentas que captam respostas mais intuitivas e instintivas.

No entanto, embora o *neurodesign* tenha o potencial de humanizar os negócios mais racionais, será que corremos o risco de desumanizar e racionalizar excessivamente o processo do *design* em si? O bom *design* pode nos tocar emocionalmente e falar com a nossa mente irracional e inconsciente. Não é um processo totalmente sistemático. Às vezes, a solução certa para um problema de *design* pode ser a que transgride algumas regras. Nem sempre seguir as regras traz os resultados esperados. Além disso, as preferências das pessoas mudam com o temperamento dos tempos, com a moda e com os estilos vigentes. Será que a redução do *design* a uma série de regras, e até o desenvolvimento de softwares para criar *designs* comprometerá a humanidade e a sensibilidade do processo?

Esse é um risco que se corre se os métodos de *neurodesign* forem seguidos com muita rigidez. Há, porém, algumas razões pelas quais isso não precisa ser um problema inevitável.

Primeiramente, como mencionamos no começo do livro, o *neurodesign* é provavelmente mais bem usado como ferramenta para reforçar as competências e as intuições dos *designers*. A formação em *design* já ensina várias regras e técnicas aos *designers*. O *neurodesign* apenas as amplia e enriquece. Ao contrário da arte, o *design* geralmente tem um objetivo. Ele precisa criar alguma coisa prática, ou produzir um efeito específico nos observadores. O *neurodesign* apenas ajuda o *designer*, oferecendo-lhe mais ideias plausíveis para alcançar esse objetivo e para resolver problemas específicos de *design*.

Em segundo lugar, é inevitável que algumas áreas de *design* sejam automatizadas. Com a necessidade crescente de novos *designs* em mostruários e páginas de internet, e premência de configurá-los rapidamente para atender a diferentes requisitos (como a personalização da aparência de uma página de internet para melhor atender às demandas dos visitantes), já é difícil para os *designers* reformular continuamente todos os *designs*, conforme as circunstâncias cada vez mais mutáveis. Não há tempo e dinheiro suficientes para todas essas atualizações constantes. Como alternativa, considere essa categoria de *design* como gabaritos neuroinspirados. Esses gabaritos já são muito usados em *web design*, por exemplo. Softwares específicos provavelmente partirão de elementos de *design* preexistentes, criados por humanos, sejam eles desenhos ou fotos, e os misturarão e mesclarão de novas maneiras, para produzir determinados efeitos. Por exemplo, a empresa The Grid (https://the-grid.io/), de São Francisco, Califórnia, oferece software de inteligência artificial para criar sites de internet. Alimenta-se o sistema com o estilo básico do site a ser criado (por exemplo, profissional ou casual) e com as prioridades do site (por exemplo, mais *sign ups*, reprodução de mídia ou vendas) e o software automaticamente desenhará e construirá o site. Alguns aplicativos de smartphone já tiram a foto e a entregam ao usuário com diferentes estilos gráficos, como apresentá-la como se fosse uma pintura. Esses são apenas dois exemplos de como certos elementos de *design* estão sendo automatizados.

Como a indústria está se aquecendo para a *abordagem* de neurodesign

Meu colega de longa data no desenvolvimento e preconização da pesquisa e aplicação do *neurodesign*, Thom Noble, é um veterano em marketing e em pesquisa de mercado. Ele tem acompanhado como a abordagem do *neurodesign* está sendo adotada pelas equipes de criação com mais entusiasmo do que as tradicionais pesquisas de mercado:

> As equipes de criação de há muito têm dificuldades de relacionamento com a pesquisa de mercado tradicional – vista como obstáculo embaraçoso que solapa, debilita e compromete seu trabalho. E como interferência que, aos seus olhos, carece de credibilidade e validade. Como poderia ser de outra maneira? Afinal, a pesquisa tradicional mede respostas lógicas e racionais – não as percepções e sentimentos inconscientes que as equipes de criação se empenham em evocar.
>
> Os *insights* das abordagens científicas parecem engendrar melhor compreensão dos gatilhos criativos de causa e efeito, e, assim, ajudam

> a desenvolver o que eu chamo de "intuição aumentada" entre as equipes de criação: um senso mais agudo de como suscitar os padrões de resposta pretendidos no público-alvo. Longe de restringir a criatividade, minha visão é que, usada dessa maneira, a ciência é liberadora!

Entretanto, à parte as preocupações com a possibilidade de o *neurodesign* super-racionalizar ou desumanizar o *design*, há escrúpulos quanto a abusos éticos dessas técnicas. À medida que aprendemos mais sobre psicologia humana e se intensifica a disputa pela atenção dos consumidores, muitos *designers* descobriram maneiras de se tornar mais convincentes e de criar experiências mais adictivas. Por exemplo, os desenvolvedores de jogos para smartphones usam conhecimentos da psicologia de jogos para maximizar o poder viciante. Tudo, como a aparência colorida dos gráficos, a dinâmica e a cinemática dos jogos, a pontuação e a escalada de dificuldade, é testado e ajustado, para tornar a experiência a mais prazerosa, adictiva e compulsiva possível. De um lado, esse tipo de exacerbação do prazer pela manipulação do *design* proporciona mais satisfação aos usuários, mas, de outro, se levado longe demais, ele poderia ser considerado antiético em certos contextos? Por exemplo, já se constata preocupação crescente nas economias desenvolvidas com propaganda e embalagem de produtos açucarados demais, sobretudo quando destinados a crianças. Do mesmo modo, como já mencionamos, alguns países obrigaram as empresas fabricantes de produtos de tabaco a remover *designs* dos maços de cigarros, conscientes da contribuição do *design* para tornar esses produtos mais sedutores.

Penso, porém, que essas inquietações não têm a ver apenas com o *neurodesign*. Também se manifestam em relação a como encaramos a propaganda e a atividade comercial em geral. Os *designers* há séculos vêm buscando novas maneiras de persuadir; o *neurodesign* talvez turbine sua eficácia, mas é apenas uma extensão de tendências que evoluem há muito tempo.

Aplicações do *neurodesign*

O *design* se estende a todos os âmbitos da vida. Além de áreas como *web design*, propaganda e embalagem, outras podem ser influenciadas por *insights* e pesquisas de neurociência, como se vê a seguir.

Design neuroeducacional

As pesquisas sobre *neurodesign* podem gerar insights sobre como tornar as informações mais memoráveis e engajadoras. Da mesma maneira como os infográficos são uma maneira eficaz de transmitir informações complexas em forma gráfica e acessível, é enorme o escopo para usar *design* e imagens como ferramentas de educação e aprendizado. Conceitos mecânicos e científicos, por exemplo, são tópicos prioritários para serem ensinados com recursos visuais. Temas como o funcionamento interior de células biológicas ou o funcionamento mecânico de máquinas e motores ficam mais compreensíveis com imagens de cortes transversos ou vídeos de animação de suas operações. Esses tipos de imagens e animações já existem, mas, com o uso de *insights* de *neurodesign,* muito mais campos da educação poderiam ser aprimorados com o acréscimo de imagens engajadoras, esclarecedoras e memoráveis.

Neurocinema

Os filmes cinematográficos já são naturalmente testados pelos espectadores, cujo *feedback* indica sua probabilidade de sucesso com o público e orienta o lançamento de novas versões, a repetição de sequências e a escolha das cenas a incluir nos trailers. As pesquisas sobre *neurodesign* podem contribuir para aumentar a eficácia do processo. Usando ferramentas de pesquisa que rastreiam as respostas dos espectadores ao filme, em tempo real, os pesquisadores podem aprender que tipos de visuais têm mais probabilidade de disparar diferentes emoções e, em especial, que induzem mais as pessoas a querer ver o filme e, por conseguinte, são mais indicados para incluir no trailer. Mesmo nos primeiros estágios do planejamento de filmes, as pesquisas sobre neuroimagens podem ser usadas para testar que atores têm mais probabilidade de atrair o público com as imagens certas, considerando a natureza das emoções e a temática do filme.

Os algoritmos de computação já revolucionaram os efeitos especiais cinematográficos. Os cineastas hoje usam a computação como qualquer outra ferramenta, que os ajuda a criar personagens e ambientes realistas. O *neurodesign* pode facilitar a produção de imagens artificiais que pareçam mais realistas. Por exemplo, ao filmar a trilogia *O Hobbit,* o diretor Peter Jackson tinha planejado filmar a montanha cheia de moedas de ouro, onde se situava o covil do dragão, usando pilhas de moedas geradas por computador. Construiu-se uma simulação de computador para figurar milhões de moedas de ouro empilhadas, com a programação dos aspectos físicos corretos, considerando como o tamanho, o peso e a forma das moedas afetaria sua movimentação nos diferentes contextos. No entanto, quando Peter Jackson lançou seu olhar experiente de diretor sobre as imagens produzidas por computação gráfica das pilhas de moedas em movimento, alguma coisa lhe pareceu errada, embora a equipe de filmagem não conseguisse identificar a causa do estranhamento. Por fim, eles abandonaram as imagens geradas por computador e rodaram outra sequência, com milhares de moedas reais. Quando as imagens produzidas por computação gráfica preenchem todos os requisitos para parecerem reais, mas, na prática, não correspondem às expectativas, alguma coisa está faltando. Esse algo pode ser algum aspecto físico que não foi replicado com exatidão pelo computador. A solução para essas discrepâncias entre a teoria e a prática talvez seja uma melhor compreensão das pistas visuais que nos dizem se algo parece real ou artificial.

Neuroarquitetura

A maneira como os ambientes artificiais são desenhados pode afetar nossos pensamentos e sentimentos. Por exemplo, o efeito "catedral" é o fato de as pessoas se sentirem mais criativas quando estão em ambientes internos com teto alto. O *neurodesign* pode estimular *insights* que tornem os edifícios e interiores mais belos. Também pode ajudar a conceber edifícios que predisponham as pessoas para estados mentais mais adequados. Por exemplo, é possível desenhar ambientes de trabalho por meio de técnicas semelhantes à do efeito catedral, que levem os trabalhadores a ser mais produtivos e criativos e a se sentir mais satisfeitos? Ou é viável projetar ambientes hospitalares mais relaxantes e mais acolhedores para os pacientes? As enfermarias e os equipamentos para crianças poderão parecer mais amigáveis e menos hostis? Um hospital revestiu o aparelho de fMRI (em geral, um tubo com aparência assustadora) com padrões coloridos, para lhe dar um aspecto menos hostil e até mais aconchegante em seu interior.

Neuromoda

Como a moda reflete o espírito e as tendências da época, sua variabilidade talvez a torne menos sujeita a predisposições suscitadas pelo *neurodesign*. No entanto, novidade e beleza são muito importantes para o *design* de moda, atributos para os quais o *neurodesign* tem muito com que contribuir. Além disso, empresas e organizações cujos trabalhadores usam uniformes podem recorrer a pesquisas de *neurodesign* para criar roupas que reflitam melhor o etos organizacional – por exemplo, que cores e estilos de roupas são mais capazes de conotar *expertise*, amizade, autoridade e credibilidade. As pessoas poderiam recorrer a *insights* de *neurodesign* para escolher as roupas mais adequadas a serem usadas numa entrevista de emprego ou na foto para sites de namoro para parecer mais atraente!

Neurovideogame

A indústria de videogames é hoje maior do que a indústria cinematográfica. À medida que os computadores ficam mais rápidos e os gráficos se tornam mais realistas, os games têm o potencial de se tornar ainda mais imersivos. Para isso, precisam engajar emocionalmente e criar experiências divertidas. Semelhante ao neuro cinema, a pesquisa sobre videogames pode identificar nos jogos os gatilhos que disparam as respostas emocionais mais fortes. A maioria dos jogos complexos tenta evocar sentimentos de vibração ou medo, mas também é possível despertar outros sentimentos como empatia, surpresa, espanto ou diversão. Fazer os gráficos de games parecerem mais realistas ou escolher os melhores gráficos para usar em anúncios de games também são áreas que podem se beneficiar com as pesquisas e *insights* em *neurodesign*.

Aplicativos de *neurodesign* para consumidores

Os aplicativos de smartphone para filtrar e editar fotos são usados hoje por milhões de fotógrafos amadores entusiásticos. A ascensão das mídias sociais, dos aplicativos de mensagens e das páginas de internet pessoais impulsionou o interesse não só em tirar fotos, mas, sobretudo, em tirar fotos que impressionem, ou que os outros queiram compartilhar. É possível que, no futuro próximo, haja aplicativos para consumidores que usem os princípios de *neurodesign* para aprimorar, editar ou filtrar imagens, de modo a aumentar sua atratividade ou compartilhabilidade.

Ao tirar uma foto, o fotógrafo profissional aplica muito conhecimento intuitivo sobre como enquadrar e compor a tomada, como obter a iluminação adequada, como ajustar a câmera e, por fim, que fotos escolher, das muitas tiradas, para serem divulgadas. Pelo menos parte desse conhecimento pode ser captado em software e disponibilizado para fotógrafos amadores.

A nova geração de simulações de varejo realistas

A simulação visual em 3D já existe há muitos anos, lançada pelos setores que precisavam dela e que tinham dinheiro para financiá-la – como a de simuladores de voo para a indústria aeronáutica – e, mais recentemente, temos visto os avanços da simulação realística em filmes e em videogames.

A Paravizion, com sede no Reino Unido, é especialista em oferecer esse tipo de simulação a *designers* de embalagens. O software deles não só torna a simulação 3D mais rápida e fácil para os *designers*, mas também, o que é crucial, possibilita sua aplicação em ambientes realistas de lojas (por exemplo, numa prateleira de supermercado), para ver sua atuação no contexto e em confronto com a concorrência. A equipe vai a uma loja e a escaneia em três dimensões, criando um modelo em que é possível inserir os *designs* de embalagens.

Se os *designers* quiserem ver os efeitos de mudança de cores, texturas ou iluminação, o sistema pode percorrer rapidamente as diferentes opções, em tempo real, mostrando como fica o conjunto no contexto. E veem tudo isso no ambiente simulado da loja, testando os efeitos relativos da mudança e da combinação dessas variáveis.

Novas telas e formatos

Importante impulsor do *neurodesign* nos próximos anos será a proliferação de telas eletrônicas. À medida que se tornam mais baratas, elas estão se espalhando em muitas formas e tamanhos – desde monitores minúsculos em equipamentos elétricos e em telas pequenas de *smartwatches* (relógios inteligentes), na ponta popular, até telas imersivas gigantes de IMAX, na ponta sofisticada. No meio-termo, muitos são os formatos e dimensões de novas telas que em breve estarão disponíveis.

Da mesma maneira como os smartphones obrigaram os usuários a se ajustar e a se sentir à vontade com a estética e com os *designs* de interface, os novos tipos de tela sem dúvida desenvolverão suas próprias linguagens de *design*. Assim como vemos e interagimos diferentemente com telas de televisores, computadores e dispositivos móveis, os novos dispositivos terão suas próprias peculiaridades e demandas, que exigirão *insights* de *design*, para torná-los acessível ao uso e para otimizar seus formatos, de modo que sejam mais engajadores para os usuários. Por exemplo, as telas pequenas de *smartwatches* exigem que os *designers* repensem como apresentar informações. De que maneira otimizar os *designs* para telas tão pequenas? Que tipos de *designs* provavelmente funcionarão melhor em telas tão compactas? Cada uma dessas novas mídias precisará de novos tipos de *designs* sob a perspectiva de visualização e interação.

Telas baratas como papel

Outra maneira de as telas se multiplicarem no nosso cotidiano é uma tecnologia denominada e-ink, ou tinta eletrônica. Até hoje, tivemos papel e tivemos telas, duas mídias distintas. O e-ink, porém, é como um híbrido das duas mídias. E acena com a viabilidade de livros que combinam o melhor do papel impresso com o melhor dos leitores eletrônicos. Como vimos no Capítulo 8, ler em telas pode ser uma experiência de qualidade inferior à de ler em papel, uma vez que as telas não oferecem o *feedback* físico e intuitivo que obtemos dos livros convencionais. O papel e-ink, porém, pode resolver esses problemas, ao mesmo tempo em que mantém os benefícios dinâmicos das telas (isto é, a possibilidade de mudar imagens e usar animações).

Como os livros mágicos nas histórias de Harry Potter, a tecnologia e-ink oferecerá o aspecto físico e a percepção táctil do papel, mas também terá imagens móveis em suas páginas. O comentarista de tecnologia Kevin Kelly assim a descreve: "O papel e-ink pode ser fabricado em folhas tão delgadas, sensíveis e econômicas quanto o papel convencional. Uma centena dessas folhas pode ser enfeixada numa lombada e encadernada entre capas elegantes. Agora, o e-book de fato se assemelha muito aos velhos livros de papel, com páginas superpostas, mas com conteúdo mutável".[3]

Os *designs* que hoje são impressos em papel ou papelão e, portanto, são fixos e estáticos, podem se tornar dinâmicos. Imagine, por

---

[3] KELLY, K. *The Inevitable*. Nova York: Viking, 2016. p. 92.

exemplo, embalagens em supermercados feitas com superfícies de telas delgadas. Os *designs* nelas inseridos poderiam mudar ao longo do dia, dependendo das características demográficas dos compradores na loja. Ou talvez dependendo do tempo lá fora (por exemplo, num fim de semana ensolarado, as embalagens de alimentos e bebidas para churrascos ou piqueniques poderiam ser ostentadas com mais destaque).

Realidade virtual e aumentada

Realidade virtual é o efeito que se obtém ao usar um *headset* perto dos olhos para imergir os usuários em um mundo 3D completamente à parte do ambiente real em que estão fisicamente. Os *headsets* de realidade aumentada são transparentes, de modo que as imagens na tela se sobrepõem à visão do mundo real. São um pouco como os *heads-up displays*, ou monitores de alerta, que os pilotos de caças usaram durante anos. Ambas as tecnologias estão prontas para fazer a transição do laboratório de desenvolvimento para o mundo dos produtos de consumo e, portanto, para popularizar novos formatos de tela nos próximos anos.

A realidade virtual consiste em fazer o mundo simulado na tela parecer real, mesmo que o corpo esteja em ambiente totalmente diferente. Em muitos usuários, o efeito pode acarretar enjoo de movimento, ou cinetose, na medida em que o *feedback* físico da cabeça e do corpo não é compatível com o *feedback* visual dos olhos. Um truque visual para superar essa sensação é a inserção de um nariz artificial no centro da tela, comparável à visão do próprio nariz, que se encontra constantemente em seu campo visual (da qual nos desligamos conscientemente). Dessa maneira, quando se movimenta a cabeça, a visão súbita do nariz na parte inferior do campo visual também se desloca, contribuindo para melhorar a experiência, com uma sensação física mais natural. Outro problema com a realidade virtual é querer percorrer no ambiente simulado distâncias maiores do que as possíveis no ambiente real. O usuário corre o risco de bater com a cabeça na parede no ambiente real, ao ver diante de si um espaço aberto no ambiente simulado! A solução para esse problema envolve alguns truques inteligentes para ludibriar o sistema visual. Cada vez que a pessoa vira o corpo no ambiente real em que está se movimentando, o mundo simulado vira um pouco menos. A diferença não é imediatamente perceptível, mas ilude a pessoa a pensar que está percorrendo distâncias maiores no mundo simulado, enquanto se desloca em círculos no mundo real, evitando as paredes. Muitos desses truques visuais sem dúvida serão desenvolvidos à medida que os *designers* se empenham na criação de simulações de realidade virtual.

A realidade aumentada (AR) oferece a perspectiva de integrar monitores e ambientes gerados por computação gráfica no mundo cotidiano ao nosso redor. Já temos muitos monitores físicos no mundo real – de telas de computador e dispositivos móveis a cartazes, painéis e letreiros – mas a realidade aumentada intensificará drasticamente essa profusão de imagens e mensagens. No futuro próximo, ao usar óculos de realidade aumentada, informações e gráficos pairarão à sua frente e se sobreporão continuamente ao mundo real. Ao caminhar pela rua, você verá informações em tempo real sobre mensagens e-mails; previsões do tempo e itens da agenda despontarão diante dos seus olhos, dependendo da hora, da sua localização no mundo real e da configuração do monitor. Ao passar por lojas, ofertas e sugestões personalizadas, surgirão na tela na forma de anúncios gráficos que parecerão sobrepostos à fachada e às vitrines da loja.

Descobrir as melhores maneiras de apresentar informações de forma gráfica em contextos de realidade aumentada exigirá muita pesquisa e compreensão de psicologia visual e de neurociência. Qual é a melhor maneira de integrar informação no dia a dia das pessoas, sem sobrecarregá-las ou levá-las a tropeçar em objetos ao seu redor? Como expor informações complexas em monitores de realidade aumentada?

Juntas, essas duas tecnologias dispararão uma irrupção de telas em todos os lugares e circunstâncias da vida, aumentando a exposição de imagens desenhadas de todas as espécies. À medida que telas de informações proliferam por toda parte, decidir como distribuir a atenção passa a ser um desafio premente do cotidiano. O número de páginas de internet, de artigos, de vídeos e de imagens está crescendo em ritmo exponencial; entretanto, nosso limiar de atenção e nosso tempo disponível são recursos finitos. No trabalho ou no lazer, todos estamos lidando com fluxos de informação crescentes.

Também aqui a abordagem de *neurodesign* pode ajudar. Sabemos que as imagens facilitam a compreensão e agilizam o consumo de informações complexas. Também sabemos que as imagens que têm esse propósito (tornar as informações mais fáceis de compreender do que o esperado) tendem a ser mais eficazes e mais apreciadas. Portanto, desenvolver melhores maneiras de reduzir a complexidade por meio de imagens deve ser meta óbvia para os *designers*, ou seja, ter as competências necessárias para criar bons infográficos será atributo cada vez mais procurado.

Veja o caso da propaganda, por exemplo. Hoje, os gastos com propaganda são meio como um tiro no escuro, sem a certeza de que atingirá o alvo. Até hoje, o lamento famoso da indústria da propaganda é a certeza de que metade das suas despesas com anúncio são desperdício, só que não sabem que metade. Com maior capacidade de rastrear que anúncios e imagens atraíram mais olhares, e com os mesmos comportamentos de despesas – tanto on-line quanto nas lojas –, é possível compreender melhor como a exposição a imagens pode induzir a compra. Por exemplo, por enquanto, pouco se sabe sobre quantas vezes os consumidores precisam ver uma imagem de marca ou produto antes de começarem a se lembrar e de reconhecer a marca ou o produto – ou como fatores do tipo contexto, ambiente ou hora do dia afetam essa capacidade de lembrança e reconhecimento. Depois de certo número de exposições a uma imagem, como o *design* de um anúncio ou embalagem, ela pode se tornar tão familiar para o espectador que começa a perder parte de seu apelo e a ficar cansativa. Esse aspecto pode ser rastreado e medido e, quando atingido o limite, a imagem pode ser simplificada ou alterada, para novamente parecer mais instigante.

Mais dados para a descoberta de padrões

O aumento da capacidade de rastrear a exposição e as respostas das pessoas a imagens on-line gerará muitos dados novos para os pesquisadores de *neurodesign*. Interpretar esses dados e buscar padrões significativos (que tipos de imagens geram que tipos de respostas) será um desafio. Apenas a disponibilidade de grandes conjuntos de dados nem sempre dispara *insights* automáticos. Se o conjunto de dados for grande demais, as correlações entre causas e efeitos podem ser meramente aleatórias. Em outras palavras, quando se buscam padrões durante bastante tempo com persistência suficiente, sempre se descobrem coincidências fortuitas. É como diz Rory Sutherland, *vice-chairman* do grupo Ogilvy, no Reino Unido: "Quanto mais dados se tem, mais ouro eles contêm... mas ao preço de um volume ainda maior de ouro falso: correlações espúrias, variáveis traiçoeiras, e assim por diante. A elaboração de uma narrativa inexata, mas plausível, é muito mais fácil quando se pode escolher entre cinquenta informações do que quando se dispõe de apenas cinco informações".[4]

Por isso é que os testes bem controlados, à luz do que se espera encontrar, ainda são valiosos. Do contrário, você pode se iludir e encontrar padrões que efetivamente não passam de miragens.

No entanto, o conhecimento teórico pode ser combinado com grandes conjuntos de dados. Se os dados on-line apresentarem padrões que fazem sentido teórico e que podem ser confrontados com futuras medições, essa é uma abordagem de pesquisa valiosa.

Visão computacional

O uso de software para compreender *inputs* visuais de câmeras é um campo de pesquisa em rápido crescimento. A visão computacional ou visão de máquina tem numerosas aplicações. Por exemplo, veículos autônomos exigem software de reconhecimento visual muito sofisticado. Numerosas são as aplicações do reconhecimento de faces em fotos, vídeos e câmeras, das quais uma das mais importantes são os recursos de segurança para a identificação de pessoas na multidão. A computação afetiva é um campo correlato, que busca reconhecer emoções humanas em *inputs* como imagens de rostos de pessoas. A computação afetiva ajudará nossos computadores e *gadgets* do dia a dia a nos compreender, reconhecendo e rastreando nossos sentimentos. Semelhante à codificação da ação facial, essa área de pesquisa também pode ser aplicada ao *neurodesign*, ampliando as atuais medições de codificação de ação facial para a identificação de novas emoções, além das seis emoções faciais de reconhecimento universal.

Igualmente, à medida que explode a quantidade de imagens on-line, os softwares precisarão melhorar no reconhecimento, rastreamento, busca, indexação e organização de imagens. O aplicativo gratuito Google Fotos é capaz de analisar as fotos armazenadas pelos usuários, reconhecendo e rotulando objetos – como paisagens ou edifícios – e até reconhecer o que está acontecendo na foto – se é uma festa de aniversário ou um concerto musical. O software pode até usar planos de fundo e marcos geográficos para identificar a localização da foto (se não houver informações de *geotagging*).

---

[4] Disponível em: <http://www.spectator.co.uk/2016/08/how-more-data-can-make-you-more-wrong/>. Acesso em: 25 ago. 2016.

A internet contém muitos marcadores do quanto as pessoas gostaram das imagens. As fotos são curtidas no Facebook, repinadas no Pinterest, recebem corações no Twitter ou são curtidas no Instagram. As informações sobre *likeability* (simpatia, carisma) e viralidade das imagens é um recurso gratuito crescente à disposição dos pesquisadores. Quando combinado com ferramentas de visão computacional para a análise de imagens, o potencial para a compreensão cada vez mais sofisticada do que induz as reações das pessoas fica cada vez mais evidente.

À medida que o software melhora na decodificação de *inputs* de câmeras, muitos serão os desdobramentos para o *neurodesign*. O software para a decodificação de imagens e fotos pode tornar-se ferramenta de pesquisa poderosa em *neurodesign* para analisar vastos bancos de imagens, com exatidão e rapidez até então inimagináveis. Antes desse tipo de software, seriam necessários muitos milhares de horas de trabalho de pesquisadores humanos para vasculhar as imagens e codificar seus diferentes aspectos visuais. Hoje essa tarefa é quase automática.

O que o *neurodesign* ainda precisa aprender

O *neurodesign* ainda é uma área incipiente. Há muito a aprender. Em especial, quatro são as áreas que precisam de mais pesquisa, conforme abaixo.

Efeitos no tempo

Os testes, em geral, são feitos como exercícios avulsos. Mede-se a reação das pessoas a *designs* e imagens que lhes são mostrados. O que pouco se sabe é como as reações mudam no tempo. Por exemplo, quais são os efeitos de ver uma imagem várias vezes no intervalo de semanas ou meses? Esses padrões de respostas evoluem no tempo? Como a capacidade das pessoas de se lembrar ou de reconhecer vários tipos de imagens desvanecem no tempo, e como esse processo é afetado pelo número de vezes em que viram a imagem? Todas essas perguntas exigirão mais pesquisas.

Compreensão dos gostos individuais

A maioria das ideias deste livro envolve efeitos que devem funcionar em amplo espectro da população. Esses efeitos atuam no nível inconsciente ou apenas semiconsciente. Quando se considera como o cérebro processa os elementos de nível mais baixo das imagens – contraste, aspectos básicos da composição, como simetria, ou reconhecimento de expressões emocionais nos rostos – os mecanismos da mente são mais semelhantes do que diferentes. No entanto, sabemos que os gostos são muito variáveis. Experiências pessoais, aspectos culturais, memória das imagens vistas no passado, personalidade, e assim por diante, tudo isso compõe múltiplas camadas que se sobrepõem às das reações mais primitivas das idiossincrasias pessoais. Por exemplo, certas referências culturais serão reconhecidas pelas pessoas que cresceram em uma cultura, mas não em outra; por um grupo etário, mas não por outro.

Compreender melhor as preferências individuais em relação a imagens pode criar experiências mais personalizadas. Por exemplo, os sites poderiam acumular informações suficientes sobre os visitantes frequentes para conhecer suas preferências e, assim, oferecer versões de imagens com mais probabilidade de atraí-los. Os usuários já estão familiarizados com o conteúdo de anúncios exibidos em sites como o Facebook ser ajustado aos seus interesses (por exemplo, produtos que pesquisaram recentemente). É a sintonia fina, personalizada, do estilo dos anúncios e imagens.

Também é possível que haja padrões generalizáveis em gostos e preferências, induzidos por fatores demográficos. Por exemplo, poderíamos compreender melhor como nacionalidade, gênero, idade e educação influenciam nossas preferências visuais. Diferentes fontes, cores, contrastes e outros atributos podem ser usados em diferentes versões das mesmas imagens exibidas num site, dependendo de quem, onde e quando estão sendo acessadas.

Efeitos interação

Muitas das descobertas em *neurodesign* decorrem de testes em que somente um elemento de *design* varia no tempo. Na realidade, porém, é provável que muitas variáveis se combinem, se imbriquem e interajam para compor a resposta de um indivíduo a uma imagem. Quando diferentes efeitos se influenciam mutuamente, às vezes um efeito se sobrepõe a outro. Não raro, ocorrem resultados aparentemente contraditórios. Simplesmente ainda não sabemos o bastante a esse respeito. Como no caso de um medicamento recém-desenvolvido, às vezes se constata certo efeito de *neurodesign*, mas com efeitos colaterais inesperados.

Validade ecológica

Validade ecológica é um termo de pesquisa psicológica que denota o grau de exatidão de uma teoria em prever comportamentos do mundo real. Até agora, muitas teorias de *neurodesign* foram comprovadas por pesquisas de laboratório. A maneira como alguém se comporta no mundo real às vezes pode ser diferente da maneira como responde em um teste científico. Mesmo que a pesquisa não tenha sido feita em ambiente de laboratório, sabemos que as respostas podem variar conforme o contexto.

Compreender as respostas em ambientes do mundo real pode ser possível por meio de novas ferramentas de pesquisa: por exemplo, *wearables*, ou vestíveis. No dia a dia das pessoas, dispositivos vestíveis, como *smartwatches* com sensores, podem ser usados para monitorar (com a permissão delas) suas respostas emocionais ao que estão vendo. Se esses dados estiverem associados ao que viram (por exemplo, mediante marcas temporais ou carimbos de tempo em seu histórico de visualizações na internet), será possível compreender, em grande escala, no mundo real, as reações das pessoas a imagens. Evidentemente, embora, em teoria, isso seja possível, talvez seja difícil, na realidade, conseguir pessoas suficientes dispostas a se submeter a essa experiência (por motivos de privacidade, por exemplo).

A psicologia e a neurociência já descobriram muitas maneiras de diferentes elementos de *design* afetar nossas respostas. Empresas de *design* comercial já estão alardeando seus conhecimentos de psicologia e neurociência como atributos para se diferenciarem dos concorrentes e como competências para desenvolver novas ideias e recursos de *design*. Os *designers* sempre precisaram conhecer a psicologia humana. Embora, no passado, esses atributos sempre tenham sido intuitivos, o *neurodesign* ajudará a formalizá-los e a enriquecê-los. Pode até chegar a época em que os *designers* sejam descritos como psicólogos que sabem desenhar.

APÊNDICE

Sessenta e um princípios do *neurodesign*

Eis uma lista sinóptica dos princípios, "melhores práticas", e efeitos de *neurodesign* que abordei neste livro, agrupados conforme os capítulos em que estão descritos.

Capítulo 1: Princípio geral

1. **Excitação da novidade:** as novas escolhas — mesmo de valor incerto — podem ativar parte do sistema de recompensa do cérebro (o estriado ventral).

Capítulo 2: Princípios de neuroestética

2. **Detecção fractal:** o cérebro pode detectar padrões fractais em imagens, e tende a gostar deles, na medida em que eles nos evocam padrões fractais do mundo natural.

3. **Efeito dos estímulos supernormais:** exagerar deliberadamente os aspectos visuais — como forma ou cor — que ajudam a tornar algo distinguível e reconhecível pode tornar a imagem mais atrativa e memorável.

4. **Isolamento:** isolar um elemento de uma imagem facilita sua visualização e atrai o olhar.

5. **Agrupamento:** o cérebro inclui na mesma classificação objetos agrupados e assume que eles têm elementos em comum.

6. **Efeito Johansson:** capacidade de reconhecer uma criatura viva simplesmente pelo movimento de uma série de pontos sobrepostos à sua sombra ou perfil.

7. **Contraste:** objetos com bom nível de contraste são reconhecidos com mais facilidade.

8. **O princípio do esconde-esconde:** obscurecer parcialmente alguma coisa pode criar o tipo de enigma visual simples, apreciado pelo cérebro.

9. **Ordem:** organizar a imagem (como várias linhas no mesmo ângulo), apela ao amor do cérebro pelo agrupamento de objetos.

10. **Metáforas visuais:** expressar uma ideia num detalhe do *design* – como fonte estilizada – reforça a comunicação da ideia.

11. **Horror a coincidências:** compor uma ilustração ou foto sob um ponto de vista que alinhe os objetos com perfeição artificial pode parecer forçado demais.

12. **Simetria:** temos preferência natural por imagens simétricas, sobretudo quando as imagens se organizam em um plano vertical ou horizontal, em vez de angular (ver também Capítulo 3).

13. **Efeito de isolamento da arte abstrata:** diferentes escolas de arte abstrata conseguem estimular áreas muito específicas do nosso sistema visual, focando em um elemento – como movimento, cor ou forma – e atenuando as variações em outros elementos.

Capítulo 3: Princípios intuitivos de *design*

14. **O princípio MAYA:** proposto pelo *designer* industrial Raymond Loewy, esse acrônimo significa "Most Advanced Yet Acceptable" (O mais avançado, mas ainda aceitável), e se refere à ideia de que, para apelar ao mercado de massa, o *design* não deve parecer avançado demais a ponto de parecer exótico.

15. **Fluência de processamento:** a facilidade com que compreendemos o que estamos vendo. Em geral, quanto mais compreendemos uma imagem, mais gostamos dela.

16. **Efeito mera exposição:** quanto maior a frequência com que vemos uma imagem, mais tendemos a gostar dela.

17. **Efeito simplicidade inesperada:** achamos especialmente agradáveis de ver as imagens que parecem mais familiares ou mais simples do que o esperado.

18. **Densidade proposicional:** conotar o máximo de significados com o mínimo de detalhes visuais.

19. **Efeito "novos padrões compressíveis":** o cérebro gosta de olhar para imagens que são simples na superfície, mas contêm padrões ocultos.

20. **Efeito "beleza na média":** a tendência de preferir imagens de objetos, como rostos, que se aproximam da média estatística.

21. **Lei constructal:** a teoria de que muitos padrões geométricos da natureza se formam porque ajudam a energia a fluir com mais eficiência.

22. **Efeito retângulo áureo:** temos preferência por retângulos com razão ou quociente largura/altura entre 1,2 e 2,2.

23. **Regra dos Terços:** as pessoas preferem fotos compostas em alinhamento com uma grade de linhas imaginárias que dividem a imagem em três quadrados horizontais e em três quadrados verticais.

24. **Imagem à esquerda, texto à direita:** quando se combinam imagens e textos, preferimos imagens à esquerda e textos à direita.

25. **Pseudonegligência:** tendência de prestar mais atenção e sermos mais influenciados pelos aspectos visuais que se encontram no lado esquerdo do nosso campo visual.

26. **Efeito lado esquerdo do rosto:** somos mais expressivos emocionalmente no lado esquerdo do rosto, daí a preferência das pessoas de olhar para o lado esquerdo dos rostos dos outros.

27. **Subitização perceptiva:** capacidade de estimar imediatamente, por intuição, a quantidade de objetos dispersos, em geral até três ou quatro – como numa imagem – sem a necessidade de contá-los fisicamente.

28.Efeito oblíquo: temos mais facilidade em decodificar linhas nos sentidos vertical ou horizontal do que no sentido oblíquo.

Capítulo 4: Princípios das primeiras impressões

29.Efeito das primeiras impressões: formamos nossas atitudes básicas em relação a uma imagem segundos depois de vê-la.

30.Efeito halo: a tendência de nosso primeiro julgamento de uma imagem (por exemplo, se negativo ou positivo) influenciar todos os nossos julgamentos e crenças subsequentes da imagem.

31.Halo de expressividade: as pessoas expressivas e animadas tendem a ser mais apreciadas, à primeira vista, que as difíceis de decifrar, mesmo que estejam manifestando emoções negativas. Por estarmos confiantes em como as percebemos, elas parecem menos ameaçadoras.

32.Efeito Mona Lisa: imagens que combinam detalhes em diferentes níveis de frequência espacial podem parecer diferentes quando vistas de perto ou quando vistas à distância ou de relance. Isso ajuda a explicar o sorriso ambíguo da pintura Mona Lisa.

Capítulo 5: Princípios sensoriais

33.Integração multissensorial: tendência do cérebro de mesclar informações de várias fontes.

34.Sinestesia: fenômeno que se manifesta nas pessoas em diferentes graus de combinação espontânea pelo cérebro de diferentes percepções sensoriais, mesmo que não estejam sendo captadas pelos sentidos, como letras ou formas que evocam cores.

35.Efeito cromoestereópico: a tendência de certas combinações de cores – por exemplo, azul e vermelho – serem difíceis de ver, devido à maneira como os olhos processam a luz.

36.Heurística do afeto: a tendência de as emoções geradas por uma imagem influenciarem nossas decisões, mesmo que pareça irracional.

37. Sensibilidade a rostos: certas regiões do cérebro são especializadas em decodificar rostos e podem detectar expressões fisionômicas de emoções em um décimo de segundo.

38. Kawaii: a estética da graciosidade japonesa se baseia na tendência natural do cérebro de achar graciosos os traços fisionômicos dos bebês – como olhos arredondados, cabeça grande e membros rechonchudos.

39. Preferência por curvas: geralmente preferimos imagens de objetos curvos às de objetos angulosos.

Capítulo 6: Princípios de destaque visual

40. Destaque visual e atenção de baixo para cima: os olhos são atraídos automaticamente para imagens ou áreas de imagens com alto destaque visual.

41. Efeito mera seleção: se você meramente olha para um produto, você se torna mais propenso a escolhê-lo.

42. Movimento implícito: imagens de setas podem disparar no cérebro a sensação de movimento.

Capítulo 7: Princípios de influência

43. Pré-ativação: as imagens que vemos imediatamente antes de decidirmos ou enquanto decidimos podem influenciar nosso comportamento, sem a necessidade de nos convencer de maneira racional.

44. Gostar é diferente de querer: o cérebro tem circuitos distintos para gostar de uma imagem e para querer uma imagem. Geralmente é mais fácil provocar o desejo de querer do que o prazer de gostar.

45. Aversão ao risco: temos sensibilidade natural a imagens que disparam a sensação de risco.

46. Heurística da disponibilidade mental: nossas decisões podem ser enviesadas por informação fácil de visualizar. Daí a superestimativa da probabilidade de morrer em acidente de avião ou carro (fácil de visualizar) em comparação com morrer de doença cardíaca (mais difícil de visualizar).

47. Efeito ancoragem e enquadramento: nossas decisões podem ser influenciadas pela maneira como se apresenta nossa faixa de opções.

48. Desconto hiperbólico: tendência de preferir recompensas no presente a recompensas no futuro.

Capítulo 8: Princípios de telas

49. Ler é mais difícil em telas: mesmo que sejam de alta definição.

50. Difícil de ler = difícil de fazer: se as instruções estiverem em fonte difícil de ler, assumimos que a tarefa é difícil de executar.

51. Efeito umbral: quando a cena muda – como no corte para nova cena num vídeo ou quando passamos para outro quarto numa casa –, reduzimos a probabilidade de nos lembrarmos de informações da cena ou do quarto anterior.

52. Efeito Zeigarnik: a tendência de nos lembrarmos com mais facilidade de situações inconclusas do que de situações consumadas.

53. Regra fim de pique: o "pique" emocional mais intenso e os momentos finais de uma experiência influenciam desproporcionalmente nossas atitudes subsequentes quanto à emoção ou experiência.

54. Efeito desinibição: o anonimato da internet estimula o relaxamento das restrições sociais quanto ao comportamento on-line. Por exemplo, as pessoas pedem pizzas menos saudáveis (com mais coberturas e mais calorias) quando fazem os pedidos on-line, não pessoalmente.

55. Efeito *touchscreen*: ao interagir com um produto numa *touchscreen*, a sensação de tocar no produto é mais intensa de que quando simplesmente vemos o produto numa tela comum.

56. Efeito tamanho da tela: as pessoas respondem de maneira mais intuitiva e irracional a mídias ricas, em telas grandes, do que a textos em telas menores.

57. **Viés de fixação central:** nas telas com posição central bem demarcada, os olhos são atraídos para esse ponto; quando a imagem é dispersa, sem centro bem delimitado, os olhos são atraídos para o canto superior esquerdo.

58. **Viés de visualização horizontal:** achamos mais fácil varrer a tela, com os olhos, no sentido da esquerda para a direita (ou vice-versa) do que no sentido de cima para baixo.

Capítulo 9: Princípios de *design* viral

59. **Desejo mimético:** ao ver alguém escolher um objeto, as pessoas se tornam mais propensas a escolher o mesmo objeto.

60. **Viralidade emocional:** o conteúdo emocional é mais viralizável on-line do que o conteúdo não emocional.

61. **Imagens virais são diferentes das imagens belas:** os fatores que tornam uma imagem viral são diferentes dos que tornam a imagem bela.

ÍNDICE

Nota: *Itálicos* indicam Figura ou Tabela no texto.

A
Adams, Scott, 248
Agrupamento, 48, 49
AIDA, 175–180, 190, 268
Análise de imagens por computador, 20
Ancoragem, 183
Aplicativos, 22, 186, 270, 274
Apple, 19, 64, 141
  Logotipo, 72, 82
Aprendizado visual, 241–244
Aristóteles, 242
Arte, 36, 41, 45, 59
  Abstrata, 286
  Cinética, 55, 56
  Leis universais, 44–53
  Movimentos, *57*

B
"Beleza na média", efeito, 80, 103, 287
Bauhaus, escola de *design*, 62
Bejan, Adrian, 83
Bernieri, Frank, 111
Berridge, Dr. Kent, 179
Bonacci, Leonardo, 86
Bowman, Douglas, 265
Braun, 64
Brown, Derren, 172, 174
Buzzsumo, 222

C
Cameron, James, 232
Carga cognitiva, 65
Cérebro, 25, 26, 80, 106, 149, 178, 179
  Amígdala, 43
  Córtex órbito-frontal medial, 43
  Córtex motor, 43
  Córtex visual/occipital, 40, 47, 48, 55, 57, 92, 155–157
  Diferenças entre esquerdo e direito, 92–94
  Escolha e, 27–29
  Gostar *versus* querer, 189, 289
  Imagens, 43
  Neurociência e, 39, 40
  Primeiras impressões e, 126
  Processamento de baixo para cima, 155, 158, 169
  Processamento de cima para baixo, 155, 158, 169
  Sentidos e, 131
  Sistema de neurônios-espelhos, 222
  Ver também mapa de destaque visual
Cézanne, Paul, 56
Chagall, Marc, 98
Chernoff, Herman, 144
Cheskin, Louis, 130, 131
Cialdini, Robert, 29, 174

Coca-Cola, 150
Codificação de ação facial (FAC), 30, 258, 259, 266
Cognição incorporada, 141, 150
Coincidência, 51, 52
Computação afetiva, 280
Confiança emocional, 203, 204
Contraste, 49
Cores, 24, 46, 56, 116, 136–141, 151, 154
    Associações com dias, 134, 135
    Associações com letras, 132–134
    Diferenças culturais, 137
    Efeito "Stroop", 134
    Efeito cromoestereópico, 137, 138
    Emoções e, 138
    Formas e, 135, 136
    Frio/quente, 138
    Gosto e, 135
    Visão e, 139, 140

D
Da Vinci, Leonardo, 39, 73
Daltonismo, 140, 141, 238
Dawkins, Richard, 215
Densidade proposicional, 72, 73, 100, 102, 287
Desconto hiperbólico, 184
Design e, 46, 47, 219
Design de baixa complexidade, 81–84, 100
Design ergonômico, 33
Design neuroeducacional, 272
Designs virais, 213–229
    "Prosumer" (prossumidor) e, 215
    Desejo mimético e, 221, 222, 291
    Emoções e, 222, 223, 229, 291
    Imagens mescladas, 216
    Marketing, 215
    Memes, 214–221, 229

Previsões por computador, 224–226
    Quinze principais características, 225
    Vinte imagens on-line mais virais, 218, 219, 229
    Websites, 227–229
Destaque visual, 32, 149, 156, 177, 187, 220, 221, 249, 269, 289
    Molduras ao redor de textos, 168, 169, 193
    Cores, 167
    Designers e, 167–169
    Embalagem, *168*
    Escolhas e, 160, 161
    Mapa, 153–169
    Padrões, 167
    Software, 163, 164, 169
    Tamanho, 167
Dilbert, 248
Disney, Walt, 154
Disneylândia, 154
Dissonância cognitiva, 176, 190

E
Economia comportamental, 20, 33, 180–185, 189, 189, 190, 269
    Dificuldade, 181
    Exemplo da previdência, 185–188
    Heurística, 181–184
    Incerteza, 180
    Risco, 180
EEG (eletroencefalograma), 30, 126, 144, 259, 260, 266
Efeito cromoestereópico, 288
Efeito desinibição, 201, 202, 211, 290
Efeito dotação, 222
Efeito halo, 108, 109, 121, 131, 288
Efeito oblíquo, 288
Eletromiografia facial (fEMG), 67, 68, 76

Emojis, 144, 145

Empurrões, 190, 269

   Ver também empurrões visuais

Empurrões visuais, 188, 189

Enquadramento, 183

Escolha, 180–182

   Cegueira, 29

   Ver também economia comportamental

Espanto, 222, 223

Estética, 36

Estimulação multissensorial, 187

Euclides, 89

Evans, Vyvyan, 145

Ewart, Dr. Keith, 122

F

Facebook, 24, 227, 281, 282

Familiaridade, 65–67

Fechner, Gustav, 39

Fibonacci, sequência de, 86

Fim de pique, regra, 200, 201, 290

Flesch-Kincaid, fórmula de legibilidade, 197

Fluência de processamento, 31, 32, 61–103, 176, 187, 249, 287

   Apresentações e, 237

   Cognição incorporada, 100

   Complexidade, 102

   Conceitual, 72

   Design e, 84–102

   Efeito oblíquo, 97–99

   Evidência fisiológica de, 67, 68

   Facilidade de, 68

   Perceptiva, 72

   Perguntas, 102

   Sensibilidade à orientação (das linhas), 97–99

   Usabilidade da web e, 101, 102

   Ver também fluência

fMRI (imagem por ressonância magnética funcional), 26, 42, 149, 179, 221, 259, 260, 266, 273

Ford, Henry, 62, 130

Formas básicas, *84*

Fotografia, 113, 135, 275, 280

Fotografia de alimentos, 136

Fractais, 36, 37, *86*

   Ver também Leis da natureza

G

Gaivotas, 45

Gamificação, 205

Garrett, Ernest, 146, 147

Gates, Bill, 22

Goetzinger, Professor Charles, 66, 67

Google, 113, 264, 265

Google Fotos, 280

Google Scholar (Acadêmico), 262

Graf, Laura, 70

Greenpeace, 176

H

"Halo de expressividade", 110

Hamilton Watch Company, 98

Hesse, Hermann, 268

Heurística, 180–182, 190

   Ancoragem, 190, 290

   Aversão à perda, 184, 190

   Desconto hiperbólico, 183, 184, 290

   Disponibilidade mental, 180, 181, 190, 289

   Justiça/reciprocidade 184, 190

   Prova social 184, 190

   Ver também heurística do afeto

Heurística do afeto, 143, 150, 176, 288

Hoffman, Dustin, 96

Hopper, Edward, 39

I

Ikea, 64

Imagens, 70–72

Arquetípicas, 223

Automáticas, 269, 270

Aversão ao risco, 289

Clareza, 84

Colorido, 116, *117*

Complexidade, 74-77, 116, *117*, 119

Compressíveis, 79, 102, 287

Contexto, 95, 96

Contraste, 84, 286

Design antropomórfico, 147

Efeito simplicidade inesperada, 287

Efeitos do tempo, 281

Formas curvas/pontiagudas, 148, 149, 151, 289

Fotografia de alimentos, 135

Graciosidade, 147, 148

Infográficos, 223

Novidade, 74–77

Padrões com autossimilaridade, 84, 85

Perguntas, 102

Por computação gráfica, 146

Pré-ativação e, 95, 96

Processamento, 78, 79

Produtos de supermercado e, 121, 122

Prototípicas, 79

Referências culturais, 282

Rostos/faces, 79

Tipos, 73, *74*

Ver também logos, designs virais

Imagens digitais, 23–27

Cérebro e, 26

Descobertas de pesquisas, 24

Exagerar um rosto, 47

Filtragem, 34

Sistema 1, mente do, e, 27, 28

Inconsciente

Indutores emocionais, 32

Mente, 66

Infográficos, 24, 272

Instagram, 23, 227, 228, 281

Integração multissensorial, 150, 151, 183, 288

Inteligência artificial, 77

Interesse desinteressado, 179

Isolamento, 47, 48

Ive, Jony, 69, 83

J

Jackson, Peter, 272

James, William, 177

Jobs, Steve, 19, 243

Johansson, efeito, 49, 286

Jung, Carl Gustav, 223

Jurassic Park, 145

K

Kadavy, David, 139

Kahneman, Daniel, 228

Kawaii, 129, 147, 148, 289

Kelly, Kevin, 276

Kolmogorov, Andrey

Complexidade de Kolmogorov, 79, 85, 100

Krug, Steve, 101, 102

Kuang, Cliff, 265

L

Landwehr, Jan, 70, 84

Lavie, Professor Nilli, 184

Lei constructal, 83, 84, 287

Leis da natureza, 39, *61*

LinkedIn, 112

Loewy, Raymond, 62, 63, 150, 151, 286

Logotipos, 72, 82

M

MacKnik, Stephen, 98, 99

Magritte, René, 154

Mandelbrot, Benoit, 86

Mapa de destaque, 32, 153–169, 175, 176

Massachusetts Institute of Technology, 47

MAYA, princípio, 63, 2286

Memes, 214–216

    Apelo emocional, 220

    Destaque visual, 220, 221

    Efeito mudança de pique, 219

    Familiaridade inesperada, 219, 220

    Internet, 216, *217*, 218

    Neurodesign e, 219–221

    Prototipicidade, 220

    Prova social, 221

    Viral, 218, 219

Mero efeito exposição, 66, 100, 102, 221, 287

Metáforas corporais, 100

Metáforas visuais, 51, 286

Microsoft, 25

Mídias/redes sociais, 21, 22, 217, 227, 228

Minimalismo, 63, 81

Modernismo, 63

Mudança de pique, princípio, 44–47, 96

N

Nações Unidas, 173

NASA, 233, 234

Netflix, estudo de caso, 209–211

Neuroarquitetura, 273

Neurocinema, 272, 273

Neurodesign, *17*, 18, 19, 30–33, 269, 281–283

    Abordagem interacionista, 33, 34

Aplicações, 271–275

Cultura e, 33

Definição, 20

Pesquisa, 247–266

Princípios, 32, 33, 285–289

Neuroestética, 21, 35–59

    Abstração, 58, 59

    Antecedentes, 40–43

    Arte e, 41, 42

    Constância, 57

    Princípios, 44–53, 285, 286

    Psicologia evolucionista e, 40–42

Neuromoda, 273, 274

Neuroteste preditivo (PNT), 18

Neurovideogame, 274

Newton, Sir Isaac, 136, 137

Nielsen, Jacob, 120

Nike, 73

Noble, Thom, 257, 258, 270, 271

O

Odisseia, 137

Ogilvy, grupo, 279

Ordem, 50, 51

P

"Prosumer" (prossumidor), 215

Pareidolia facial, 144

Payne, Christopher John, 244

Peek, Kim, 96

Pesquisa, 247–266

    Descobertas, 260–265

    Fatores a controlar em, 250–253

    Ferramentas, *247*, 253–260

    Medidas de resposta implícita, 255–256

    Ver também testes A/B, rastreadores de olhos, codificação de ação social, EEG, fMRI

Pesquisa de mercado, 130

Picasso, Pablo, 64, 154

Pinterest, 24, 25, 228, 281

Pinturas rupestres paleolíticas, *35*

Pixar, 37, 81

Pollock, Jackson, 36, 37, 38, 87

Pré-ativação, 96, 121, 173, 174, 180, 189, 255, 268, 289

Primeiras impressões, 18, 19, 32, 105–127, 175, 176, 268, 288
  "Beleza visceral", 109, 121
  "Marca pessoal" e, 121
  Claro de relance, 124–126
  Diferenças culturais, 118, 119
  Diferenças demográficas, 118, 119
  Efeito halo, 108, *109*, 121, 288
  Efeito sobre o comportamento de *browsing* (navegação em sites), 113, 114
  Emoções e, 113, 127
  Explicações/razões, 106–108
  Fatiamento fino, 114, 115, 121
  Fotografias e, 112
  Frequências espaciais baixas/altas, 126
  Implicações para os *designers*, 123, 124
  Indutores, 116–120
  Mona Lisa, efeito, 125, 126, 288
  Novidade, 121–123
  Pessoas on-line, 111–114
  Pré-ativação, 120
  Processo, *109*
  Prototipicidade, 121
  Ver também imagens

Princípio do esconde-esconde, 50, 286

Probabilidade bayesiana, 51

Procter & Gamble, 121–123

Propaganda, 175–176, 278–279
  Cigarro, 182

Propaganda subliminar, 173

Proporção áurea, 87–90, 287

Retângulo, *87*

Pseudonegligência, *92*, 240–241, 287

Psicologia evolucionista, 20, 40–42

Psicologia *gestalt*, 53–54, 58

R

Radware, 127

Rain Man, 96

Ramachandran, Vilayanur, 43–53
  Leis universais da arte, 44–53

Rams, Dieter, 64

Ramsoy, Thomas, 40

Ran, Tao, 25

Rasa (essência), 45, *57*, 219

Rastreamento de olhos, 30, 162–164, 253–255, 265–266

Realidade aumentada (AR), 277–279

Realidade virtual, 277–279

Reddit, 226

Regra dos terços, *90*

Reinecke, Katharina, 116

Resposta eletrodérmica (EDR), 31

Resposta galvânica da pele (GSR), 31

Ressonância visuoespacial, 125

Retinotópico, 58

Rostos (faces), 144, 145, 151, 210, 214, 218–219, 289
  Efeito lado esquerdo, 287
  Ver também imagens, *designs* virais

S

Saddington Baynes, 257–258

Schmidhuber, Jürgen, 77–78, 81–82

Segmentação de eventos, 199–201

Sentimento instintivo, 143–144

Simetria, 52–53, 90–91, 286

Sinestesia, 131–134, 150, 288

Sistema 1, mente do, 27–29, 30, 14, 34, 69–70, *71*, 158, 173, 188, 204–205

Sistema 2, mente do, 27–29, 65, 70, 71, 204

Sites (Websites), 25–27, 109–111, 187, 269–270

Anúncios de vídeo, 199-201

Barras de progresso, 115, 196

Claro de relance, *125*

Dicas sobre *design* de páginas/sites, 101, 102, 115, *116*

Fonte, 197–199, 210

Imagens virais, 227–229

Legibilidade, 197

Mapas de destaque, 164–167

Ponto de entrada visual, 166

Primeiras impressões, 107–109, 111, 112, 114–120

Touchscreen, 203, 205

Vieses visuais, 207

Ver também telas

Slides de apresentação, 231–245

Aprendizado visual, 241–244

Conteúdo, 239–240

Cor de fundo, 241

Design de gráficos, 236–237

Dicas, 240–241

Elementos de conexão, 235–238

Fluência de processamento, 237

Fontes, 237–238

Histórias visuais, 244

Ligando ideias, 237–241

PowerPoint, 232

Prezi, 233

Público e, 237–241

Von Restorff, efeito, 235

Smartphones, 201–203, 208–210, 270–271

Som das palavras, associações, 141–143

SST (*Steady-State Topography*), 260

Ver também EEG

Stanovich, Keith, 28

StoryBrain, 146–147

Subitização perceptiva, 96–97, 287

Supermercados, 121–123

Sutherland, Rory, 279

T

Target, 139

Taylor, Richard, 36–38

Telas, 191–218

Destaque visual, 207

Dispositivos móveis, 193, 197, 210

Leitura em, 195, 196, 211, 289–291

Proporções de telas, 208

Quadros/molduras, 193

Relacionamento com, 193–194

Split-depth gif, 192

Tamanho, 203, 290–291

Tinta eletrônica (e-ink) para e-books, 276–277

Toque, 203, 290, 291

TV, 194

Viés de fixação central, 205–208, 211, 291

Viés de visualização horizontal, 208–209, 291

Ver também websites

Telas de computador, ver telas

Templo do Partenon, *88*

Testes A/B, 19, 23, 189, 211, 250, 265

Testes de resposta implícita, 30, 123

The Grid, 270

Tinta eletrônica (e-ink) para e-books, 276

Toffler, Alvin, 125

Transferência de sensação, 131

Tufte, Edward R, 75, 89

Twitter, 23, 82, 228, 281

V

Validade ecológica, 283

Dependência à internet, 25, 26

Vieses visuais, 205–208

W

West, Richard, 27

Wilson, E O, 268

Wright, Lloyd, 64

Y

YouTube, 113

Z

Zeigarnik, efeito, 200, 201, 218

Zeising, Adolf, 89

Zeki, Semir, 43, 54

LEIA TAMBÉM

A BÍBLIA DA CONSULTORIA
Alan Weiss, PhD
TRADUÇÃO Afonso Celso da Cunha Serra

A BÍBLIA DO VAREJO
Constant Berkhout
TRADUÇÃO Afonso Celso da Cunha Serra

ABM ACCOUNT-BASED MARKETING
Bev Burgess, Dave Munn
TRADUÇÃO Afonso Celso da Cunha Serra

BOX RECEITA PREVISÍVEL (LIVRO 2ª EDIÇÃO + WORKBOOK)
Aaron Ross, Marylou Tyler, Marcelo Amaral de Moraes
TRADUÇÃO Marcelo Amaral de Moraes

CONFLITO DE GERAÇÕES
Valerie M. Grubb
TRADUÇÃO Afonso Celso Serra

CUSTOMER SUCCESS
Dan Steinman, Lincoln Murphy, Nick Mehta
TRADUÇÃO Afonso Celso da Cunha Serra

DIGITAL BRANDING
Daniel Rowles
TRADUÇÃO Afonso Celso da Cunha Serra

DOMINANDO AS TECNOLOGIAS DISRUPTIVAS
Paul Armstrong
TRADUÇÃO Afonso Celso da Cunha Serra

ECONOMIA CIRCULAR
Catherine Weetman
TRADUÇÃO *Afonso Celso da Cunha Serra*

ESTRATÉGIA DE PLATAFORMA
Tero Ojanperä, Timo O. Vuori
TRADUÇÃO *Luis Reyes Gil*

INGRESOS PREDECIBLES
Aaron Ross & Marylou Tyler
TRADUÇÃO *Julieta Sueldo Boedo*

INTELIGÊNCIA EMOCIONAL EM VENDAS
Jeb Blount
TRADUÇÃO *Afonso Celso da Cunha Serra*

IOT – INTERNET DAS COISAS
Bruce Sinclair
TRADUÇÃO *Afonso Celso da Cunha Serra*

KAM – KEY ACCOUNT MANAGEMENT
Malcolm McDonald, Beth Rogers
TRADUÇÃO *Afonso Celso da Cunha Serra*

MARKETING EXPERIENCIAL
Shirra Smilansky
TRADUÇÃO *Maíra Meyer Bregalda*

TRANSFORMAÇÃO DIGITAL COM METODOLOGIAS ÁGEIS
Neil Perkin
TRADUÇÃO *Luis Reyes Gil*

POR QUE OS HOMENS SE DÃO MELHOR QUE AS MULHERES NO MERCADO DE TRABALHO
Gill Whitty-Collins
TRADUÇÃO Maíra Meyer Bregalda

RECEITA PREVISÍVEL 2ª EDIÇÃO
Aaron Ross & Marylou Tyler
TRADUÇÃO Marcelo Amaral de Moraes

VENDAS DISRUPTIVAS
Patrick Maes
TRADUÇÃO Maíra Meyer Bregalda

VIDEO MARKETING
Jon Mowat
TRADUÇÃO Afonso Celso da Cunha Serra

TRANSFORMAÇÃO DIGITAL
David L. Rogers
TRADUÇÃO Afonso Celso da Cunha Serra

WORKBOOK RECEITA PREVISÍVEL
Aaron Ross, Marcelo Amaral de Moraes

INOVAÇÃO
Cris Beswick, Derek Bishop, Jo Geraghty
TRADUÇÃO Luis Reyes Gil

CUSTOMER EXPERIENCE
Martin Newman, Malcolm McDonald
TRADUÇÃO Marcelo Amaral de Moraes, Maíra Meyer Bregalda

Este livro foi composto com tipografia Bembo e impresso
em papel Off-White 80 g/m² na Formato Artes Gráficas.